我问宇航员

[英]蒂姆·皮克

Tim Peake 著

肖能超 译

Ask an Astronaut

湖南科学技术出版社　博集天卷 CS-BOOKY

著作权合同登记号：图字 18-2019-324

图书在版编目（CIP）数据

我问宇航员 /（英）蒂姆·皮克（Tim Peake）著；肖能超译 . — 长沙：湖南科学技术出版社，2020.4
ISBN 978-7-5710-0477-4

Ⅰ . ①我… Ⅱ . ①蒂… ②肖… Ⅲ . ①航天员—普及读物 Ⅳ . ① V527-49

中国版本图书馆 CIP 数据核字（2020）第 016447 号

上架建议：畅销·科普

WO WEN YUHANGYUAN
我问宇航员

作　　者：[英]蒂姆·皮克（Tim Peake）
译　　者：肖能超
出 版 人：张旭东
责任编辑：林澧波
监　　制：邢越超
策划编辑：李齐章　蔡文婷
特约编辑：万江寒
版权支持：辛　艳　刘子一
营销支持：傅婷婷　文刀刀　周　茜
版式设计：李　洁
封面设计：主语设计
内文排版：百朗文化
出　　版：湖南科学技术出版社
　　　　　（湖南省长沙市湘雅路 276 号　邮编：410008）
网　　址：www.hnstp.com
印　　刷：三河市中晟雅豪印务有限公司
经　　销：新华书店
开　　本：680mm×955mm　1/16
字　　数：219 千字
印　　张：17.5
版　　次：2020 年 4 月第 1 版
印　　次：2020 年 4 月第 1 次印刷
书　　号：ISBN 978-7-5710-0477-4
定　　价：52.00 元

若有质量问题，请致电质量监督电话：010-59096394
团购电话：010-59320018

目录
Contents

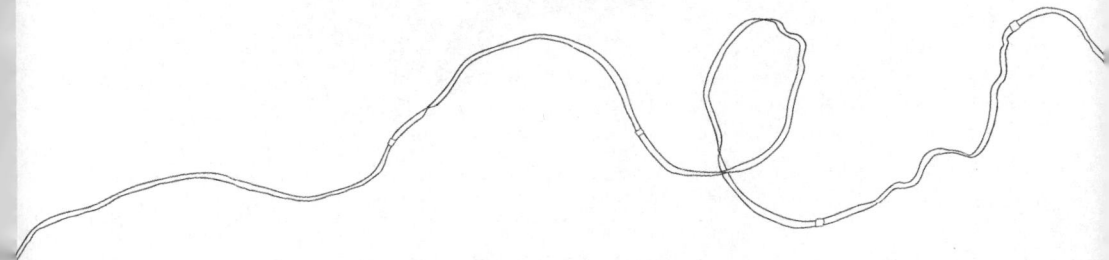

问题清单

LIST OF QUESTIONS

介绍

我有好几个问题，第一个非常简单：如何才能成为一名宇航员？

环绕地球时，如果每天能见到 16 次日出，那么宇航员们何时庆祝新年？

当您在太空时，您怀念地面的天气吗？您最怀念什么天气？

您在空间站里拥有的最奢侈的物品是什么？

前往太空时，你是否所知越多，越不恐惧？

火箭发射

坐在 300 吨重的火箭顶上，您感觉如何？

为什么飞船从哈萨克斯坦发射？

宇航员发射之前的检疫期有多久？这段时间能接待访客吗？

发射这一天，您是怎么准备的？

听说宇航员乘坐大巴到火箭之前，会向轮胎撒尿，是这样吗？

联盟号飞船那么小，你们在里面应该很挤吧？

联盟号的计算机运算能力怎么样？

发射时，飞船的加速度是几倍的重力加速度？

大气层和太空的分界线在哪里？

火箭为什么需要这么高的速度？

到达太空需要多长时间？

进入轨道需要花多长时间？

发射时，宇航员们会操纵飞船吗？还是由计算机自己控制飞船？

如果发射过程中遇到问题，你们怎么处理？

如果发射终止，你们会降落在哪里？

需要多长时间才能到达国际空间站？

你们如何与国际空间站对接？

你在太空遇到的最危险的事情是什么？

第一次进入太空，最让你吃惊的是什么？

你第一次进入太空，会感觉不舒服吗？

当你打开连接舱时，国际空间站上哪位宇航员最先迎接你？

日常训练

我的大儿子梦想成为一名宇航员，他想知道，你为什么想当宇航员，

你是什么时候打算成为宇航员，又是如何当上宇航员的？

作为试飞员，你学到的技能是否对宇航员职业有帮助？

参军成为飞行员，与当科学家相比，是不是更容易成为宇航员？

您觉得您被选中，是因为您和其他候选人相比有哪些优势？

要成为宇航员，身体是不是需要非常健康？

我视力不太好，请问我还能成为宇航员吗？

最年轻的宇航员多大岁数？

请问最老的宇航员进入太空时多少岁?

准备太空飞行时,你们会接受心理训练吗?

学员们要接受多长时间的训练,才能正式成为宇航员,执行任务?

成为宇航员,对语言有什么要求?

你在离心机里训练过吗?它让你感到恶心吗?

在地球上如何进行失重训练?

宇航员不在太空时,他们做什么?

在任务训练期间你必须学习哪些科目?

所有的宇航员都接受一样的训练吗?

你接受训练时,遇到的最大困难是什么?

你在训练时遇到的最好的事情是什么?

您听过最好的建议是什么?

宇航员们是不是都极为细心?

国际空间站上的工作和生活

您在国际空间站上每天过得怎么样?

国际空间站到底是什么?

能否介绍一下国际空间站的结构?

载人航天有什么意义?

当你们进入国际空间站时,你们做的第一件事是什么?

请问在国际空间站上,你们怎么上厕所?

国际空间站如何处理垃圾?

国际空间站如何获得氧气和水?

适应失重一般需要多长时间？

在空间站飘浮着的感觉怎么样？

为什么国际空间站使用格林尼治标准时间？

您在国际空间站上每天能经历 16 次日出日落，请问在这样的特殊环境下，

您每天的日常生活是怎样度过的？

进入太空后，你的时间感是否受到了影响？

在太空如何睡觉？宇航员们睡在哪里？

宇航员们同时睡觉吗？

你在太空时做的梦和在地面上的有什么区别？有没有梦到什么特别的东西？

你在空间站所做的实验有哪些？你最喜欢哪个？

太空实验有哪些成果？

您在太空时，每天最喜欢的是哪个时间段？

你有时间休假吗？你们怎么过周末？

太空生活中，你遇到的最邋遢的事情是什么？

你有哪些个人阅读材料？你会选择带什么书到太空阅读？

国际空间站最让你吃惊的是什么？

您在太空能喝茶吗？

您在空间站时，看什么电影？

请问您在太空如何洗衣服？

在国际空间站上，您的心跳和地表上一样吗？

您在太空怎么理发，怎么刮胡子？

空间站里的空气怎么样？

您最喜欢国际空间站的哪个按钮，它有什么作用？

在太空，你最喜欢的消遣方式是什么？

你在太空吃什么食物？

在太空，食物的味道和在地面一样吗？

你最喜欢的食物是什么？

你在太空的第一餐感觉如何？食物吃进去之后会不会从胃里顶回来？

宇航员在太空是不是没有什么胃口？

如果宇航员生病，或者受伤，如何处理？

如果空间站发生火灾，如何处理？

空间站的网速怎么样？

国际空间站的无线局域网网速怎么样？

从国际空间站登录推特和脸书的体验如何？

在太空你们一般怎么锻炼身体？

在太空参加马拉松，是不是很困难？

我的问题可能比较愚蠢：您跑太空马拉松时，汗液跑到哪里去了？

是以液滴的形式飘在空中，还是留在身体表面，让你变得更热？

你带了哪些东西进空间站？

你在太空时，遇到的最好玩的事情是什么？

宇航员戴什么手表？

你在国际空间站上最称手的工具是什么？

太空行走

您在国际空间站上印象最深刻的经历是什么？

历史上第一次太空行走是在什么时间？

你最喜欢太空行走的哪一部分？

你在太空行走时觉得紧张吗？

作为第一个太空行走的英国宇航员，你有什么感受？

听说宇航员在太空会得减压病，这是怎么回事，您如何应对？

请问国际空间站上，每人有一套宇航服吗？还是大家共用一套宇航服？

请问在国际空间站，如何规划太空行走路线？

太空行走时，你怎么上厕所？

潜水时，有一种害怕浮出水面的综合征，潜水员不想潜上来，请问您在太空

行走时有类似感觉吗？

宇航员为什么在水里进行太空行走训练？

作为一名宇航员，你在什么情况下感觉到身体达到极限，感觉快撑不住了？

我爷爷说，锦纶搭扣是为宇航员在宇航服里挠鼻子而发明的，这是真的吗？

我不知道该不该相信他。如果这是真的，你的头盔里有锦纶搭扣吗？

在你的太空行走中，有没有什么事情让你惊讶，吸引了你的注意力？

如果你从空间站上掉下来，会怎么样？

太空行走时，你有没有把什么东西落在外面？

您在太空行走时吃东西吗？

太空行走时，周围温度那么低，您如何保持体温？

在太空你怎么保持凉爽？

在黑暗的太空里工作，是不是很辛苦？

在太空行走时，如果被微型陨石击中，会发生什么事情？

在你的宇航员生涯中，哪位宇航员曾激励过你？

地球和太空

从太空往下看，白天的地球或夜晚的地球上，哪个更美？

从太空能看到大气层吗？是什么样子的？

你从太空中有没有看到一些特别美的景点，让你产生去实地旅行的念头？

从太空可以看到地面上的飞机或者轮船吗？

您拍摄的极光照片和肉眼看到的一样吗？还是照片经过处理，增强了极光颜色？

从空间站能看到恒星和行星吗？与在地面看有什么区别？

为什么在有些照片里太空是全黑的，看不到任何星星？

身处太空，从太空俯视地球，这种经历是否改变了你的世界观，改变了你对地球和生命的看法？

太空闻起来是什么味道？

太空吵吗？

在太空有重力吗？

为什么宇航员在空间站上会失重？

在空间站你如何测量自己的体重？

国际空间站被陨石或者太空垃圾撞击的风险大吗？

如果空间站被太空垃圾击中，会发生什么事情？

太空垃圾能造成多大的麻烦？

您在飞行中环绕地球多少次？

您在太空中飞了多远？

从太空能看到中国的长城吗？

国际空间站有没有与外星人进行第一次接触的标准预案？

重返地球

您从国际空间站返回地球，花了多少时间？

从太空返回地面前，您要先进行针对性训练吗？

为什么飞船在升空阶段不需要隔热层，而再入大气层时需要？

你要吃药来减弱飞船返回地面造成的恶心吗？

你是如何回地球的，再入大气层时飞船速度有多快？

再入大气层花了多少时间？加速度是重力加速度的几倍？

再入大气层时，联盟号返回舱内部温度多高？如何控制舱内温度？

你更喜欢飞船上升阶段还是返回地面阶段？

返回地面过程充满困难，您有没有受伤？

如果再入大气层时出了问题，飞船偏离航线，会怎么样？

从太空回到地球后，重新用鼻子闻到地球的味道，您感觉如何？

你们落地后有哪些经历？

回到地面后，您何时喝下第一杯茶？

您何时再次见到家人？

您回地球后，马上开始进食吗？

经历过长期的失重之后，重新在地面行走，是什么感觉？

回地面后，您第一次淋浴感觉如何？

您有没有从太空带纪念品回来？

回地球后，你或其他你认识的宇航员会不会习惯性地把东西放在空中，等着它飘在那里不动？

太空飞行对健康有哪些长期影响？

展望未来

如果您的下一个任务不去国际空间站，您要接受不同的训练吗？

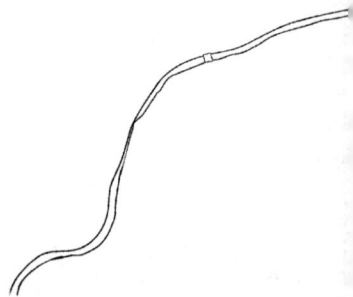

"活着，如同明日将死；求知，宛如生命永恒。"

——圣雄甘地

"重要的是，永远不要停止疑问。好奇心自有其存在的理由。"

——阿尔伯特·爱因斯坦

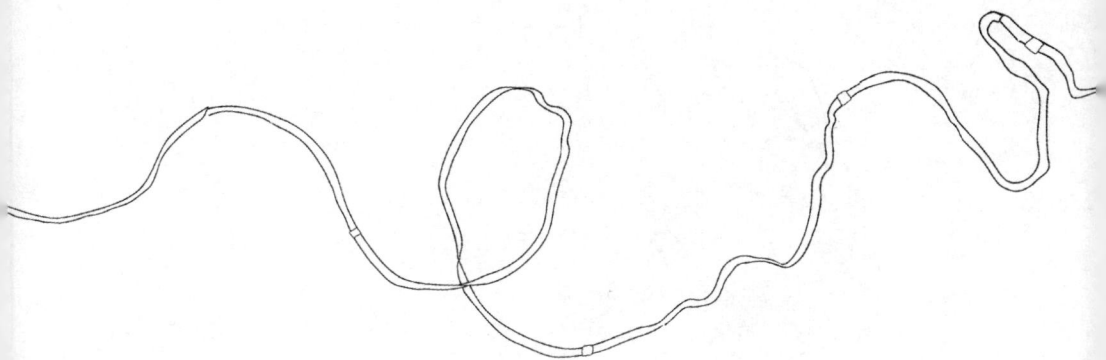

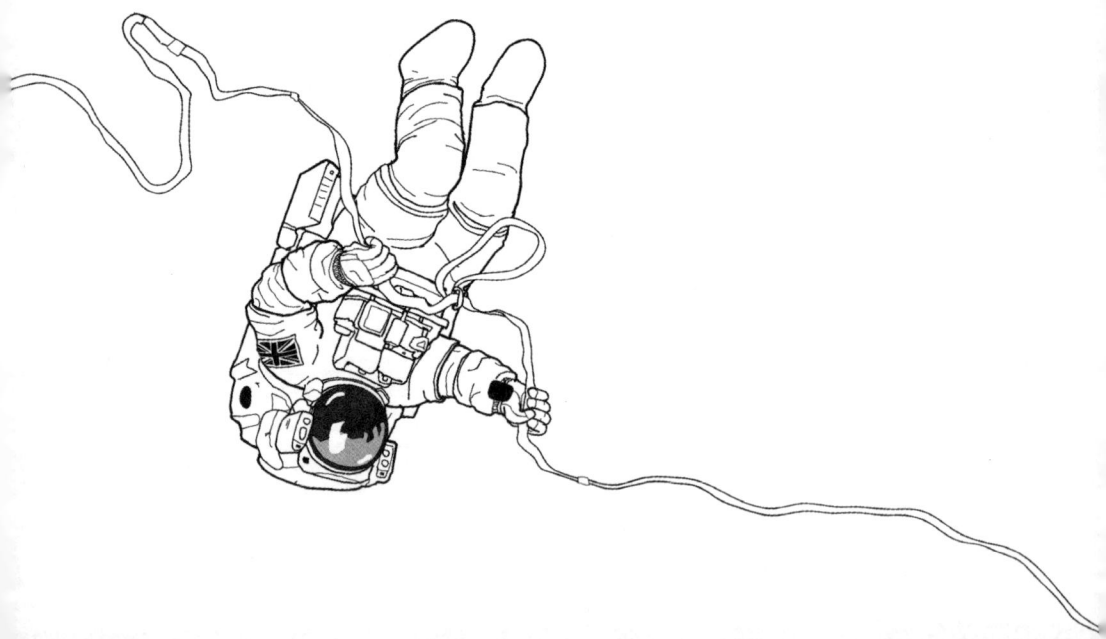

介绍
INTRODUCTION

问：我有好几个问题，第一个非常简单：如何才能成为一名宇航员？

（提问者：亚历山大·蒂明斯，9 岁，来自奇切斯特自由小学）

答： 亚历山大，你选了一个很有前景的职业。

太空探索总会带来丰硕的成果，20 世纪 60 年代的阿波罗计划，曾让人类前进了一大步。今天，我们正处于太空探索新黄金时代的起点，未来几十年内，我们有望殖民月球，登陆火星，深入太阳系内部，探索我们以前从未涉足之地。为实现这些梦想，人类已经努力了很久。现在，它们已经触手可及，我们每个人都能加入这项非凡的太空之旅。

你会发现，本书几乎是为了回答你这个问题而写的。虽然并不存在一条通往宇航员生涯的必经之路，但是，本书将会给你一些启示。2015 年 12 月 15 日进入国际空间站时，我已经 43 岁了。这一天，终于能追随那些我一生中都极为敬重的前辈，成为一名宇航员，我倍感荣幸。很难相信，我能如此幸运，加入这些太空先行者的行列。

自从 1961 年 4 月 12 日尤里·加加林首次进入太空以来，在我之前，已有来自 37 个国家的 545 名宇航员成功抵达绕地轨道。虽然这个群体规模不大，但是大家背景互不相同，来自五湖四海，职业生涯迥异，有中学教师，有工程师，有科学家和医生。我们唯一的共同之处，就是热爱探险，对太空飞行充满激情。

当然了，要成为一名宇航员，你必须满足某些基本要求，并通过训练掌握很多重要技能；等你读完本书，你就会了解今天的宇航员需要些什么。其中有一些可能会出乎你的意料，比如，宇航员必须具备很好的语言能力。此外，我们也很看重候选者先前的职业经历。请选择一个能让你充满激情的职业，在这个领域竭尽全力做到最好。在学校所学的东西终究是有限的，你需要充满激情和斗志。更重要的是，你必须坚韧不拔，能够持续奋进。

我出生于英格兰南海岸奇切斯特城外的一个小村庄，中学毕业后参军。作为一名试飞员，我在军队服役了近 18 年，这样的职业经历，让我在时机成熟时，成为一名宇航员。返回地球不久之后的一次新闻发布会上，有人问我，有没有什么话想对母校的学生们说。我当时是这样回答的："我在家乡的韦斯特伯恩学校念书，18 岁离开学校时，我的平均成绩是 A−，成绩并不出彩。但是，正如你们所了解的，我刚刚作为宇航员在太空生活了六个月。我想对你们说，即使中小学时成绩平平，也并不意味着今后就注定平庸。只要全力以赴，你终将梦想成真。"

毫无疑问，成为宇航员并不容易；事实上，这是我这辈子所做成的最艰难的一件事情。不过，成为宇航员这个追求是极有意义的，我经历了太多值得终生回味的事情。

为什么我要写这本书？书中都回答了哪些问题呢？从太空站返回地面后，有成千上万人向我提问，想了解我的太空之旅，想知道如何成为宇航员。我一直很吃惊，竟然有这么多人对太空有如此浓厚的兴趣，我也乐于回答这些好玩的问题，从"太空闻起来是什么味道？"，到"在太空有重力吗？"，以及"太空生活中，你遇到的最邋遢的事情是什么？"。有些问题在我看来非常新颖。比如，有人问到，与外星人第一次接触时，是否存在标准流程。也有一些更专业的问题，比如，"在太空行走时，如果被微型陨石击中，会发生什么事情？"。当然，也有一些好玩的问题，比如，"您在太空能喝茶吗？"（对这个问题，我可以很高兴地回答：能！），以及"请问在国际空间站上，你们怎么上厕所？"，这是我被问得最多的几个问题，小朋友们尤其关心。

我将尽我所能，详细回答大家向我提的问题，借此机会来记录我的职业生涯，记录那些对太空的探索，普及天文知识，并通过描述本人的经历让读者体验成为宇航员是什么感觉，与读者分享这个过程中的酸甜苦辣。我希望，书中的科学内容与太空站里的日常生活都能足够细致、有趣，能为下一代太空探险者提供有用的信息。也许，此刻正在阅读这本书的你，在不久的未来，会成为有史以来第一个在火星上行走的宇航员。

我们的"向宇航员提问"项目在社交媒体上向大家开放，在推特和脸书上搜索"askanastronaut"，你能找到很多人提的问题，有很多已收入本书，有些问题上标注有提问者的名字。很多人问到了一些相似的问题，我把这类问题做了汇总。感谢"向宇航员提问"项目的所有参与者，正是你们的好奇心和求知欲，促使你们提出了许多富有创见的问题，使得这本书能够面世，在这里我再次诚挚地向你们致谢。

本书分为七个章节：火箭发射，日常训练，国际空间站上的工作和生活，太空行走，地球和太空，重返地球，展望未来。书中，除了回答读者提问，我也会分享太空旅行的感悟，介绍宇航员的训练和发射准备工作，介绍国际空间站背后的科学知识，讲述在太空所开展的实验，描述在 400 千米高空所看到的壮美景观，以超声速通过大气层时的惊险历程，太空行走时的激动与冒险，宇航员们同志般的友谊，以及经历过所有这些事情后，我的世界观的变化。

写这本书，挑选合适的问题，斟酌答案，回顾太空站的日日夜夜，这个过程是我人生中一段很美好的经历。本书包含了很多内容，希望能满足各年龄段读者的需求。书中有些回答很详尽，提供了大量技术信息，也有些回答要简单得多，我们从下面几个简短的问答开始。

问：环绕地球时，如果每天能见到 16 次日出，那么宇航员们何时庆祝新年？

答：国际空间站采用的是英国格林尼治标准时间，与伦敦的时钟同步，因此新年时间和伦敦相同。如果仅考虑这一点，空间站应雇用更多的英国宇航员才对。不过，每个国家的宇航员都会在他们本国新年钟声敲响的时刻庆祝新年。

问：当您在太空时，您怀念地面的天气吗？您最怀念什么天气？

答：你可能会觉得很奇怪，我最怀念的其实是下雨天。在国际空间站，我们长达六个月无法淋浴，而锻炼用的跑步机又在温度较高的太空舱里。作为户外运动爱好者，每次在跑步机上挥汗如雨时，我都极为怀念在地面上运动时，蒙蒙细雨打在脸上的惬意感觉。

问：您在空间站里拥有的最奢侈的物品是什么？

答：我的照相机，它是所有物品中，最让我开心的。在太空，我才发现自己对摄影的激情，我为之入迷，充满好奇，每次拍出照片，我都有很强的成就感。我珍爱自己从太空拍摄的那些照片，即使是现在，再看这些照片，我还能清楚地记得这些照片的拍摄时间，以及空间站当时的位置。不过，似乎不能把照相机叫作奢侈品，因为定期使用照相机对地面进行观测，也是空间站的科学任务之一。那么，就从单纯的享乐角度来说好了，我认为最奢侈的是，SpaceX 公司通过他们的龙飞船向空间站运送补给品时，送给我们的一个小冰盒，里面满是冰淇淋，在国际空间站居然能吃到冰淇淋，够奢侈了吧。

问：前往太空时，你是否所知越多，越不恐惧？

答：宇航训练时，了解越多，越能消除一些顾虑，尤其是太空任务中大家普遍关心的那些高风险项目，比如太空行走，飞船的发射和再入大气层，以及一些紧急情况。更重要的是，当你学得足够多，遇到紧急情况时，你就会有能力去判断，做出正确的操作，而不是在第一时间内做出错误的决定。正如阿波罗8号的宇航员弗兰克·鲍曼曾说过的那样，优秀的飞行员之所以优秀，是因为他拥有卓越的判断力，这使他能够不必使用自己高超的飞行技能。

我们的训练是极为严格规范的，我们卓越的训练和指导团队把自己的全部身心都投入训练中，确保每名宇航员都确实做好了充分的准备，能安全高效地执行自己的太空任务。每个宇航员对他们都极为感激。

当我走向发射台时，我感觉自己完全准备好了，急于去体验一生中最战栗和激动的旅程。如果你当时问我是否畏惧，我的第一反应将是：一点也不。但是，太空飞行，风险必然存在，再多的知识、训练和准备都无法完全消除风险，所有宇航员都懂得这一点，相对于飞行任务，他们也更重视这些风险的防范。但是，没人能保证悲剧一定不会发生，无论是飞船还是宇航员，都有可能会遭遇悲剧。发射之前，向家人道别，是我不得不做的最艰难的一件事。一旦踏进火箭，可能永远不能再回来了。

恐惧源于对可能会发生的危险的想象，如果你并没坐在十层楼高的极易燃烧的火箭燃料上，可能无法理解他们的处境，产生恐惧。我自己是否恐惧呢？更准确的答案是，我内心确实感觉到恐惧，但是我已经经历过火箭发射，现在我的心思在其他事情上。

让我们在此结束本书的介绍部分吧，接下来首先来看火箭的发射。

联盟号发射

逃逸塔

整流罩

整流罩内的联盟号
太空舱

第三级火箭

每一级火箭都充满
液氧和煤油

4 个一级助推器
（功率：900 万马力）

8 分 48 秒内，火箭从静止
加速到环绕速度 7.9 km/s
火箭总质量：305 吨

发射台

第二级火箭

发射出现重大失败时

逃逸塔点火，携带
宇航员从火箭分离

着陆舱借助降落伞
落到安全区

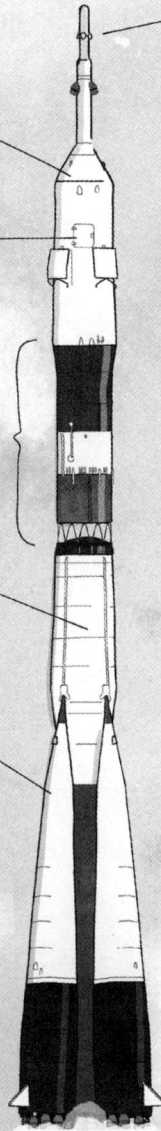

火箭发射

LAUNCH

Ask

an

Astronaut

问：坐在 300 吨重的火箭顶上，您感觉如何？

答：2015 年 12 月 15 日，航天基地当地时间 14：33，离最终发射只剩 2 小时 30 分钟。

我正站在闪闪发光的联盟号火箭顶部，等待进入发射舱，这里离地面有 50 米。今天是一个晴朗的冬日，越过拜科努尔航天发射基地那些庞大而杂乱的建筑，能看到辽阔的哈萨克大草原。我调用全身的感觉器官，极力体验着地球母亲的声音、颜色和味道。这一次，我将离开地面整整六个月。

当我爬进火箭顶部整流罩里狭小的太空舱时，身下的火箭就像活物一样。低温燃料不停地因为吸收环境热量而沸腾，产生大量看起来危险的白雾，白雾笼罩着火箭底部。推进剂吸收的大量热量，降低了周围的气温，火箭外壳有三分之二的部分覆盖着一层薄冰，在午后的阳光下，原本橙绿色的外壳，现在变成耀眼的白色。乘电梯向太空舱爬升时，我们得以近距离观察火箭。火箭被金属发射塔支撑着，已经注满 300 吨的液氧和煤油，正在冒出大量气体，嘶嘶作响，只有在这个时候，我才真正体会到这架能挣脱地球引力的机械巨兽的威力。爬入即将发射的火箭时，我激动万分。在过去的试飞生涯中，我也进出过很多不同的机舱，但是，与进入火箭相比，先前所有的飞行经历都显得平淡无奇。我并没有感觉到紧张，为了这一刻，我已经等待很长时间了。虽然我试着保持平静和专注，但在内心深处，我仍像个孩子一样激动。

我们通常按照顺序进入发射舱。首先进入的是坐在左发射位的蒂姆·科普拉；接下来是我自己，坐在右发射位；最后是联盟号的指令长尤里·马连琴科。我们先要通过一个水平舱，进入一个塞满装备的居住舱，然后脚向下摸索着穿过一个竖直舱，进入返回舱。一路没有梯子，但有一些立足点可以借力。

通过竖直舱时，你得小心地收缩自己的身体，不要碰到里面的天线，六个月以后我们返回地面时，需要用它向地面的搜索救援队发送我们的坐标。飞船载满各种货物，通向座椅的通道极为狭窄，这与我们在俄罗斯星城的模拟器里接受的训练可不太一样。一开始我坐进了指令长的椅子，然后再小心地换过来。先抬脚，再挪身体，每件事情我们都要很慢很细心地完成，以免动作太大撕破宇航服，或者损坏飞船。我一直在回忆训练时经历过的洞穴探险，很庆幸自己有在极端狭小的空间里生活的经验。

座椅上有两条电缆和两个管子，要连接到我们的舱内宇航服上。电缆向通信耳机和医疗监控设备供电。所有乘员胸前都佩戴有医疗监控设备，用于测量心跳和呼吸频率，数据被传输给地面的医护团队。一个管子提供空气，用于降温和通风；另一个管子提供纯氧，仅在紧急失压状况下使用。连好电缆和管子之后，再连接护膝。火箭上升时，加速度能达到重力加速度的好几倍，护膝能保护宇航员的下肢和宇航服上的索具。太空舱很小，宇航员们挤进来后，剩下的空间只够塞下一名地勤人员，他给我们传递流程清单，帮我们把自己固定在座椅上。

已经到了发射前最后的关头，我一分钟一分钟地倒计时，最后一次仔细检查清单上的每一项，在大脑中预演接下来旅程中的关键节点。这时，我经历了太空飞行让人肾上腺素飙升的一个传统：每名宇航员可以挑选三首歌，倒计时之前，系统会为他们播送这些歌曲。我挑选的是皇后乐队的《现在不要阻止我》，U2乐队的《美好的一天》和酷玩乐队的《繁星满天》。歌曲播完之后，离点火只剩很短时间了，我们的指令长和我们开了一个玩笑。透过耳机，在火箭内嘈杂的嘎嘎噪声中，我们听到熟悉的电子合成音和吉他和弦声，这是欧罗巴乐队演唱的《倒计时》，和我们现在的场景很相配，谁说俄罗斯人没有幽默感？

我第一次现场观看联盟火箭发射是在2015年6月，在我自己升空之前六个月。我和尤里·马连琴科和蒂姆·科普拉作为联盟号第44和45组成员的后备人员，前往哈萨克斯坦的拜科努尔航天基地。他们将前往国际空间站，我们是他们的后备军，全力支持他们。虽然我们只是后备组，但也做好了升空的全部准备工作，几周前，我们就已经通过了所有的测试。虽然我们取代他们进入太空的机会很渺茫，但是亲临发射现场，让我能够实战演习一下，并第一次亲眼观察到火箭的发射。几年前我曾争取现场观摩发现号航天飞机的发射，当时欧洲空间局的宇航员克里斯特·富格莱桑将乘坐航天飞机从肯尼迪航天基地发射升空。但是运气不好，首次发射由于天气因素推迟了，第二次的发射也被取消，飞船的燃料阀出现了异常。几天后发现号升空时，我正在回欧洲的飞机上，我被召回参加欧洲空间局在德国宇航员中心的训练。

观摩 6 月份的飞船发射，不只是补偿了先前的遗憾。火箭发射时，我们离得很近，效果十分壮观。我和尤里、蒂姆坐在搜索救援塔塔顶，离火箭只有 1.5 千米远。这是一个晴朗的午夜，凌晨 3 点，主发动机点火。几秒后，一阵低沉的吼叫声传入我们的耳朵，我整张脸都在剧烈抽搐。我发现，刚才发出巨响的火箭只是在试车，接下来火箭暂停，检查设备是否正常运转。火箭全力推进时，我被巨大的噪声吞没，一阵低沉的隆隆声在胸腔反复回荡。就在我以为效果不会更为震撼时，联盟号飞船从发射台缓缓升起，周围充满了火箭劈碎空气产生的巨响。

几个月后，轮到我自己坐在联盟号的座椅上了。此刻是当地时间早上 5 点，我通过头盔上的耳机认真听着指令长的声音，眼睛凝视着面前仪表盘上的数字时钟。人一生中，会遇到很多次倒计时，火箭发射似乎是倒计时的典型案例。遗憾的是，在火箭内部这种倒计时并不存在。从火箭点火，一直到发动机运行，推动火箭达到起飞速度，指令长一直在宣读起飞阶段的各项指令，告诉我们如何判断飞船是否发射，就是没有倒计时。火箭升空之前 5 秒钟，通报传来，发动机已全力运行，此时我能明显感到座位下方火箭的强劲推力。最后几秒钟，舱内充满噪声，眼前的一切都在晃动，我根本没法判断火箭是否离开发射台了。我感觉火箭晃动得厉害，时钟上的数字表明，现在似乎已经过了发射时间，这时，我们终于启程了！我听到了火箭发动机强力推进时特有的爆裂声，感受到了火箭的加速度。回想起六个月前自己观看火箭发射时的场景，此刻，我们的火箭，应该也给外面的观众产生了强烈的震撼吧。

奇怪的是，舱内的噪声虽大，但远不如舱外，头盔上的通信单元很好地屏蔽了大部分噪声。发射过程中，让我印象最深刻的是火箭全力运行时产生的强大推力，周围一切都在剧烈晃动，加速度很大，我被牢牢压在椅子上，感觉五脏六腑都受到了挤压。但是，没有剧烈的爆炸，没有耳鸣，我也无法通过窗户看到外面，现在太空舱还被火箭整流罩包裹着呢。

几分钟后，我们就会达到每秒钟 8 千米，以这种速度，从伦敦到爱丁堡只需要 90 秒。我很难控制自己激动的情绪，不由得笑了。

本章描述联盟号火箭从点火到抵达国际空间站这一阶段。飞往太空，无疑是很神奇、超现实的经历，而乘坐俄罗斯飞船，更让人永生难忘。俄罗斯人的哲学是，如果一样东西还没坏，就别去修它。他们不只是用这个态度对待机器，实际上，他们对载人航天的一切，都是这个态度。此外，他们也很重视自己的历史和传统。这就意味着，在起飞前的日日夜夜，我们不仅要完成诸多重要准备工作，还要处处遵循他们的宇航传统，参与各种仪式典礼。几页后我会再具体说明，现在让我先介绍一下发射场。

问：为什么飞船从哈萨克斯坦发射？

答： 拜科努尔航天中心是世界上最早、规模最大的航天基地，位于哈萨克斯坦南部半沙漠草原地区。自从 2011 年美国终止航天飞机项目，拜科努尔就成了世界上唯一能运送宇航员去国际空间站的航天基地。这个传奇般的基地由苏联建造，早在 20 世纪 50 年代就开始运行了。世界上第一颗人造卫星"斯普特尼克 1"号，于 1957 年从这里发射；世界上第一艘载人飞船——"东方 1"号载人飞船于 1961 年从这里出发。其他发射场在火箭点火时，都会从发射台下方向火箭尾焰大量喷水，削弱火焰，减轻噪声。拜科努尔则与众不同，不会喷水，因为这里比较缺水。这就让拜科努尔的火箭发射场面极为壮观，烟火效果十足。

航天基地的选址，要综合考虑很多因素。由于地球在自西向东转动，带动周围物体一起向东运动，这一效应能帮我们节省很多燃料，选址主要得考虑这个因素。在地球赤道上，自转速度最大，高达 466.67 米每秒，比空气中的声速还大。由于所有物体，包括周围的空气，都随着地球在一起运动，站在赤道上时，你不会感觉到这种速度，但火箭发射时，要尽量利用这一速度。远离赤道，随着纬度的增加，自转速度越来越小，在地球两极自转速度为 0。

如果火箭从靠近赤道的地方发射，在发射前，由于地球的自转，火箭已经获得一定的速度了，这样一来，火箭就能少用点燃料（译者注：火箭要离开地面，环绕地球飞行，其速度至少要达到第一宇宙速度——

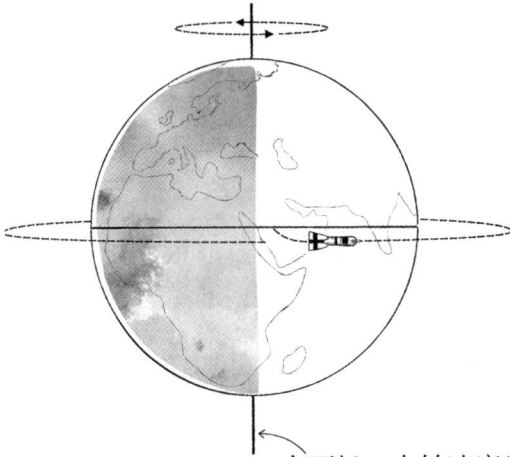

在赤道上，火箭发射升空前，已经获得 466.67 米每秒的速度

在两极，自转速度为 0

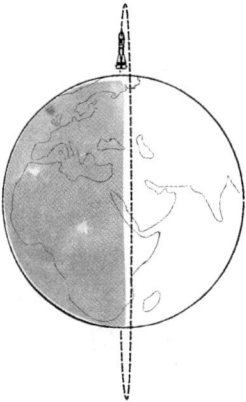

从两极发射的火箭，只能进入极地轨道

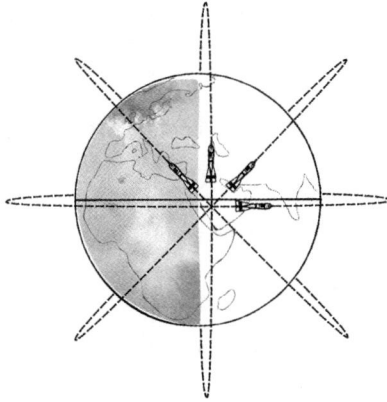

从赤道发射的火箭，可以进入任意轨道

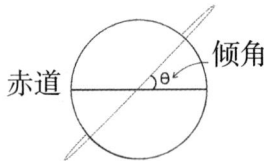

赤道

θ

倾角

7.9 千米每秒。）这就意味着，火箭能多搭载一些物资。不过，打开地图，你会发现，俄罗斯很不幸，大部分国土的纬度都高于 50 度，离赤道很远。在这里待过几个冬天后，我相当肯定，俄罗斯可不像赤道那样暖和。

拜科努尔位于北纬 46 度，比当时苏联的绝大多数地方更靠近赤道。当然了，选择这里还有其他因素。苏联 1955 年把这里选为世界上首枚洲际导弹的实验基地，后来，这里才逐渐发展成载人航天中心。作为导弹实验基地，周围要有大片平地，避免周围地形对地面控制站的信号的干扰。导弹从这里向 7000 千米外的堪察加半岛发射，一路要远离人口稠密区，拜科努尔满足这些条件。而且，基地可以从锡尔河获得供水，交通也不错，离莫斯科—塔什干铁路干线不远。

选择靠近赤道的地方发射，还有一个原因：越靠近赤道，可供选择的轨道越多，用专业术语来说，就是轨道倾角的范围比较大。轨道倾角是飞船轨道面与地球赤道面之间的夹角，反映了轨道相对赤道的倾斜程度。

为理解这一概念，我们可以想象从北极发射火箭，无论向什么方向瞄准，火箭都往南飞，进入极地轨道（这种轨道经过地球南北两极），倾角是 90 度。而从赤道发射火箭，可以向任意方向飞，进入任意倾角的轨道。从其他地方发射火箭，倾角范围由发射场的纬度决定。

当然，这个规律也是可以被打破的，只要有足够的燃料，轨道倾角也可以改变。不过，一旦飞船进入轨道，绝大部分情况下我们都会尽量避免变轨。

你知道吗？
Did you know?

✪ 由于拜科努尔是世界上最重要的发射场，在选择国际空间站的轨道倾角时，拜科努尔的纬度成了关键性制约因素，最终国际空间站选择了 51.6 度的倾角。

✪ 地球上还有很多其他发射场。美国载人航天历史悠久，佛罗里达州的肯尼迪航天中心发射过很多飞船。最近十年，两个新的飞船（波音公司的 CST-100 载人飞船，以及 SpaceX 公司的龙飞船）将从美国本土运送宇航员到国际空间站。中国从戈壁深处的酒泉卫星发射中心发射自己的载人飞船。

问：宇航员发射之前的检疫期有多久？这段时间能接待访客吗？

答：宇航员在进入太空前，要经历长时间的检疫，这样可以确保他们的健康，确保他们在到达国际空间站时没有携带病毒、没有染上疾病。检疫持续时间不定，一般是两周左右。我们机组的检疫时间是 15 天，这让我们有机会办最后一些行政手续，完成最后一次训练。最后这个阶段没太多准备工作要做，所以我们也能休息一阵子，见见来观看发射的家人和朋友。

虽然处于检疫期，我们是可以接待访客的，但俄罗斯医疗团队管理得很严格，面对面接触只限于直系亲属之间。每次见面前，访客都要接受体检，一切正常才允许见面。12 岁以下的小朋友没这福分，据说他们走起路来不太安分，会带来一些危险，特别是在冬天。每年 12 月，拜科努尔气温很少高于零度，这让我的两个儿子不太好过。他们还小，不太清楚为什么他们和爸爸见面时，要隔着一大块玻璃。

但是，检疫是非常重要的疾病预防措施，我很支持医疗团队的做法。以前就有过教训，1968 年阿波罗 7 号飞船执行其 11 天的任务时，船员们都患了重感冒，先是经验丰富的指令长沃利·斯基拉，接下来是新手宇航员瓦尔特·康宁汉姆和唐·埃斯利。如果有人携带病毒，飞船里其他人也会很快被病毒打垮，这是今天的飞船最大的缺点之一。船舱空间狭小，空气被循环利用，宇航员们洗拭机会少，与其他人频繁接触，整天脏兮兮的。我们花了很多精力确保飞船干净整洁，尽可能让它适宜工作和生活。这个任务从检疫期就开始了，早于火箭的发射。

问：发射这一天，您是怎么准备的？

答：虽然联盟号飞船每次发射的准确时间有所不同，但发射这一天的各项工作流程早就定下来了。每名乘员都要遵循相同的流程，严格按流程行事，每件事都要准时开始，准时停止。这是一个详尽得不可思议的流程，设计合理，留出了足够的缓冲时间，以免忙中出错。这个流程确保宇航员能安全抵达，穿好宇航服，做好乘大巴去发射塔的准备；确保宇航员们情绪稳定、放松、自信、跃跃欲试。下面是发射前各项活动的时刻表：

07：55—08：05　起床，个人清洁（10 分钟）

08：05—08：15   体检（10 分钟）

08：15—09：15   特殊医疗操作（60 分钟）

09：15—09：35   淋浴（20 分钟）

09：35—09：40   微生物控制（5 分钟）

09：40—09：50   皮肤药物处理（10 分钟）

09：50—09：55   穿内衣（5 分钟）

09：55—10：05   前往宇航员旅馆（10 分钟）

10：05—10：35   进餐，入厕（30 分钟）

10：35—10：55   宇航员告别（20 分钟）

10：55—11：00   在船员室门上签名（5 分钟）

11：00—11：05   宗教仪式（5 分钟）

11：05—11：10   登上大巴车（5 分钟）

11：10   前往 254 楼（穿隼式宇航服）

上述列表中的十分钟体检项目和检疫期间我们每天早上的体检相同，包括体温、心跳、脉搏、血压等常规体征检查，以确保我们没有携带病毒或者感染疾病；另外要测体重，防止体重增加太多，体重的变化会改变飞船质心，影响飞行轨迹。为确保飞船精确运行，保障飞行安全，顺利抵达，必须精确计算质心位置，准确控制发动机。基地伙食好极了，分量也足，控制自己的体重没那么容易。幸运的是，我能够保持自己的 70 千克的体重不变。

这里我花几分钟时间描述一下列表上的"特殊医疗操作"。可能很多人不知道，火箭发射时大多数宇航员要穿成人纸尿裤，美国国家航空航天局喜欢把这玩意儿叫作最强吸收裤。这不是担心宇航员在发射时，由于坐在 300 吨的大烟花上而激动得尿了；主要是考虑到，在发射这天宇航员必须连续十个多小时穿宇航服，哪怕他们膀胱很"强壮"，他们也憋不了这么长时间的尿。

为避免飞船发射时有任何不适而分散宇航员的注意力，让宇航员的消化系统能在一两天内习惯微重力环境，在发射之前先要对宇航员进行灌肠处理。拜科努尔在这方面服务周到，提供两种灌肠方法供宇航员们选择，美国式和俄罗斯式。欧洲空间局、日本宇宙航空研究开发机构和加拿大航天局得努力开发自己的灌肠方法了。不过，这辈子我都没记住它们有什么区别；当时我也没多余的心思来认真挑选。从结果来看，俄罗斯式的灌肠方法还不错。

将身体内部清洗一遍后，还要再清洗身体外面。我们先用特殊的抗菌香皂洗澡，再用无菌毛巾擦干身体，保持赤裸状态，随后呼叫医生，他们会用特制的抗菌毛巾给你快速擦拭一遍，之后我们就能穿上无菌的白色长裤和长袖内衣了。要当宇航员，你得收起自己不必要的骄傲，配合团队的工作。浑身赤裸，由别人擦洗身体，这只是漫长的太空征程上很常见的一个小麻烦，除此以外，我们还有很多不得不做的事情，比如肠镜检查、内窥镜检查、无穷无尽的针等。

升空前的最后一餐通常是与本次任务的后备机组成员以及俄罗斯医疗团队一起吃的。这是个很好的放松机会，大家借此机会联络一下感情。传统上，这顿饭是早餐形式的，有鸡蛋、培根、牛奶荞麦粥、面包、火腿、奶酪、果酱和水果等，还有美味的俄罗斯茶大量供应。我吃了不少，毕竟接下来好几个小时没法吃东西。早饭后，我们参加了一个出发典礼。执行此次联盟号太空任务的宇航员和地面工作搭档们在一个房间见了面，大家相互敬酒，在场的还有本次任务的后备宇航员，以及各国航天部门的官员和代表。我也发表了祝酒词，预祝本次太空任务顺利完成，祝留在地面的家人和朋友健康幸福。唯一遗憾的是，几位宇航员马上要执行任务，只能喝水，不像其他人那样可以来点香槟或者伏特加。接下来宇航员和父母道别，这是留给我们的最后一点私人时间，很快我们就要走出房间，面对新闻媒体的镜头了。

拜科努尔有很多宇航传统。比如，宇航员离开这段时间居住的太空旅馆前往发射台之前，要在自己住过的房门上签字，这是今天要经历的第一个传统。这是非常值得纪念的时刻，能把自己的名字加在众多太空先驱的名字旁边，我感觉很自豪。接下来，在走廊尽头，我们接受了东正教神父的祝福。走下三层台阶后，我们来到宾馆门厅，这里正高声播放一首俄罗斯歌曲，来自 В землянке 乐队的《故乡的草原》，这首歌描述了宇航员对地球的热爱。歌曲旋律优美，朗朗上口，鼓舞人心，一听到这首歌，你会产生一股冲动，想马上爬进火箭前往太空。在出征时刻播放这首歌，也是一个颇受欢迎的传统。不过这个传统肯定不是源自 1961 年（译者注：这一年人类历史上第一个宇航员从拜科努尔前往太空），而是几年后才开始的。旅馆外面，家人和朋友们排队向我们挥手告别。从这里，我们乘坐半小时的大巴前往 254 楼，在这里我们穿上隼式宇航服，与妻儿隔着玻璃见最后一面。随后，我们走进大巴，前往发射台。

你知道吗？
Did you know?

关于俄罗斯隼式宇航服的一些小知识

✪ 隼式宇航服 1973 年面世，最初设计目标是在太空舱内穿戴，而非太空行走。

✪ 宇航服可以供应纯氧，在太空舱失去压强时能产生 40 千帕或 27 千帕的压强，撑起宇航服，维持 5 分钟左右，以保护宇航员。

✪ 每件宇航服都是根据宇航员的身材定做的。

✪ 只需要花两三分钟，宇航员就能穿好太空服。发射这一天，我们花了约 10 分钟时间，工程师们做了仔细检查，以确保每个部件都处于最完美状态。

✪ 宇航服的颈部有橡胶材质的密封圈，飞船返回地球，若在水面降落，它能保护宇航员。

✪ 宇航服只有 10 千克重。

✪ 宇航服通过在主开口处缠绕两个橡胶带，来达到密封效果。

✪ 穿上宇航服后，保持坐姿时感觉还不错，但是站起来时不太舒服，这就是宇航员们走向大巴时，看起来有点驼背的原因。

问：听说宇航员乘坐大巴到火箭之前，会向轮胎撒尿，是这样吗？

答：俄罗斯宇航员有很多奇特的传统，你说的就是其中的一项。前往火箭发射台前，途中大家会轮流向轮胎撒尿。不过，考虑到接下来几小时你都不得不待在火箭里，预先排便也就不算一个怪癖了。这个传统源自尤里·加加林，1961 年他第一次前往太空时，在前往发射台的路上，他憋不住了，就往大巴的右后轮胎小便了一次。他没有想到，这个无意之举，形成一个宗教仪式般的独特传统，在接下来 50 多年内被宇航员们照搬。

问题是，已经到了现在这个阶段，升空前的准备工作已经完成得很好了，大家都穿着密封得很好的宇航服，完成这个传统不太方便。当汽车

停下，让我们追随前辈时，我记得自己费了老大劲才脱下宇航服上的鞋带式扣件和橡胶密封圈，这可是一个小时前，工作人员带着防护面具、穿着无菌手套，极为细心地帮我们扣上的。

但是，能有机会最后一次排空膀胱里的存货，我还是很感激这一传统的。而且，我们即将出发的发射台，正是 1961 年 4 月 12 日加加林第一次离开地球时的发射台，这也让我颇为激动。

你知道吗？
Did you know?

发射前，俄罗斯宇航员们还会有哪些仪式行为：

⭐ 前往莫斯科的红场，向尤里·加加林和谢尔盖·科罗廖夫（苏联火箭之父）献花。

⭐ 在离开我们参加培训的星城，前往拜科努尔前，举行一个早餐仪式；根据俄罗斯传统，离开前每个人都要静坐一会儿。

⭐ 到达拜科努尔后，在宇航员树林里种一棵树。

⭐ 别观看火箭出事故的视频，这对要执行任务的宇航员不吉利。

⭐ 把硬币放在铁轨上，让运送联盟号飞船的火车压扁硬币，这会带来好运。

⭐ 在发射日的前两天，去理发。

⭐ 发射之前的那个晚上，观看 1969 年的老电影《沙漠白日》。

⭐ 请俄罗斯东正教神父祝福联盟号火箭。

✪ 飞船的指令长会选择一个吉祥物挂在仪表盘上，通常是一个可爱的小玩
具。飞船到达轨道上时，它会是第一个由于失重而飘起来的物体。

问：联盟号飞船那么小，你们在里面应该很挤吧？

答：啊哈，确实如此，即使对我这样高 1.73 米重 70 千克的小个子来说，也
算很挤了。你得长时间保持胎儿姿势，膝盖弯曲超过 90 度，真的很不
舒服。这就是我们为这项伟大的飞行付出的小小代价。不过，一旦进入
轨道，你就能解开索具，从座椅向外飘浮一点点，听上去没什么，但整
个人舒服多了。

联盟号的返回舱比阿波罗飞船的指令舱都要小，更别说与美国国家航空
航天局的航天飞机或者新猎户座飞船相比了。虽然很挤，但由于我们在
模拟器里已经反复演练过，对飞船已经像家一样熟悉了。在飞船里我觉
得还算习惯，空间的狭小对我影响不大。话虽如此，我还是很高兴此次
飞行时间比较短，火箭发射后几个小时我们就能抵达国际空间站。有些
宇航员在到达国际空间站之前，可能要在这个狭窄的飞船里待上两天
时间。

问：联盟号的计算机运算能力怎么样？

答：我们所乘坐的飞船正式名称叫联盟载人运输 M 型飞船，相对之前有所升
级，新型号 2010 年 10 月第一次启用，换下了 36 个老设备，进行了 19
项改进，升级了座椅、座舱的显示器、降落伞系统、软着陆喷气发动机
和三维加速度仪。一个重要升级是去掉了重 70 千克的阿贡数字计算机，

你没看错，确实是 70 千克。阿贡计算机很可靠，已经服役 30 多年了。但是，和美国登月计算机一样，阿贡计算机运算能力不强。联盟号的新计算机，中央计算机 ЦВМ101 型，性能比阿贡要高好几个数量级。不过，比起现在的智能手机，性能还是差很多。我们来看一下数据：

	阿贡 16 型	中央计算机 ЦВМ 101 型	iPhone7
处理器频率	200 kHz	6 MHz	2.34 GHz
内存	3 × 2 kB	2 MB	2 GB
空间	3 × 16 kB	2 MB	256 GB
质量	70 千克	8.3 千克	138 克

不过，联盟号除中央计算机外，还有终端计算机和处理邮件的专用计算机，不过计算机再多，也改变不了这一事实，那就是联盟号不需要太强的运算能力就能遨游太空。

你知道吗？
Did you know?

- 联盟号返回舱适宜不同体型的乘员，从高 1.91 米重 95 千克，到高 1.3 米重 50 千克的宇航员都能乘坐。
- 返回舱直径 2.2 米，容积 3.5 立方米。

联盟号飞船
长 7.48 米
翼展 10.6 米

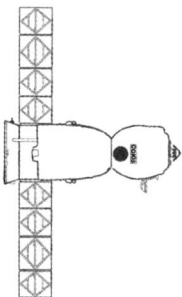

阿波罗指挥舱
长 3.9 米
高 3.22 米

德·哈维兰加拿大公司
DHC-1 花栗鼠型飞机
长 7.75 米
翼展 10.47 米

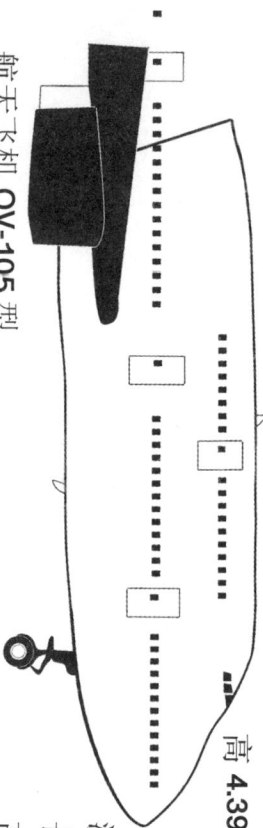

福特 MWB 面包车
长 5.68 米
高 2.6 米

伦敦双层大巴
长 11.23 米
高 4.39 米

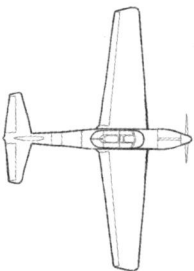

波音 747-100 型飞机
长 70.66 米
高 59.6 米

航天飞机 OV-105 型
长 37.18 米
翼展 23.77 米

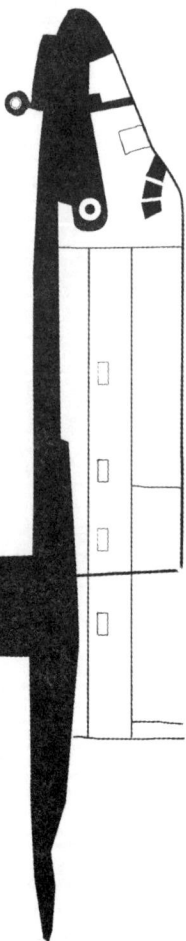

联盟号飞船

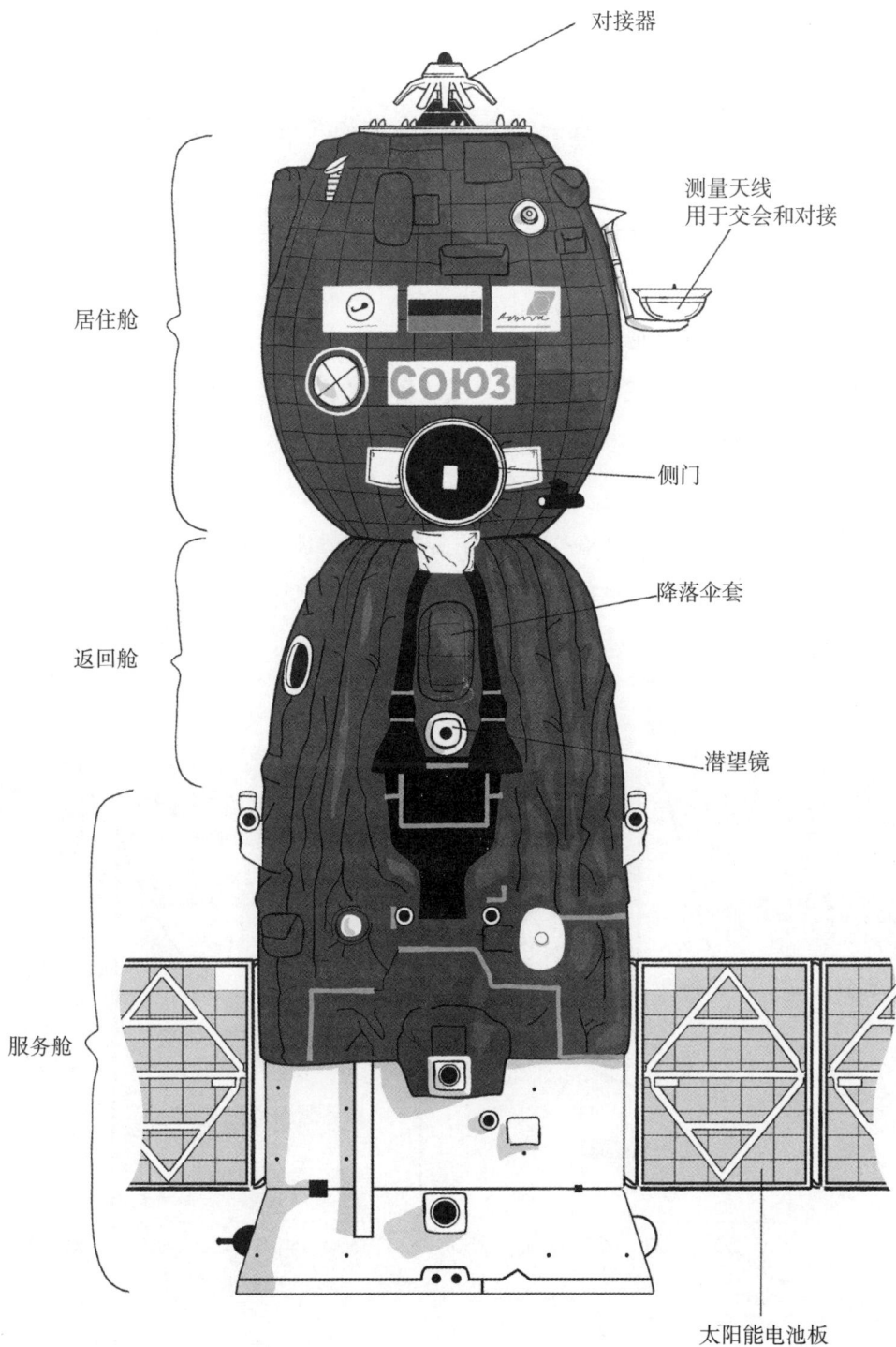

对接器

测量天线
用于交会和对接

居住舱

侧门

СОЮЗ

返回舱

降落伞套

潜望镜

服务舱

太阳能电池板

✪ 除搭载三名宇航员，联盟号还能把约 50 千克的货物运回地球。

✪ 联盟号飞船总质量为 7150 千克，其中返回舱 2950 千克。

✪ 联盟号可以在轨道上停留 210 天，以休眠模式停靠在国际空间站上。

问：发射时，飞船的加速度是几倍的重力加速度？

答：每个火箭都有自己的加速特性，下面是联盟号载人运输船的加速度图，
　　初看比较复杂。

　　为什么图上有三个峰值？进入太空需要消耗大量燃料来提供推力，这些
　　燃料装在三个固体燃料罐里。每次燃料罐里的燃料烧完后，飞船就丢掉

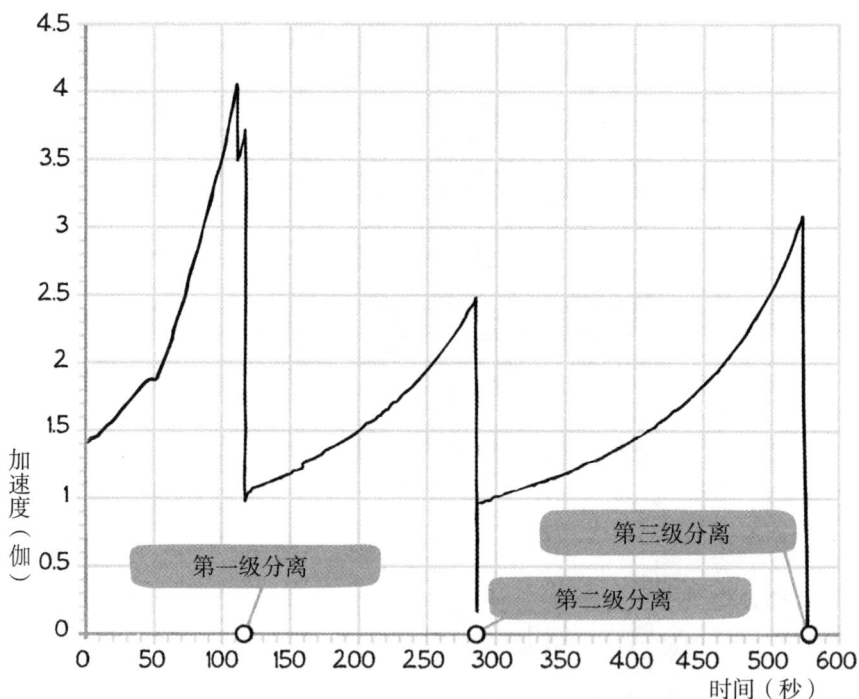

空燃料罐以减轻飞船重量，这样的火箭叫作三级火箭。升空时宇航员体验到的加速度值会随时间变化，这变化取决于哪一级火箭在推进，以及飞船烧掉燃料质量还剩多少。

从图上可以看到，最大加速度出现在第一阶段，此时四台一级助推火箭，以及二级火箭都在全力运行，产生900万马力的强大功率，加速度比一级方程式赛车还高。随着燃料的消耗，火箭质量减少，虽然推力不变，加速度会逐渐增加到接近4倍重力加速度。在如此强大的加速度下，我被越来越深地压进椅子中，胃部肌肉绷得很紧，感觉很神奇。我集中注意力，练习几个月来在离心机训练时学到的呼吸技能，同时极力抑制住因为兴奋想要大笑的冲动。

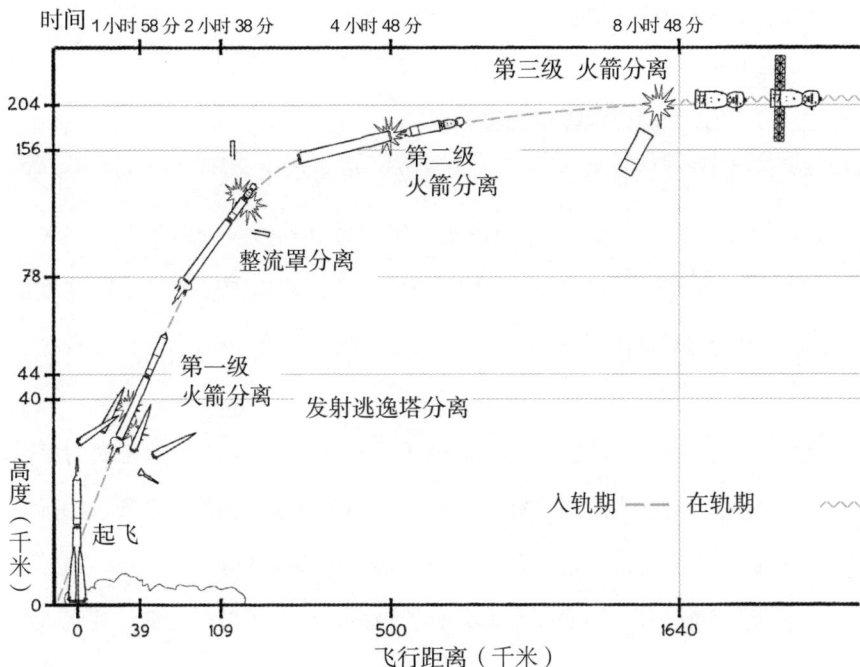

时间 1小时58分 2小时38分　4小时48分　　　8小时48分

第三级　火箭分离

204

第二级
火箭分离

整流罩分离

78

44
40

第一级
火箭分离　　　发射逃逸塔分离

高度（千米）

入轨期 ——　在轨期　～～～

起飞

0

0　　39　　109　　　　500　　　　　1640

飞行距离（千米）

第一级火箭分离时，飞船剧烈晃动，加速度也迅速减小，我们感觉像是被朝前猛地扔出去一样。随后第二级火箭再发力，加速度缓缓回升，不过相对来说加速度略小。发射过程中，指令长的任务之一是切换摄像头，方便地面控制中心观察船员。当尤里切换摄像头时，加速度只有1.5伽，我很轻松地举起手臂，对着摄像头举起了大拇指。

爆炸再次响起，第二级火箭也分离了，现在只剩第三级火箭和我们这个小飞船了。此刻火箭几乎与地面平行，正要进入太空。我体验到极高的速度，这个感觉是压迫性的，整个发射过程中，我在第三级推进时最兴奋。我记得我当时在想，我们还将这样高速运动多久。又一次剧烈晃动，第三级火箭也分离了，突然间飞船安静得出奇，周围的物品一下子飘起来了，我们入轨了。

问： **大气层和太空的分界线在哪里？**

答： 通常人们认为，地球大气层与太空的分界线位于地球表面100千米处，这叫卡门线，以纪念匈牙利裔美籍工程师和物理学家西奥多·冯·卡门。其实问题没那么简单，我们的大气层是很难测量的，随着高度增加，大气越来越稀薄。

地球大气分成很多层，离地面80千米到500 ~ 1000千米高度的是热层。国际空间站离地面400千米高，也位于热层。虽然通常来说国际空间站已位于太空，但这里并非真空，还有一些空气分子。不过，这里空气如此稀薄，分子间隔非常大，分子与另一个分子碰撞之前，要走大约

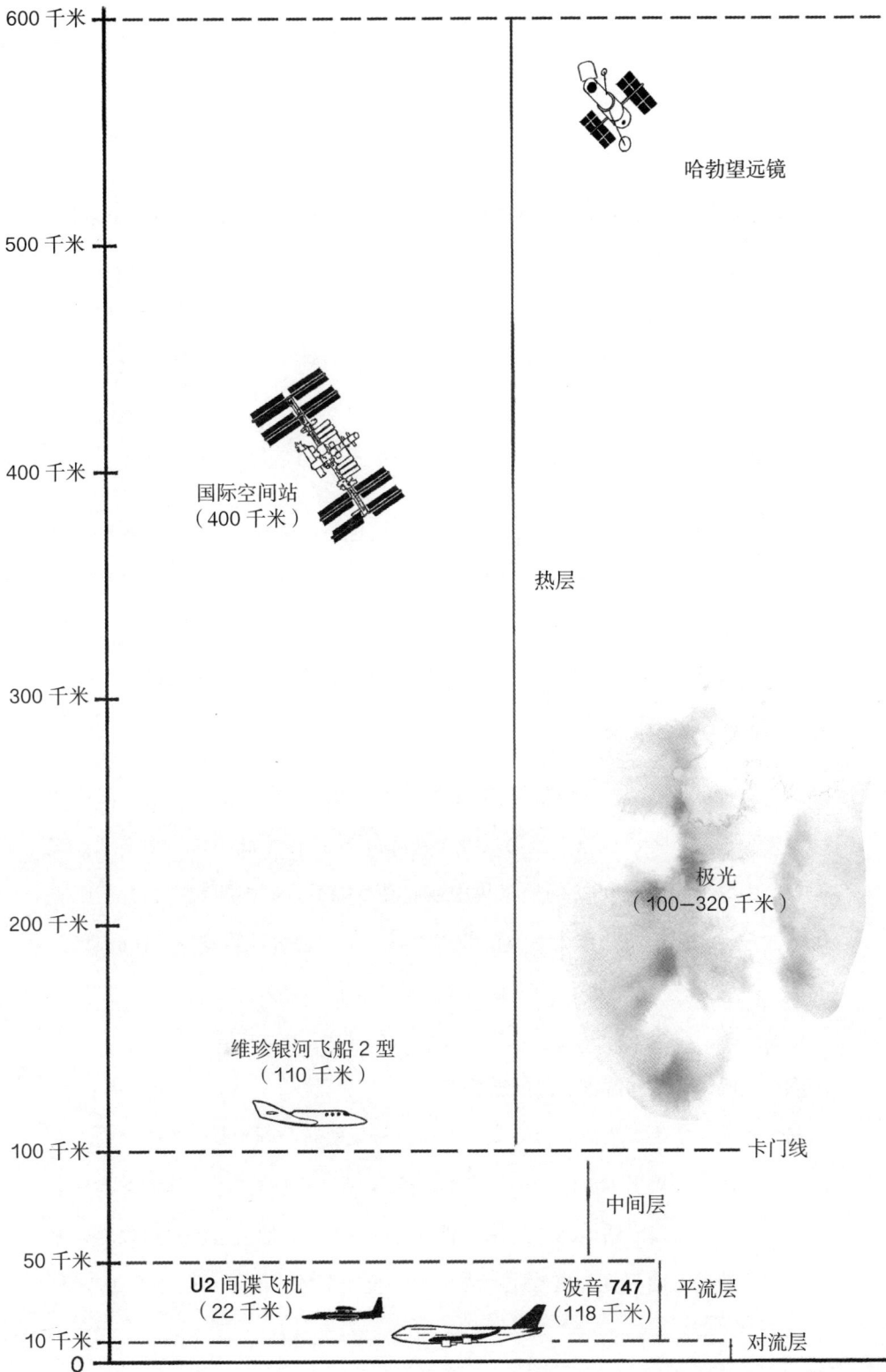

高度

600 千米

哈勃望远镜

500 千米

400 千米

国际空间站
（400 千米）

热层

300 千米

极光
（100—320 千米）

200 千米

维珍银河飞船 2 型
（110 千米）

100 千米

卡门线

中间层

50 千米

平流层

U2 间谍飞机
（22 千米）

波音 747
（118 千米）

10 千米

对流层

0

1 千米。作为对比，在你的肺部，有大约 30 000 000 000 000 000 000 000 个分子，它们间隔很小。空气虽然稀薄，但还是会对国际空间站产生阻力，减少轨道高度。每个月国际空间站的高度减少 2 千米，因此空间站必须不定期推进，抬升高度，以防落回地球。其他人造太空设备，比如哈勃太空望远镜，高度约 560 千米，也受到空气阻力，高度正在缓慢降低。

国际空间站也在电离层中运动，电离层包括热层和逸散层。狂暴的太阳风带来了高能宇宙射线，把中性的空气分子电离，产生带正电的离子和带负电的电子，形成环绕地球的等离子体层，它能反射高频无线电波，方便远程通信（当然，今天你也能直接上网，使用 Skype, FaceTime, Snapchat 来通信）。

而逸散层则一直延伸到离地面 10000 千米远，在这里大气与太阳风融合。有学者建议以平流层层顶（地面以上 50 千米高）作为太空和大气的分界，大气 99% 的质量集中在此高度以下。而国际航空联合会则决定，采用卡门线作为太空的起点。冯·卡门通过计算发现，在此高度，大气太过稀薄，难以产生足够支持航空飞行的升力。

问：火箭为什么需要这么高的速度？

答： 进入太空不等于能停留在太空。联盟号飞船爬升到 100 千米高度进入太空后，如果引擎故障，由于飞船速度不够，在地球的重力作用下，它会沿着亚轨道返回地面。如果飞船速度足够大，飞船轨道的弯曲程度会等于地面弯曲程度，虽然飞船受重力一直向下掉，但是永远掉不到地面，除非有其他外力，飞船会一直停留在轨道上。这个速度叫第一宇宙速度，大小是 7.9 千米每秒，或者 28,440 千米每小时，相当于子弹速度的 10 倍，这就是火箭需要这么大的速度的原因。

问：到达太空需要多长时间？

（提问者：杰克 @trislowe）

答： 这取决于你乘坐什么火箭到达太空，具体来说，主要看火箭的推重比。当然，其他因素也会影响到达时间，比如空气阻力，动态压力，飞船结构，等等。简单来说，和任何其他交通工具一样，如果飞船的发动机功率更大，更坚固轻便，形状更符合空气动力学，时间就会更短。联盟号火箭大概三分多钟，就能到达官方定义的太空，100 千米高。此时飞船的速度是空气中声速的好几倍。美国第一位宇航员艾伦·谢泼德于 1961 年 5 月 5 日乘坐水星—红石火箭进入太空，这枚火箭是从美国陆军的弹道导弹演变来的，虽然还达不到环绕速度，但是它很小很轻，因此进入太空速度很快，在两分半钟内，飞船到达 188 千米高度。上升过程中，加速度达到 6.3 倍重力加速度！

问：进入轨道需要花多长时间？

答： 一旦跨过 100 千米高度，我们就已经进入太空了；随后联盟号还要继续爬升，到达 230 千米处的入轨点。整个发射阶段耗时 8 分 48 秒，看上去很短。不过，如果你和我一样，坐在这种高速的火箭头上，你也会觉得整个过程极为漫长，度日如年。

问：发射时，宇航员们会操纵飞船吗？还是由计算机自己控制飞船？

答：发射时，船员们的主要职责是监视各个系统能否正常工作。整个发射过程是自动进行的，除非遇到紧急情况，宇航员才会手动操作。

除了前面描述过的几次火箭分离过程，发射中还有其他一些事情需要我们去关注，其中一项是飞船整流罩的分离。联盟号飞船位于火箭头部，被整流罩包裹，当火箭升到 80 千米高时，空气已经非常稀薄，阻力很小，火箭外壳与空气分子高速碰撞造成的发热效果已经很弱，火箭从低层大气上升的过程中，整流罩起了很好的保护作用，现在，它的使命已经完成，其巨大的质量阻碍了飞船的进一步加速，是时候抛弃整流罩了。爆炸螺栓将整流罩炸开，飞船暴露在太空中，我们能透过飞船的窗户看到外面，这是很值得纪念的时刻。不过，我们还是被牢牢地囚禁在自己的椅子上，眼睛还够不到窗框，视角颇受限制。抬头向上，能清楚地看到天空正快速地从蓝变黑，我们把最后一层稀薄的空气甩在后面，向太空前进。

这时，我特意查看了舱内气压。我坐在右边的椅子上，不太方便看到一些仪表盘，但是我能看到生命维持系统数据和舱压，飞船正快速前往真空，我得检查一下，确保飞船完好无损。在发射的最后阶段，我们都在密切关注着时钟读数，等待着第三级火箭分离。这时，传来一阵剧烈晃动，飞船正与第三级火箭分离。除晃动外，还有其他证据表明我们已成功进入转移轨道。如果没有成功，船员只有几秒时间紧急干预。谢天谢地，第三级火箭分离得干脆利落，我们进入了一个很好的转移轨道。接下来，没时间可浪费了，我们开始按操作清单进行操作，准备启动引擎，与国际空间站会合。

问：如果发射过程中遇到问题，你们怎么处理？

答： 联盟号飞船是世界上最安全可靠的飞船之一。虽说如此，进入太空绝非易事，以前也曾出现过事故。好在联盟号配有安全逃逸系统，从飞船离开发射架一直到进入轨道，一旦有事故发生，该系统能帮助乘员返回地球。不过，这个过程中宇航员可能会受伤，因为系统启动时，产生的加速度大于 20 倍重力加速度。

联盟号火箭最上方有发射逃逸塔，由一组助推火箭组成。发射最初阶段，若有紧急情况发生，它能带着整流罩及罩内的居住舱、返回舱和舱内船员，与火箭其余部分脱离，将飞船带到安全高度，保证降落伞能正常打开。只是在发射的最初 1 分 54 秒，才需要发射逃逸塔。之后火箭已经到达 40 千米高，降落伞已经能安全打开，因此逃逸塔在这一高度与火箭分离，很快整流罩也将分离。之后，如果有事故发生，飞行自动终止系统会关闭火箭发动机，将乘员舱分离，同时激活返回舱的降落伞和着陆系统。

发射过程中若遇到重大事故，仪表盘报警区的第一个警报灯——升压警报灯——会发出红色闪烁信号，不需要等事故发生，产生爆炸和振动或噪声，我们就能知道坏事了。谁都不希望这盏灯亮起。

1983 年 9 月 26 日，发射逃逸系统曾经救过联盟 T10A 飞船的宇航员弗

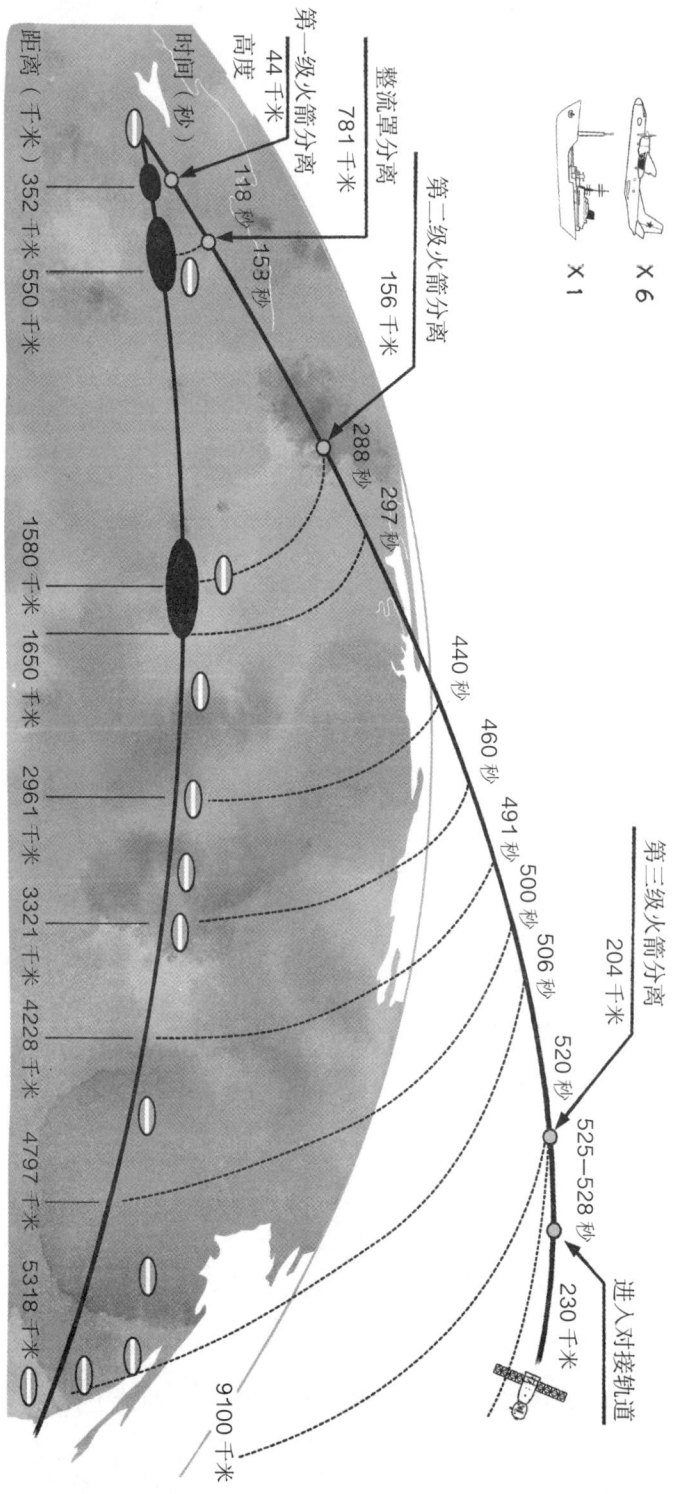

搜救团队沿着火箭飞行
轨迹配备，覆盖范围达
到 5000 千米

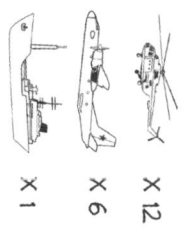

×12
×6
×1

○ 发射阶段
● 碎片坠落区域
◎ 搜救机场

整流罩分离
781 千米

第一级火箭分离
44 千米
高度

时间（秒）
118 秒
153 秒

第二级火箭分离
156 千米
288 秒
297 秒

440 秒
460 秒
491 秒
500 秒
506 秒

第三级火箭分离
204 千米
520 秒
525—528 秒

进入对接轨道
230 千米

9100 千米

距离（千米）352 千米 550 千米 1580 千米 1650 千米 2961 千米 3321 千米 4228 千米 4797 千米 5318 千米

拉基米尔·季托夫和根纳季·斯特列卡洛夫。发射前，最后一级火箭在加注燃料时出现问题，火箭底部着火，此时控制线缆全烧断了，地面指挥人员只能通过无线电向逃逸系统发出指令。虽有所延迟，但逃逸塔最终在火箭爆炸几秒前启动，带着船员以 14 到 17 倍重力加速度向上加速 5 秒钟，在 4 千米外着陆。几年后的一次采访中，季托夫说，事故发生时船员们最先的几个动作之一，是关掉头盔上的语音记录器，因为有太多的咒骂声了！

另一次事故发生在 1975 年 4 月 5 日，指令长瓦西里·拉扎雷夫和飞行工程师奥列格·马卡洛夫乘联盟 18A 飞船准备与礼炮 4 号太空站对接，飞船上升到 145 千米高时，第二级火箭本应与第三级火箭分离，但是，六个连接螺栓中只有三个松开。此时第三级火箭已经点火，第二级还没抛掉，第三级火箭产生巨大冲力，逐渐冲破螺栓，但是火箭已经在空中翻滚，偏离了预定轨道。地面控制中心成功激活了终止系统，只是，从这么高的地方返回，再入大气层时飞船再入角非常大，船员们经历了高达 21.3 伽的巨大加速度。马卡洛夫恢复得很好，之后又执行了两次太空任务，但是拉扎雷夫受了内伤，再未飞行。

问：如果发射终止，你们会降落在哪里？

答：发射火箭前需要仔细规划，考察火箭将要从哪些区域上空经过，因为用完的助推火箭会从太空坠落，危害下方的人员和财产。

从拜科努尔向东发射火箭，可以最大限度地利用地球自转，最节省燃料，但这样一来，第一级助推火箭就会掉到中国；此外，如果发射任务失败，火箭的自动终止系统也会让宇航员掉到中国，给搜救工作带来很多麻烦。为保证火箭大部分时间在俄罗斯国土上空飞行，火箭飞行方向是东偏北一点点。

回到你问的这个问题，如果发射终止，你很可能降落在哈萨克斯坦或者俄罗斯东部，或者，如果你快入轨才启动自动终止系统，你会落在日本海域。如果在发射后283秒以内启动终止系统，你会降落在哈萨克斯坦东部大平原；在第283秒到第492秒启动，你会降落到俄罗斯东南部与蒙古接壤的山区；在随后的14秒内启动，你会降落在中国东北；从第506秒到入轨前的第528秒启动，你将降落在日本海域。

俄罗斯联邦航空运输署负责搜救工作。由于可能降落的区域如此广阔，地面搜索救援团队规模极为庞大，来自12个机场的18架飞机随时待命，在日本海域还有一艘回收船。救援范围高达5000千米，见本书第30页。

问：**需要多长时间才能到达国际空间站？**

答：与国际空间站对接之前，飞船要绕地球34圈，略超过两天时间。进入太空后，船员们要打开闸门前往居住舱，在里面吃喝拉撒睡。飞船携带了很多饮用水和干粮，不过没给我们准备消磨时间的娱乐设施。但是，能欣赏到壮观的太空美景，已经足够了。

传统对接过程中宇航员很受罪，要一直待在狭小难受的空间里；无论对宇航员还是地面控制中心来说，整个过程耗时太长。2012年8月联盟号尝试了新方案，借助摆渡飞船，只绕地球四圈就能对接。新方案对飞船发射和入轨精度要求很高，之前从未采用。联盟家族的新成员，联盟FG 火箭和联盟 TMA-M 系列飞船能达到这一精度。

快速方案能成功的关键，是在飞行控制电脑中提前对前两级火箭进行编程。传统对接比较漫长，是为了让控制中心有时间对联盟号轨道进行观测，指挥火箭点火来修正可能的轨道误差。快速对接方案不再要求飞船以完美的精度入轨，允许存在小误差，在后续对接过程中来修正。通过提早启动前两级火箭，联盟号可以在发射六小时内到达国际空间站。

此外，飞船靠近和停靠通常另外还要再花半小时时间，在打开舱门进入空间站之前还要花时间进行几项检查。我们比较幸运地采用了快速对接

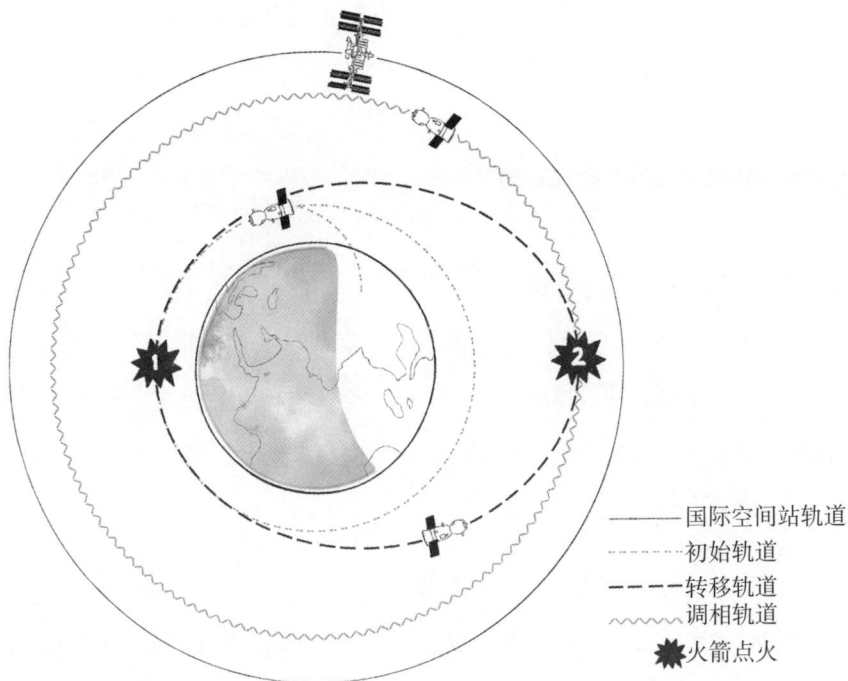

————— 国际空间站轨道
·········· 初始轨道
－ － － 转移轨道
∿∿∿∿ 调相轨道
✹ 火箭点火

方案，从发射起只需八九小时就能进入空间站。当火箭和飞船软件进行升级测试，或者新对接方案出现问题时，我们也会采用传统方案。

减少宇航员的疲劳也是选用快速对接方案的原因之一。发射这天宇航员们非常累，飞船发射时我们已经起床六七小时，到飞船对接时已经15小时过去了，进入空间站后还有好几个小时的工作要做。我记得很清楚，进入国际空间站后的第一个晚上，我在自己的睡袋里睡得很熟。

问：你们如何与国际空间站对接？

答：联盟号进入的是一个仅230千米高的，略椭圆形的轨道。飞船离地面还太近，还存在空气阻力，如果不采取措施，飞船绕地球约20圈后就会掉进大气层。所以，我们修正轨道，让轨道更接近圆形，把高度抬升到340千米。火箭按照预先编制的程序两次点火，借助霍夫曼转移轨道进行轨道修正，整个过程中绕地球四圈。在两个圆形轨道之间变轨，霍夫曼转移轨道是最节省燃料的。

这里我不讨论轨道力学细节，如果去计算，你自己会发现，在环地轨道启动火箭向后喷气，飞船不会加速；飞船将进入椭圆轨道，高度上升，速度反倒下降，在地球另一侧到达远地点；如果不去管它，飞船又会沿椭圆轨道加速落向点火点。在远地点再次启动火箭，飞船就能进入高度更高的圆形调相轨道。

控制中心通过地面观测来计算调相轨道的误差，发出指令到飞船控制电脑，进行轨道修正，以确保火箭进入370千米高的圆形轨道。这个过程中同样需要火箭两次点火，时间比较短，通常不到一分钟；火箭功率也小，产生很小的加速度，把我们轻轻推回到座椅上。

火箭再次点火，飞船上升到 400 千米，和国际空间站一样高。这个过程中火箭实际上要点火好几次，飞船也要调整到尾部向前，让发动机反向点火，这次的轨道叫减速抛物线轨道。最终联盟号飞船离国际空间站只有 150 米远，飞船开始绕飞，调整位置，直到对接口对准。随着国际空间站逐渐靠近，它从太空深处的一个小小亮点，逐渐变大，直到其复杂而庞大的结构占满眼前漆黑的太空，体形远超过我们的联盟号，这个过程令人永生难忘。我不禁回忆起 007 电影《太空城》，德拉克斯的秘密太空站就是这样出现在影片里的。

现在，已经进入对接的最后阶段了，联盟号飞船对接头已对准空间站对接口，一切顺利。飞船关闭发动机，等待被国际空间站俘获。当飞船的对接头已经进入空间站对接锥时，飞船的推进火箭轻轻点火，产生微小推力，让飞船和空间站的连接更加牢固。对接头缩进船内，拉近飞船和空间站的距离，最后锁紧，接下来六个月联盟号飞船将一直牢牢连接在国际空间站上。虽然这六小时的对接过程中船员们一直非常繁忙，但是火箭点火和姿态控制、对接是自动完成的，不需要船员们来操作。只是，我们的飞行与计划并非完全一致，这就带来了下一个问题。

问：你在太空遇到的最危险的事情是什么？

答： 与国际空间站的对接。我们从下方接近空间站，准备与俄罗斯基地舱对接。飞船缓缓靠近，在巨大的太阳能电池板之间飞行，我才发现这些设备极为庞大，我当时还跟蒂姆·科普拉评价过这些电池板的个头，忘了对接过程中我们每句话都会传回地面控制中心，新兵才会犯这样的错。联盟号离天鹅座补给飞船很近，这个飞船停靠在我们的对接口旁，透过窗户看过去，天鹅座补给飞船非常大，两个宽大的伞状太阳能电池板从飞船两边延伸出来，看上去只有一米远。

一直到飞船离空间站 17 米远，一切都还顺利。突然，我们的推进火箭的一个压力传感器发生故障，飞船的终止发射程序开始启动，带着飞船离开空间站返回太空。我们的俄罗斯指令长尤里执行过六次太空任务，经验极为丰富，危急关头他迅速切换飞船控制模式，改为手动操作。他操作控制把手，让飞船重新对准对接口，准备与空间站对接。此时飞船正位于日夜分界线上，三分钟后就要进入地球影子了。太阳高度很低，强烈的光线从空间站向联盟号反射，几乎看不清太空站上的对接口在哪里。

联盟号逐渐靠近，尤里做了第一次对接尝试，很遗憾飞船飘向空间站尾部，偏离目标。对接是太空飞行最关键的几个阶段之一，如果发生碰撞，会造成无法弥补的损伤，飞船会失去动力或者失控，船体会破裂，舱内压强可能急剧降低，船员们将有生命危险。1997 年 6 月 25 日曾经发生过这样的事故，进步号飞船与和平号空间站对接时发生了碰撞（本书 207 页有更多细节，我在回答空间站被太空垃圾撞击这个问题中会详细谈论）。

谢天谢地，尤里经验丰富，在模拟器上曾多次模拟手动操作，这些努力没有白费。他驾驶飞船远离太空站，对准对接口，谨慎地重新进入，如教科书般地成功对接上，最终我们安全进入了空间站。这就是此次太空任务中我们经历过的最危险的阶段。

很幸运的是，整个旅程中我们只经历了这一次危险。整个太空任务中，有些阶段相对来说更容易发生事故，包括飞船发射，重回大气层，太空行走，飞船对接等，所以训练时我们重点关注这些高风险阶段，反复练习，以减少危险。

问：第一次进入太空，最让你吃惊的是什么？

答：白天天空居然是全黑的，比我能想象的最黑的东西还黑，这是我第一次进入绕地轨道，从联盟号飞船向外张望时，最让我吃惊的事情。我们习惯了地表的黑夜，天空会有星星，有散射的太阳光，云层会反射地面光线。即使在最黑的晚上，大气也会发出微弱的光线，它叫气辉，夜空从来不会完全黑暗。

太空完全不同。白天时太阳的亮度远远超过最亮的恒星和行星，为适应这样的强光，眼睛的感光灵敏度降低，你不会看到任何星星。当我在太空站的边缘执行太空行走任务时，太空像黑色深渊一样，引诱我脱离空间站，我几乎被太空吓坏了，只能牢牢抓住手边的东西，与这种诱惑相对抗。

问：你第一次进入太空，会感觉不舒服吗？

答：进入太空的前24小时里，大部分宇航员会感觉眩晕，方向感失调，有些人会有肠胃功能紊乱现象。飞船发射和准备对接阶段，我自我感觉还行，还特地解开捆绑带，更好地体验失重的感觉。指令长尤里很善于用语言之外的方式与其他人交流，当我从座位上飘起，他瞥了一眼说：

"慢慢来，才刚开始呢！"我从未见到任何其他人能用这样简单一个动作表达那么丰富的内容。这是个很好的建议。到达国际空间站时，我方向感略有失调，此外一切正常。不过第二天我觉得有点难受，前一分钟感觉还好，接下来几分钟里突然感觉眩晕想吐，然后又恢复正常。这种感觉不同于晕船造成的虚弱和行动能力降低。

造成头晕和方向感缺失的罪魁祸首是耳朵。人的内耳借助半规管内的内淋巴液来探测头部的旋转，这是前庭系统的一部分。另一部分是耳石器官，它能感觉到加速度，对重力和运动很敏感。当你倾斜头部时，耳石能感知到重力方向的变化，并告知大脑。正常状态下前庭系统给大脑提供很强的信号，以保持身体平衡，并提供方向感。飞船进入绕地轨道，处于自由落体状态，失去重量，体内的内淋巴液和耳石也都失重了，前庭系统感受到的信息发生紊乱，它向大脑传递的信号有时会与大脑从其他器官接收到的视觉信号和本体感受信号（与位置和运动有关）相冲突，这时你就会感觉眩晕。

不过，人的大脑适应新环境的能力很强。以我自己为例，一旦身体学会忽视前庭系统提供的混乱信号，一切就都恢复正常。从第二天早上睡醒这一刻，一直到太空任务结束，我的身体状态都很好，刚上太空时的不适感，早抛到九霄云外了。实际上，快结束我的太空任务之前，我曾蜷成一团，在蒂姆·科普拉帮助下快速旋转几分钟，同时我将头沿着不同的方向运动，试图弄晕自己。

在地面上，这样做能让我头晕，恶心得要命。但是我现在完全适应了太空生活，这样做对我不再起作用了，我根本不会头晕。

问：当你打开连接舱时，国际空间站上哪位宇航员最先迎接你？

答： 飞船成功对接上国际空间站之后，我们又工作了 2 小时 30 分，对连接舱加压，检查有无泄漏，将联盟号调整为休眠模式，换上我们的飞行服，准备迎接舱门打开。这个过程中，指令长尤里和空间站里的俄罗斯宇航员谢尔盖·沃尔科夫和米哈伊尔·科尔尼延科进行了很多交流，登陆过程中有很多规范和操作流程，需要双方沟通，逐项检查。这个时候，耳机里突然传出一个熟悉的新泽西口音，这是国际空间站的指令长斯科特·凯利在向我们致辞，欢迎我们来到太空，并问我们晚餐想吃什么。他已经翻过联盟号送到空间站的补给食品，从中挑选了一些，正准备放在食物加热器里加热，准备在舱门打开后和我们一起享用。

刚刚经历了我人生中第一次火箭发射，又遇到了一个惊险刺激的飞船对接过程，突然有人问我想吃什么菜，这种感觉怪极了，似乎我辛辛苦苦经历这一切，只是为了来这里点个菜。我向斯科特要了一个熏肉三明治，

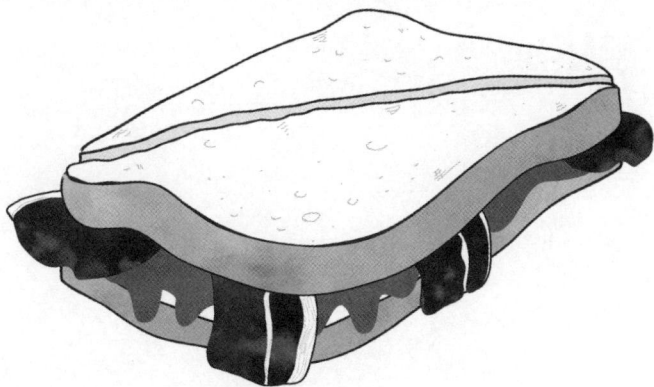

不禁笑了。不久舱门就打开了，谢尔盖、米哈伊尔和斯科特面带笑容，热烈欢迎我们登陆，开始我们在国际空间站上为期六个月的工作和生活。

在更详细地介绍国际空间站的工作和生活之前，我们先把时钟往回拨，来回顾一下宇航员的训练过程，今天的太空任务对宇航员有哪些要求。你可能会感到惊讶。

如何成为宇航员

在学校学习科学知识

接受医学训练

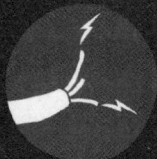
接受电工训练

锻炼身体

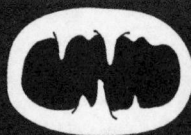
洞穴探索训练

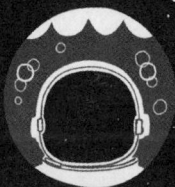
水下训练

学习 IT 知识

学做水管工

学习俄语

野外求生训练

日常训练
TRAINING

Ask

an

Astronaut

问：我的大儿子梦想成为一名宇航员，他想知道，你为什么想当宇航员，你是什么时候打算成为宇航员，又是如何当上宇航员的？

（提问者：阿曼达·洛乌）

答：在这个回答里，我将简单介绍我成为宇航员的过程。此外本章也会介绍宇航员的严格的选拔过程，以及之后为完成太空任务所开展的各种训练和准备工作。正如你将看到的，没有一条通往宇航员生涯的必经之路，但是，如果能有针对性地做些准备，你会极大提高自己成为宇航员的可能性。祝你好运！

1972：早期生活

我父亲对老飞机很感兴趣，在我还很小时，他就经常带我参加航空展。第一次参加航空展时，我就被飞机的巨大噪声和飞行员们大胆的飞行表演所震撼，并对飞机着了迷，想知道飞机的飞行原理，了解各种飞机的细微差别。

我对天体和宇宙也很入迷，很早我就能叫出主要星座的名称，晴天时我喜欢仰望银河，长久凝视这条光带。但是，当我选择自己人生的第一个职业时，我并未选择天文学家或者宇航员，我更想开飞机。从幼年起，我就热爱一切与飞行相关的东西，我迫不及待地想接受飞行员训练。中学时我喜欢理科，选了数学、科学课和图形设计课，此外我通过了军队的选拔，加入了本校的学生联合军训部队，接受过严格的军事训练，这对我的性格发展起着重要作用。虽然我参加的是陆军而非英国皇家空军的选拔，但我总是争取每一个飞行机会。中学时，我已经驾驶过滑翔机和小型固定翼飞机。

1994：尽情飞行

我热爱军队生活，相对于便装，我更喜欢穿军装。带着对飞行的激情，我没有念大学，而是在 19 岁这年参军，加入英国陆军航空兵，进入英国桑赫斯特皇家军事学院，并于 1992 年毕业，军衔为少尉。之后我很快参加飞行员训练，最早驾驶的是德·哈维兰公司的"花栗鼠"飞机。这种单发动机飞机早在 20 世纪 40 年代就开始生产了，机身很窄，只搭载两名成员，座椅沿着机身前后排列。它结构简单，经常被用于飞行训练，我很喜欢驾驶这种飞机，它的座位和轮子，让人回想起第二次世界大战时的老式战斗机。后来我还学会了开直升飞机，并于 1994 年正式成为飞行员。此后我开始在全球各地执行飞行侦察任务，度过了令人兴奋的四年，波黑战争期间我还曾侦察过波斯尼亚。

之后，我又从侦察飞行员变成飞行教练，教学员们飞行。这期间，我有幸获得一个机会到美国得克萨斯州，与美军第一骑兵师一起执行阿帕奇直升机飞行任务，历时三年。如果你看过 1979 年的越战老电影《现代启示录》，你可能还记得第一骑兵师的阿帕奇直升机群贴着地面低飞，喇叭里高声播放着德国音乐家瓦格纳的《女武神》，向越军阵地推进的画面。听上去很酷，对不对？我没有任何犹豫，很快就打包出发了。

当时还是 1999 年，阿帕奇直升机还未被英国军队引进，我很幸运能有这个机会彻底研究这种性能卓越、操控极佳的飞机。回英国后，我升为少校，在接下来三年中，我一直忙于教陆军飞行员飞行和战斗。

2005：试飞员生涯

2005 年，新机遇降临，我终于有机会成为宇航员，虽然当时我还不知道。在过去的飞行生涯中我一直尝试去对飞行原理进行验证，我喜欢挑战新飞行系统，研究飞机各单元的工作原理，探索飞机性能的边界。这已经是试飞员们的工作，所以我决定当一名试飞员。我努力学习，通过了试飞员选拔，开始了为期一年的秘密训练，飞了超过三十种不同类型的飞机，包括直升飞机、喷气式飞机、重型运输机，以及教练能给我们找到的任何能飞的东西。从英国波斯科比试飞员学校毕业以后，我成为旋翼试验中队的阿帕奇直升机高级试飞员，此时这种飞机首次在阿富汗战场上采用。这项工作让我很有成就感，前线上的飞行员们正在从我们的试飞中受益，更重要的是，我能有机会通过各种方式测试飞机，将性能推向极限，让飞机达到其他人无法达到的高度或速度，完成其他人无法做到的动作。

2006：继续深造

试飞员除了要完成各种飞行任务，还要参与很多研究。我数学一直不太好，所以第一个月我花了很多时间和精力熬夜学习，让自己达到大一水平。既然数学能补起来，不如一鼓作气拿个学位，让学历再上一个台阶。结果,我被朴茨茅斯大学录取,专业是飞行动力学与评估。后来我才发现,在几年后我能被选为宇航员,试飞员职业生涯的确起了重要作用,但是我的学位也是重要的加分项。

试飞工作与航天探索有很大关系,都是为了拓宽自己的知识和经验,学习技术,提高自身能力。太空是人类生活和工作过的最苛刻的环境之一,所以试飞员们都想在太空翱翔毫不奇怪,这是试飞的巅峰。我也一样。成为试飞员以后,我与航天界有了更直接的接触,并对那些用于推动科学研究、探索我们这个星球的尖端技术越来越感兴趣。

2008:成为宇航员

在人生某些阶段,机遇非常重要。2008 年欧洲空间局决定选拔宇航员,这正是我一生都在寻求的机会。他们有两个要求,候选者要么是飞行时间超过 1000 小时的飞行员,要么在特定领域取得过学位,我同时满足这两个条件。作为资深试飞员,我的飞行时间超过 3000 小时;我也有飞行动力的学位,更重要的是,我对科学、技术和探索有强烈的渴望。我很幸运能在正确的时间遇到这样一个机会,和其他几个候选者一起,我被选上了。

问:作为试飞员,你学到的技能是否对宇航员职业有帮助?

答:我热爱直升机试飞员工作,虽然飞行略有风险,特别是在夜间或者恶劣天气对飞机进行极限测试时。无论是在地面上空 60 米处理突发飞行问题,还是在 400 千米的高空排险,都没有本质区别,你都需要保持冷静,尽快找出问题并解决。

驾驶直升飞机和太空飞行当然不一样。不过，我已经习惯了突发事故，试飞员们对此有充足准备，试飞前我们会花数小时分析所有可能的问题，想出措施降低风险，对每种风险进行专项训练，这也是宇航员们要做到的。

两项工作的另一个共同点是需要良好的沟通。宇航员们完成日常任务，需要和地面控制中心时刻沟通。良好的沟通才能保障效率，预防错误发生。遇到紧急情况时，为防止灾难，沟通尤为重要。飞行员们对这种工作方式非常习惯，没有清晰简明的通信，飞行员和机组人员就无法正确地操作飞机。以老式花栗鼠型飞机为例，前后排列的座椅无疑需要乘员们更注重沟通技能，因为你看不见对方时，那些非口头语言会失效。试飞员们操作机械设备的本领在宇航训练时也能派上用场。宇航训练时，我学会了操作空间站的机械手臂，它能操纵太空中的物体，搬运补给飞船。操作时两只手要控制手臂不同轴的运动，这需要高度精确的空间感和方向感，这与驾驶直升机非常相似。

当然，飞行员职业技能中，对宇航员最有用是的手动飞行技能。虽然大部分情况下飞行是交给机器的，但是如果自动飞行系统失效，我们必须手动驾驶。所以今天的大多数宇航员，包括那些没有飞行员背景的宇航员，都要接受一定程度的飞行训练，这是我们训练中必不可少的一部分。

问：参军成为飞行员，与当科学家相比，是不是更容易成为宇航员？

答：很有意思的问题。在不同年代，这个问题的答案有所不同。大部分人对宇航员的印象还停留在几十年前，当时人类刚开展太空探索，俄罗斯和美国的最早的宇航员们背景相似，他们大都担任过战斗机飞行员，唯一例外是世界上第一名女宇航员瓦莲京娜·捷列什科娃，她于1962年接受宇航训练前，在纺织厂工作，唯一与宇航相关的经历就是业余时间的跳伞训练。随着太空任务和目标的变化，宇航员选拔标准也在不断变化。飞行员们的身体协调能力、空间方位感和关键时刻迅速做出决断的能力，仍然是宇航员们所必须具备的技能，但是今天的宇航员将花更多时间在太空开展科学研究，维护太空站，这需要更多样化的技能。船员们在太空停留时间也要长很多，这对他们的人际交往能力也有了更高要求。

今天，飞行员和科学家成为宇航员的机会是相同的。2009年欧洲空间局、美国国家航空航天局、加拿大航天局和日本宇宙航空研究开发机构共选拔了20名宇航员候选人，其中只有一半有军队飞行员背景。我在前言就说过，很多不同职业背景的人都能成为宇航员，比如教师、工程师、医生等。美国国家航空航天局最新招募的一名宇航员还曾从事过冰钻和商业捕鱼工作。

我认为，对任何想成为宇航员的人来说，最重要的一条建议来自欧洲空间局网站："最重要的是：无论你学过什么，你都应该擅长它。"在下一个问题中我们将看到，你的学历或者飞行经验只能决定你在面试中能走到哪一步，而要成为宇航员，更重要的是你对太空探索的强烈兴趣，你的工作激情，以及你的个性。

问：您觉得您被选中，是因为您和其他候选人相比有哪些优势？

答： 这个问题问得好，我也曾这样问过自己。从根本上来说，宇航员需要具备一些基本素质，其中有些是与生俱来的，比如空间方位感、身体协调能力、记忆力和专注度。然而，随着太空任务持续时间越来越长，其他品质也同样重要，比如沟通能力、团队合作能力、决策能力、领导或追随能力，以及在压力下解决问题的能力。在我之前的军旅生涯中，我很幸运有机会来发展这些技能，经历过广泛的领导力培训，在充满压力的环境中工作。并且，作为飞行员，多年来我一直与机组成员进行沟通。

每个航天机构都制定了自己的选拔程序，以便从很多不同的角度来测试和区分候选人，各国的选拔方式略有不同。正巧，2008 年我申请成为欧洲空间局宇航员时，美国国家航空航天局、加拿大航天局和日本宇宙航空研究开发机构也都在招募宇航员，我们可以看到不同机构的选择标准的差异。比如，加拿大航天局会让申请者灭火，从水池底部捡起砖头，和其他候选者一起在大西洋的一艘船上堵住一个正迅速被冰冷海水淹没的房间里的缝隙，这是压力测试的一部分。相比之下，欧洲空间局的选拔过程中体力活动比较少，但是认知测试和心理分析内容有很多，这样是为了确保宇航员们在进入太空几个月内心智健康。

候选人除了要进行严格的医学检查和几轮面试，还要参加知识测试，内容包括数理化、生物、工程以及英语能力。这些测试题被精心设计过，之间间隔很短，让考生充满压力。候选人需要以很快的速度答完，并且正确率要很高，才能通过。

所以，我来试着更直接回答你的问题：在宇航员选拔过程中，你不需要在任何一个领域出类拔萃，你只需要有能力通过每一次测试。你与其他候选人的区别就在于你的个性。请丰富你的人生经历，在一个国际化的环境中工作，这会是一个重要的加分项。保持学习外语的激情。在我被选中后，我曾问一位面试过我几次的宇航员，他们是如何做出选择的。答案很简单——"我只是问自己：我愿意和这个人一起去太空吗？"

小测试

这是我在选拔过程中遇到的问题之一。下图的立方体盒子底部有一个点，你可以把盒子向左向右或者前后翻滚。按各种方式滚动之后，点会在哪里？

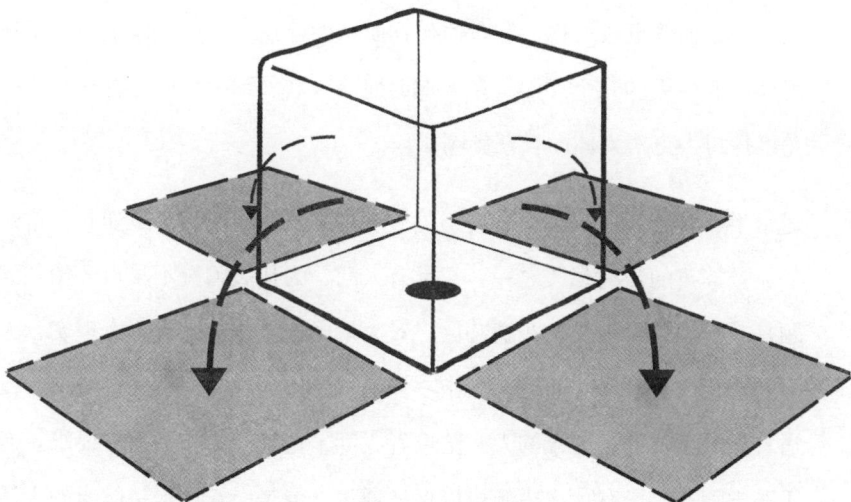

Ask

an

052 Astronaut

是不是特别简单？很好，找个人一起练一下，试试加快转动速度，每次多转动几次。

问: 要成为宇航员，身体是不是需要非常健康？

答: 所有宇航员在进入太空前都必须身体健康。这并不是说太空机构在挑选时，会专门寻找身体特别健康的候选人，他们主要是想找到那些在长期太空生活中还能保持身体健康的候选者。

身体检查持续时间长达一周，候选人要接受大量医学测试，测试的重点集中在心血管健康、视力和骨骼矿物质密度等项目，这是微重力环境对身体影响最大的几个方面。在《重返地球》这一章中我们还将从医疗的角度探讨太空对人体的长期影响。

通常半数候选人在医学筛查这一关被淘汰，我们的选拔也是如此。这是宇航员选拔的最后几关之一，经常有人问，为什么筛查不早点开始。问题是，筛查耗时很长，花费甚巨，对大量候选人进行筛查不太现实，人力和资金成本过高。而且，其中一些测试是侵入性的，有一定风险，只适宜少数正常的、健康的人。落选者大都未达到视力和心血管要求。对于医学筛查，没有什么措施可以保证通过，但是，长期保持健康的生活方式，会给你更多成功机会。

当然，身体健康是对宇航员最基本的要求。一些训练很消耗体力，比如穿着加压服进行连续数小时的太空行走，宇航员们必须承受得住。一般来说，宇航员身体越健康，就越能适应训练，越能真正享受太空飞行带来的乐趣，身体也会更快地习惯失重，而且，在返回地面之后，更容易重新适应重力。按规定，我们每周至少要在专业器材上进行四小时系统性锻炼，实际上大多数宇航员私下会花更多时间。各航天局有体育专家来研究我们的身体，为每名宇航员制订个人训练计划，针对性锻炼我们的力量、身体调节和康复能力，以确保我们的身体能完全适应太空飞行，更重要的是，能在着陆后的几个月内恢复身体健康。

热点问题
Hot spots

问：我视力不太好，请问我还能成为宇航员吗？

答：这一问题没有明确的答案，因为视力缺陷有很多种。候选人必须通过视觉敏锐度测试、颜色测试和立体感测试。候选者可以有轻微的视力缺陷，可以佩戴眼镜，包括隐形眼镜，只要戴上眼镜后能矫正即可。但是，接受过视力矫正手术者（比如激光手术）无法通过筛查，其他手术是可以接受的，但要根据候选者的情况具体判断。

问：最年轻的宇航员多大岁数？

答：首次飞行时最年轻的宇航员是人类历史上第二位宇航员盖尔曼·蒂托

夫，1961 年 8 月他乘坐东方 2 号飞船进入太空时，年仅 25 岁零 329 天。

问： 请问最老的宇航员进入太空时多少岁？

答： 美国宇航员约翰·格伦是有史以来进入太空的最老的宇航员，他出生于 1921 年 7 月，曾于 1962 年进入太空。1998 年 10 月他乘坐挑战者号航天飞机再次进入太空时，已经 77 岁了。

问： 准备太空飞行时，你们会接受心理训练吗？

答： 我刚被选为宇航员候选人时，有记者问过，长期住在罐头般大小的密闭太空舱里，远离地球，我打算怎么熬过来。这是一个很重要的问题，各国航天机构一直非常重视。长期执行太空任务，对宇航员的心理是一个很大的挑战。从宇航员选拔过程中，就能看出每个人会如何应对，在为期一年的宇航员选拔过程中，需要对候选者进行深入的心理剖析，确保选出的宇航员能够适应飞船这样封闭、孤独、远离家园的环境。

挑选出心理素质合格的候选人后，接下来要让学员在颇具挑战性的环境下更好地了解自己和他人。这个过程早在最初的宇航训练就开始，先学习人类行为学理论，接下来进行实践，测试极端压力下学员们的行为。为此，2010 年 6 月欧洲空间局在撒丁岛为六名新宇航员开设了一场生存训练课。当我把这件事告诉英国军队的一些朋友时，可想而知，我受到了一些嘲笑。（译者注：意大利撒丁岛是著名旅游度假圣地）有个家伙说："嗯，听起来会很艰苦，那里的基安蒂红葡萄酒要倒霉了。"我试着解释基安蒂产自托斯卡纳，而不是撒丁岛，但这并没有解决问题。不过，在我看来，不需要太大的压力，每个人身上平时生活中隐藏起来的个人特性就会表露出来。不管是不是在撒丁岛的群山里，只要你像我们一样连续几天睡眠不足，食物匮乏，大量运动，个性就会暴露出来。

欧空局还提供了另一个很好的训练——洞穴探险。六位来自不同国家的宇航员组成团队，一起在巨大的洞穴中生活几天几夜。这些洞穴可不好爬，在抵达地下大本营之前，需要花好几个小时，借助绳索和其他攀岩设备在洞穴里垂直升降。在这里，宇航员们要深入探索洞穴，收集微生物样本，开展科学研究，学习洞穴摄影，完成其他需要高度团队合作和沟通技巧的任务。洞穴探险在许多方面与我们将要经历的太空飞行类似，为我们提供了一个宝贵的机会来了解自己和他人。

其他航天机构也提供类似的训练，让宇航员为太空飞行做好心理准备。其中之一是美国国家航空航天局的极端环境任务训练，在本章的后面会

有介绍。首先，考虑到宇航员在进入太空前要接受无数的训练，现在可能是回答下一个问题的好时机。

问：**学员们要接受多长时间的训练，才能正式成为宇航员，执行任务？**

答：一般来说，大多数职业宇航员第一次进入太空前，至少要接受三到四年的训练，具体时间取决于太空任务。

首先，所有新学员都要接受一段时间的基础训练，让每个人在很多学科内达到共同水平。多个国家参与了国际空间站项目，各国空间机构训练方法虽然有所不同，但训练内容和目标是一致的。欧洲空间局的基本训练持续 14 个月，涵盖了科学、计算、轨道力学和空间技术等基础科目。在此期间，宇航员也学习一些特定技能，如俄语、太空行走和机械臂操作。

完成基本训练后，宇航员们得等待一段时间才能领到分配给他们的第一个任务。在此期间，宇航员的工作是支持载人航天计划，并继续学习知识，研究自己的领域，磨炼操作技能。这就是所谓的"任务前"阶段，可能持续几年，也可能就几个星期，这取决于你是否足够幸运，能很快领到任务。在欧洲空间局，瑞典宇航员克里斯特·富格莱桑曾等待了整整 14 年才领到第一次太空任务，但也有宇航员，还没怎么完成基本训练，就领到了太空任务，比如意大利宇航员卢卡·帕尔米塔诺。

培训的最后阶段被称为"任务培训阶段"，从接到任务起一直训练到发射前，通常持续两年半。当然，经验丰富的宇航员可能只需要培训很短时间就开始执行太空任务。

以我的搭档，美国宇航局的蒂姆·科普拉为例，他将执行 STS133 太空任务，搭乘发现号航天飞机，于 2011 年 2 月 24 日发射，到达国际空间站，进行两次太空行走。发射前一个多月，蒂姆遇到了自行车事故，臀部受伤。蒂姆的同事，宇航员斯蒂芬·鲍文取代了他，尽管机组人员短暂改变，发射如期进行，斯蒂芬完成了两次太空行走。从接到任务到起飞，时间极短，这证明，良好的训练、丰富的经验和灵活的飞行安排，可以满足太空飞行最苛刻的需求。

2013 年 5 月 20 日，我被选为宇航员正好满四年时，接到了自己的第一个太空任务，远征 46/47 号任务。我的任务培训一直持续到 2015 年 12 月 15 日发射前，正好两年半。所以在任务完成前，整整六年半，我一直在进行太空训练或从事空间站相关工作。

问： 成为宇航员，对语言有什么要求？

答： 国际空间站上官方工作语言是俄语和英语，但实际上还有第三种常用语言，那就是英俄混合语。这个词诞生于 2000 年，当时西方宇航员和俄罗斯宇航员首次在国际空间站共同生活和工作。俄罗斯宇航员谢尔盖·克里卡列夫开玩笑说，我们在混用俄语和英语，当一时忘了某些词时，我们就换用另一种语言，因为船员们两种语言都懂。

学俄语可不简单，很多以英语为母语的人和我一样，学得很费劲。美国国家航空航天局宇航员，国际空间站当时的指令长斯科特·凯利告诉我，至少要学十年才能熟练掌握俄语，他没开玩笑。然而正确掌握俄语

至关重要，联盟号飞船上的文字全都是俄语，没有翻译成英语。所有的飞行文件，所有设备，所有控制面盘，全都是俄语。我们和莫斯科的控制中心交流时，只能用俄语，联盟号正式语言也是俄语，只有在船员间进行非正式对话时可以使用英语。

我们必须掌握俄语，不需要精通语法、熟练掌握很多词语，但是要能听懂，能用俄语表达自己。按规定，要执行太空任务，我们需通过美国外语教学委员会的俄语口语中级考试。学俄语不仅能保障飞行，也能帮我们与俄国同事们更好地交流。我们在俄罗斯训练很长时间，经常参与他们的文化社交活动，这对熟练掌握俄语是很有帮助的。

宇航员们刚开展基础训练时，就开始学俄语，我们基础训练的前六个月中，有三个月在学习俄语。欧洲空间局的宇航员除了在德国波鸿一个俄语学校学习，还要到彼得堡接受浸入式学习，和一个俄罗斯家庭一起生活一个月。

这几个月高强度的俄语学习为我们初访加加林宇航员培训中心做好了准备。大家习惯称这里为"星城"，在此我们深入了解了联盟号飞船和国际空间站的俄罗斯舱。短期的集中式语言训练还不足以让我熟练掌握俄语，两三年里我们还接受持续的常规俄语学习，之后再来星城进行技术培训和模拟飞行时我的俄语流畅多了，不再那么依赖译员了。

问：你在离心机里训练过吗？它让你感到恶心吗？

答：所有乘坐联盟号飞船到太空的宇航员都要在星城接受离心机训练。把自己塞进一个狭小的空间，高速旋转，让离心加速度达到重力加速度的 6 倍，听起来很恐怖。在 007 电影《太空城》里，邦德试图停下离心机时，在巨大的加速度下他的脸都变形了，几乎昏了过去。但是，我们培训时教员做得很好，他让我们预先知道在离心机里的感觉，更重要的是，他教我们学会了超重情况下的呼吸方法。实际上我觉得离心机训练很好玩，如果有机会，我还想多练几次。

训练时，宇航员们以胎儿姿势躺在离心机里，面朝转动轴，离心机可以绕支点转动，如果转速增加，产生的离心力总是沿同一方向，从胸前到胸后，没有旋转造成的眩晕和恶心感，你只感觉像是沿直线不断加速。联盟号发射升空时，我们的姿势与在离心机里一样，调整离心机转速，能模拟飞船发射和再入大气层过程的受力情况。

超重时，需要掌握良好的呼吸技巧。训练时我们需承受的最大加速度是 8 倍重力加速度，持续 30 秒，这是为了模拟弹道式再入大气层这个过程，如果发生事故，逃逸仓带着飞船逃离时，会产生这么高的加速度。加速度逐渐变大时，似乎有人在你胸口压上重物，呼吸会越来越困难，你感觉需要绷紧肌肉来防止胸腔压塌。实际上，绷紧肌肉，锁住胸腔气体位置不动，借助胃来进行吞咽式呼吸，这就是对抗超重的秘诀。我们先在 4 倍重力加速度下认真练习这种呼吸方法，然后让离心机增加到 8 倍重力加速度。

在 8 倍重力加速度下坚持 30 秒，是一件非常困难的事情，就像锻炼身体时做卧推练习。如果你做 30 秒的卧推，开始时很轻松，随着时间推移你会觉得越来越难。在 8 倍重力加速度下，前 10 秒我很诧异地发现，超重的感觉居然如此轻松；而在最后 10 秒钟，我同样诧异地发现，超

重的感觉居然如此难受。这也是宇航员太空飞行前，必须保持良好的身
体状态的原因之一。

问： **在地球上如何进行失重训练？**

答： 有几种方法可以让宇航员在不进入太空的情况下进行失重训练。一种方
法是利用水的浮力来抵消重力，模拟失重，在《太空行走》这一章我将
讲述更多细节。不过更好的办法是让宇航员直接去体验失重。在地球轨
道上，宇航员和飞船一起在做自由落体运动，我们可以在不脱离地球的
情况下模拟这种情况：让宇航员待在飞机机舱里，关闭发动机，让飞机
自由降落！当然这个过程不能持续太久，发动机要重新工作，以抬升飞
机高度，避免飞机坠毁。

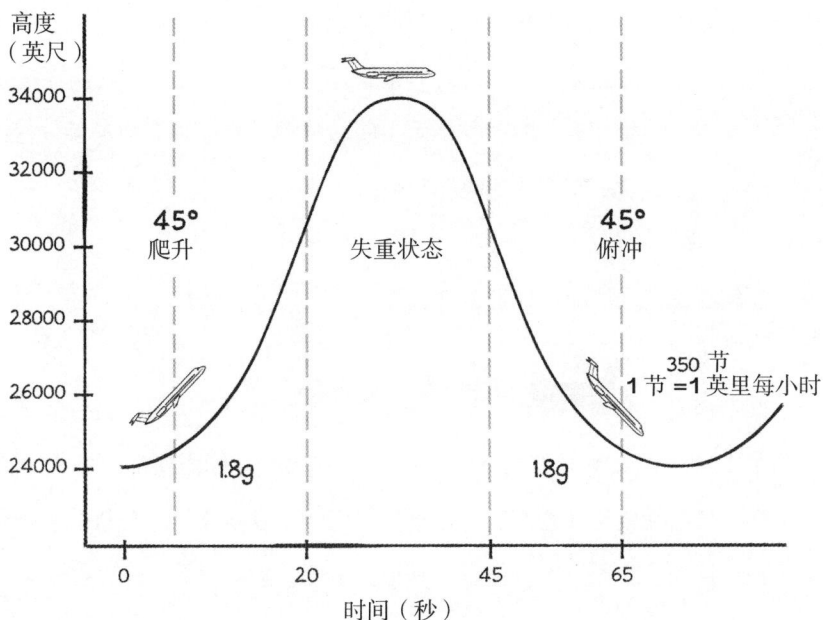

为达到失重的效果，飞机先以 45 度角爬升到高空，然后关闭发动机，完全失重，直到飞机以 45 度角向下俯冲。此时发动机重新点火，飞机退出俯冲状态，短暂过渡之后，再重复之前的过程。处于失重状态时飞机的飞行轨迹是抛物线，因此叫抛物飞行。每次抛物飞行提供约 25 秒的失重状态，在此期间宇航员可以体验在太空中的感觉，并做一些基本训练，如抓握物体、控制身体、在跑步机上跑步或锻炼等。除训练宇航员外，抛物飞行也广泛用于耗时较短的微重力科学实验。

全世界只有几个地方提供这种训练，每次训练持续 3 到 4 个小时，提供 30 到 60 次失重，这种训练只适合身体强壮的人。有三分之二的参与者最终都会感觉不适，因此这种飞行也叫呕吐飞行。呕吐在很大程度上与失重时参与者的恐惧心理有关，受过良好的训练，再服用一定剂量的轻度抗恶心药物之后，大多数人应该会喜欢上这种体验的。我第一次参加失重飞行是在基础宇航训练时。整个过程非常好玩，到现在我还记得自己从飞机地板飘离，飘浮在机舱中间的感觉，实在是太神奇了，我和其他五名宇航学员都开心地大笑起来。

问：宇航员不在太空时，他们做什么？

答： 完成了基本训练之后，我的第一项任务是前往位于德国慕尼黑的国际空间站控制中心，并获得资格，在地面与太空站内的宇航员进行联络，这个工作岗位是空间站与地面团队之间的媒介。你需要汇总各种地面信息，清晰简洁地转给宇航员，指导他们进行各项操作。对新手宇航员来说，这项工作很重要，可以学到很多东西，为今后的工作做好准备。为胜任这项任务我持续训练了好几周，训练完成后，我很自豪自己能成为支持国际空间站繁忙的日常运作的任务控制团队的一员。

在等待飞行任务时，我有幸成为第一个参与 NEEMO 项目的欧洲宇航员，该项目全称是美国国家航空航天局极端环境项目，其成员包括科学家、工程师和宇航员，这个颇具创造性的卓越团队正在开发未来星际探索所需的新技术和新系统。我被分配到第 16 次 NEEMO 项目，研发未来小行星探索所需要的工具、技术和流程。

我所参与的 NEEMO 任务具体目标是研究极端环境下宇航员们的适应状况。我和其他五名宇航员将在 20 米深的水下生存 12 天，每天从居住的水瓶座潜水艇出发，进行潜水探险。潜艇停泊在海底，离佛罗里达州基拉戈海岸约 6 千米。出于下列原因，潜艇可以完美地模拟太空飞行。和执行太空任务一样，我们要待在一个与世隔绝的幽闭空间：潜艇空间很小，只能勉强容纳六名宇航员，相比之下国际空间站要大很多。

此外，在这里训练存在一定风险，必须认真对待。当我们在高压的水下呼吸时，气罐中的氮气会溶解在血液中，流入身体各部分。时间久了以后，身体各组织氮气达到饱和，远超过在地面时。充满氮气的身体，某种角度上有点像加压汽水，瓶盖没打开时一切都还好，一旦打开瓶盖，压力迅速减小，水中将涌出大量小气泡，这是一种有趣的效应，但对宇航员来说，这种效应是致命的。宇航员们潜回水面时，如果上升速度太快，压强迅速减小时氮气气泡在人体组织中大量产生，进入血液，可能会堵塞血管，轻则引起瘙痒或疼痛，重则导致瘫痪乃至死亡。

因此，在我们 12 天的水下训练中，即使发生一些事故，比如居住舱发生火灾，或者遇到溺水事故，我们也只能慢慢回到水面。为保障安全，我们需要花 18 小时缓慢释放这些溶解的氮气。宇航员在其职业生涯中，或多或少会遇到危险，太空环境下宇航员做出判断的能力决定了乘员们的安全，NEEMO 这类潜水训练给我们提供了极佳的实况模拟。

在水下训练还有一个最重要的原因，就是利用水的浮力来抵抗重力，模拟失重。虽然在一些研究中我们可以使用游泳池（实际上我们经常这样做），但是在海里我们可以用更大的设备进行实验，比如深水潜水器，它可以模拟太空探测车。

问：**在任务训练期间你必须学习哪些科目？**

答：要学的东西太多了，或许你应该问，有哪些科目我们不需要学习！对新手宇航员来说，最大的困难是判断所学内容中哪些是最重要的，必须塞进我们快装满的记忆库。还好，我们的训练很有针对性，接近发射日期，真正重要的项目我们会反复训练，我们的指导老师也非常耐心地帮我们，以确保我们掌握了所有必备技能。

我们的学习重点是太空行走、空间站机械臂操控、救灾演习、联盟号飞船操控，这几个项目绝对不允许犯错，否则会有灾难性后果。其他训练项目如果掌握得不好，不太会造成灾难性后果，但是也很重要。

除上述项目之外，我们还必须详细了解国际空间站，包括其生命支持系统、电气系统、热控制系统、制导和控制系统。此外，由于我们在太空的大部分时间将用于从事科学研究，所以我们还要学会使用空间站实验室各项设备，以及即将送往空间站的各种仪器。此外我们还要进行医学训练、语言培训、野外求生训练。要成为国际空间站的宇航员，我们什么都得会一点，在某些领域要能够精通。

问：所有的宇航员都接受一样的训练吗？

答： 一般来说，新手们要接受相同的基本训练，以满足国际空间站的各项需求。如果所有宇航员都能在空间站的不同实验室有效地工作，可以进行基本的维护，有能力进行太空行走，能操纵空间站机械臂，空间站就具有最大的灵活度，能更好地开展工作。此外，每名宇航员还要接受专项培训。国际空间站是人类在太空组建的最复杂的设备，宇航员们各自有一些特定的维护任务，要接受对应的训练，以更好地管理这一庞然大物。

宇航员在升空之前，就已经按设备被分配为各单元的用户、操作员或者专家。以我自己为例，我是欧洲哥伦布实验室和日本希望号实验室的专家，是美国命运实验室的操作员，是俄罗斯实验室的用户。作为哥伦布和希望号的专家，这两个实验室的任何重大问题都要由我来解决；作为命运实验室的操作员，我要对命运实验室和空间站的美国模块进行日常维护，并协助命运实验室的专家完成一些更复杂的工作；作为俄罗斯实验室的用户，我只需接受训练，能安全有效地操作各项设备即可，一般情况下不需要我来维护。

训练内容还受其他因素决定，比如你所搭乘的飞船，每种飞船都需要宇航员接受对应的训练。本书出版时，我们只能搭乘俄罗斯联盟号飞船；此前美国航天飞机曾 37 次拜访国际空间站；不久以后，商业公司的飞船，比如 SpaceX 公司的龙飞船和波音公司的 CST-100 飞船也能运送宇航员，已有宇航员在接受相关训练了。而且，同一飞船不同宇航员所受训练也不同，这要看他们是飞船的飞行员、指令长还是飞行工程师。

以联盟号为例，上述三名宇航员各有一个座椅。指令长（迄今为止只有俄罗斯宇航员担任）的座椅在中间，这是唯一可以手动驾驶的位置，有两个手动控制器可以使用。正常情况下机组成员可以读取读数，对飞船下达指令，但是不需要手动驾驶。第一飞行工程师坐在左椅上，他也是后备指令长，因此要接受飞行训练，如果指令长无法正常工作，他将接替指令长来操作飞船。坐右椅的第二飞行工程师的训练内容视情况而定：一切顺利时，只需接受最少的训练，能照看好自己的生命保障系统就行；最差情况下，这名飞行工程师要作为第一飞行工程师的后备，接受完整的飞行训练。

虽然我坐在右椅上，但很幸运接受了非常系统、完整的训练，这多亏了指令长尤里·马连琴科。他已经执行过五次太空任务，经验如此丰富，在我们训练的早期阶段，他有时会让我和蒂姆·科普拉自己来做模拟飞行。蒂姆会担任指令长，我则坐到左椅接受第一飞行工程师的训练。能够了解其他宇航员的工作职责，对宇航员们团结合作有很大帮助。

问：你接受训练时，遇到的最大困难是什么？

答：我得说，要保持好自己的心态。训练过程中，总有些事并不如你所愿。前面已经说过，学习俄语对我来说不太轻松。刚学习俄语时，我有两位老师，一位是能说俄语和英语的德国人，一位是能说德语但英语不太好的乌克兰人。两位老师都很优秀，课程内容也很有趣，但我总觉得一些东西在翻译中被丢掉了。俄罗斯的语法也很难掌握，六种变格对我来说完全是一个迷。（译注：俄语存在六种变格，用来表示句子中名词、形容词、动词的关系，相当烦琐。）

我们在全球各地接受训练，无论在哪里训练，无论训练多久，都要上俄语课。我在德国、美国和俄罗斯接受过几位不同的俄语老师指导，很快我就明白，翻译中没有丢掉任何东西，是我自己的俄语学习能力不够。我开始从老师们脸上读出熟悉的失望表情，他们很奇怪有人能轻松搞懂空间站复杂设备的运行原理，却在所有格或赋格这类简单的语法问题上犯错。我非常努力，最终通过了考试。漫长的俄语课，熬夜学习语法，是我训练过程中最难熬的经历。

另一个不愉快的经历来自 NEEMO 任务，虽然这是我人生中最精彩的几大经历之一。和其他参与这项任务的宇航员一样，我本以为我们的水下居住舱至少有某种化学厕所。厕所的确有，但只是在潜水结束后，在 18 小时的降压过程中才能用，而且是蹲厕，没有冲水系统，很快舱内就臭气熏天，我们六个人要在这里待 12 天啊！到最后，当我们不得不方便时，我们就像鱼那样在海里解决。

从水瓶座潜水艇进入海洋去小便，整个过程非常简单轻松，当然，出于礼貌，我们每次都要先确认此刻没人在向水面潜水。需要上大号时，我们使用逃生舱。它离潜水艇很近，扎个猛子就能游过去，本用于紧急求生。如果居住舱发生火灾或者其他事故，为避免潜水病发生，宇航员们不能立刻潜回水面，我们可以在这里躲避，它配有气袋，样子有点像向上倾斜的浴缸，空间比较大，足以容纳六个宇航员挤在里面。我们主要拿它当厕所用，它离潜水艇毕竟有点距离，熏不到我们。

这里我不想讲很多细节，只告诉你，前往逃生舱的路上总是会遇到很多麻烦，很少会很愉快。而且很不幸，我们成功引来附近海域的大批鱼群，我们的排泄物是它们的大餐，我们只要出现在逃生舱，就会召集起一支由热带海洋生物组成的军队，它们随时准备进攻。鳞鲀最麻烦，它们巨

大的腭和牙齿能压碎贝壳，鳞鲀脾气暴躁，经常会把我们的手指或者屁股咬出血。在护理这些伤口时，我们会互相同情，比较各种防鱼措施的优缺点。

我们想到一种解决方案，给救生舱接上一个可以产生气泡的管子，给管子泵入气体，能在水里产生一堵气泡墙，我们可以在气泡墙里解决个人排泄问题。最初 48 小时，气泡墙的确很管用，很快鱼群就学聪明了，对它们来说，气泡简直就像食堂的开饭铃一样了。这真是我训练中最糟的几件事情之一。好了，最糟糕的已经结束，我们现在来看下一个问题。

问：你在训练时遇到的最好的事情是什么？

答： 我很享受自己经历的绝大多数训练，比如抛物失重飞行、NEEMO 任务、洞穴探险、求生训练等，我尤其热爱与太空行走有关的所有训练。我们的宇航服本身是一个小型空间站，它能让宇航员在真空环境中生存八个小时或更长时间，这本身就是一个了不起的工程成就。能做到这一点，便携式生命支持系统也起了重要作用。宇航服还配备了小喷气背包，它也叫初级舱外救援系统，如果宇航员在太空行走时不幸飘离空间站，他们能借助微型氮气推进器控制自己的运动，返回空间站。

喷气背包有 24 个微型推进器，可以帮宇航员实现仰俯、偏转、倾斜三个转动方向和前后、左右、上下三个平动方向的运动。宇航员用手柄来控制推进器，听起来像是早期 007 电影中的东西，对吧？确实如此。该系统为滞留太空的宇航员提供了回空间站的最后机会。不同于早期的载人喷气背包，后者包含了足够多的推进剂，能让宇航员在舱外连续工作六小时。我们的背包推进剂比较少，只够完成一次自我救援。这会让已经处于险境的宇航员压力大增，一定要万无一失才行！

那么，宇航员们是怎么学会驾驭喷气背包的呢？答案就在美国国家航空航天局位于休斯敦的约翰逊航天中心虚拟现实实验室里，这里的完全沉浸式的训练设施提供了一个真实得令人难以置信的虚拟环境，宇航员们被反复丢进太空，在空间站附近旋转，只有掌握了正确的喷气方法，他们才能安全返回空间站。窍门在于先停止滚动，再找到空间站。幸运的话，可能你已经看到国际空间站，或者找到了你熟悉的参照物，比如地

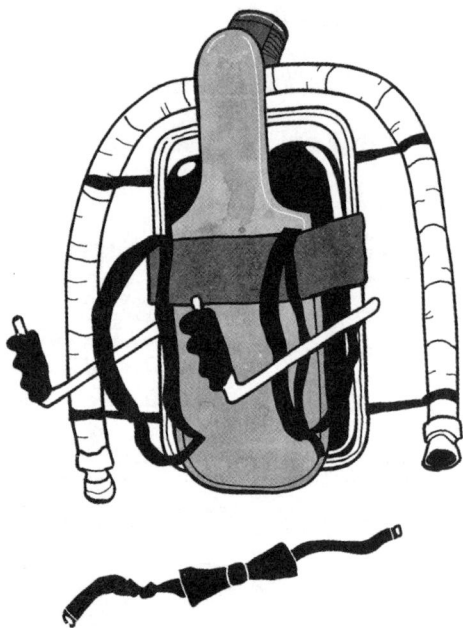

球。如果没有，你得消耗宝贵的燃料来寻找空间站。找到空间站时，你可能还在远离它，一定要争分夺秒，你离得越远，其他因素也逐渐要给你添麻烦了，比如轨道力学。接下来一步最重要，你得以极高的精度瞄准你离开空间站的位置，喷气推进。如果偏离，你将不得不在飞行中调整方向，最终因耗尽燃料而失败。

宇航员们通常要练习 20 到 30 次，其中也包括夜间训练，再参加最终测试。当然，宇航员们都有非常强大的驱动力，他们都在努力练习，顺利通过了测试。

热点问题
Hot spots

问：您听过最好的建议是什么？

（提问者：亚历克斯·盖勒森）

答： 我的一位老师经常说：一分耕耘一分收获。对青少年来说，这是一个很好的建议，只有努力付出，才能有所收获，多年来我自己就是这样，我从未期待天上会掉馅饼，我的成就来自自己的努力、耐心和决心。

问：宇航员们是不是都极为细心？

答： 当然。从试飞员开始我就学到这一点，遇到突发状况时，小心谨慎能最后救你一命。

国际空间站－密封舱

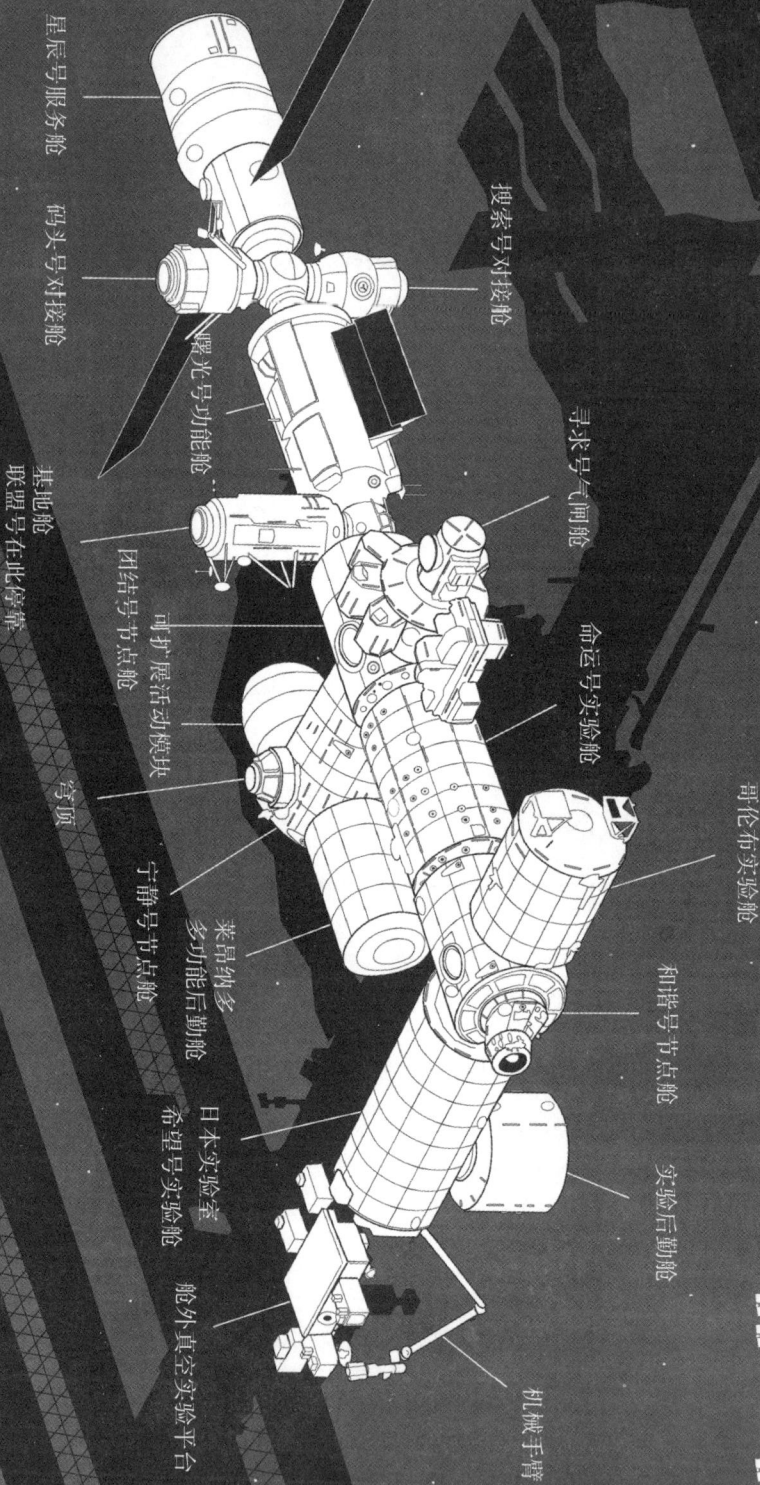

星辰号服务舱

码头号对接舱

基础舱
联盟号在此停靠

曙光号功能舱

可扩展活动模块

团结号节点舱

莱昂纳多
多功能后勤舱

宁静号节点舱

探索号对接舱

寻求号气闸舱

命运号实验舱

哥伦布实验舱

和谐号节点舱

实验后勤舱

日本实验室
希望号实验舱

舱外真空实验平台

机械手臂

零号顶

国际空间站上的
工作和生活

LIFE AND
WORK ON
THE ISS

Ask

an

Astronaut

问： 您在国际空间站上每天过得怎么样？

答： 从我到达的那一刻起，国际空间站上的每一天都令人激动，这里充满挑战和刺激，我满怀激情。空间站的每一个角落都显示了科学的魅力，即使在那些没有安装实验设备的地方，也有众多复杂的系统在夜以继日不知疲惫地工作，给我们提供洁净的空气和水，而在地球上很多人都觉得这些是与生俱来，不需要多少代价就该拥有的。最初，国际空间站让人敬畏，这里塞满复杂而精密的高科技设备，有大量计算机（最新一次统计数据结果是 52 个）和超过 12 千米的各类线缆，我们还要一直处于失重状态。不过对宇航员来说，空间站首先是我们的家园和办公室。我们在此努力工作，从事科研，我们在此吃喝拉撒睡，我们也在此锻炼身体，相互交流，一起从潜望窗欣赏壮阔的地球母亲。

无论是飞船的发射，还是太空行走，宇航员们都要时刻保持警惕，以防问题发生。在空间站内部，我们终于获得一些安全感，可以放松些。我们很快进入例行工作状态，对周围的一切都令人吃惊地习以为常，虽然我们和外面的真空只隔着薄薄的几毫米铝箔。我得说清楚，飞船上的生活一点都不无聊，但对环境的这种习惯态度是必不可少的。作为空间站的一分子，我们得贡献出自己的力量，高效地完成自己的任务，不能总是去敬畏空间站，这样可没法集中精力工作。虽然空间站的一切确实让人吃惊和兴奋，我们每天要绕地球转动 16 圈，速度是子弹速度的 10 倍。

在我回答关于太空中日常生活的问题之前，我们先来看看国际空间站本身，它是工程技术上的一项壮举，让生命能够离开我们的地球母亲。

问：国际空间站到底是什么？

最简短的回答：

国际空间站是：

1. 有史以来最大、最复杂、最精密的宇宙飞船。

2. 在多个前沿领域领先全球的尖端实验室。

3. 宇航员们在太空中的家。

稍长一点的答案：

国际空间站是迄今为止人类在太空建造的最先进的、规模最大的飞船，其质量超过 400 吨，比足球场还大。它在 400 千米的高度上环绕地球以 27600 千米每小时的速度飞行，每 90 分钟绕地球一圈。

从房地产经纪人的角度来看，空间站堪称豪华别墅，有六个房间和两个浴室（虽然无法提供淋浴），此外还有健身房和一个可以 360 度无死角观景的玻璃穹顶。

国际空间站比之前的飞船要大很多，站内能保持正常气压的密闭空间的体积超过 820 立方米，和波音 747-400 巨型喷气客机一样大，除保障站内六名宇航员的生活外，还给各项科学实验留下大量空间。国际空间站造价极高，据估计，建造成本超过了 1000 亿美元，很可能是有史以来人类建造的最贵的建筑。

一个更长的答案：国际空间站是以五国航天局为主导，共 16 个国家联合建设的巨型空间站，五国航天局具体来说是美国国家航空航天局、俄罗斯联邦航天局、欧洲空间局、日本宇宙航空研究开发机构和加拿大航天局。它体积庞大，总重量过高，现有火箭无法将其发射进太空，因此，要用火箭把各组件逐步发射到轨道上，再像拼乐高积木一样在太空拼起来，整个过程预计超过 12 年。各组件在地面就已组装好，宇航员在太空只需要进行很少操作便可以将其连接到空间站上。空间站主体结构分为俄罗斯段和美国段，其中美段段的部分空间被欧洲空间局和日本宇宙航空研究开发机构、加拿大航天局分享。

国际空间站自 1998 年 11 月开始建造，最早发射的是俄罗斯曙光号功能货舱，两周后美国团结号节点舱成功与之对接。2000 年 11 月 2 日，美国宇航员比尔·谢泼德和俄罗斯宇航员尤里·吉津科、谢尔盖·克里卡列夫搭乘联盟号到达国际空间站，成为第一批入住者。此后，空间站一直有宇航员驻扎。空间站的组件大多由美国的航天飞机运输，2003 年哥伦比亚号航天飞机失事后，美国停飞了所有的航天飞机，空间站的建造被推迟了两年半。到我写作这本书时国际空间站还在建设中，2016 年 4 月还安装了最新的模块，毕哥罗可扩展活动模块，它由 SpaceX 公司的 CRS-8 龙飞船运送。我有幸参与这个过程，使用空间站机械臂抓捕到这艘飞船。

截至 2017 年，已经开展过 140 多次人员物资运送任务和 32 次组件发射任务（其中航天飞机 27 次，质子火箭 2 次，联盟号 2 次，猎鹰 9 号 1

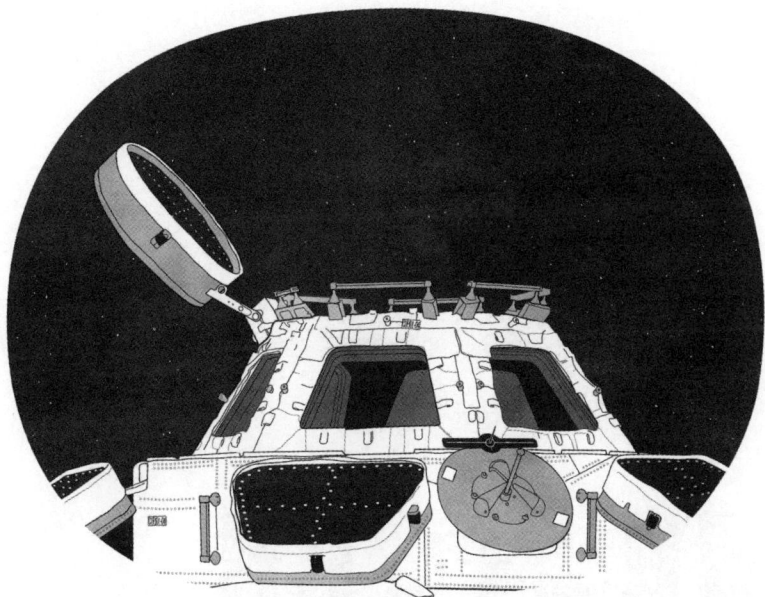

次）。装备太空舱过程中，宇航员们的太空行走时间超过 1200 小时。整个过程规模庞大，错综复杂，一位美国国家航空航天局的工程师这样说：建造空间站，就像把一艘远洋巨轮的所有碎片丢进太平洋中，在海面把它拼起来。

问： 能否介绍一下国际空间站的结构？

答： 国际空间站采用桁架挂舱式结构。桁架由 12 个金属格子组成，这让空间站的总宽度达到 109 米。以桁架为基本结构，上面挂靠各种密封舱，比如科学实验舱、气闸舱、储物舱和居住舱等，舱内安装了维持空间站正常运转所需的重要设备，能提供动力，调整舱室温度，保障通信，进行轨道姿态调整。桁架预留了很多对接平台，将来可以继续挂载更多密封舱。在桁架后部还安装有巨大的散热片，形状有点像华夫饼，液氨在散热片内流过，将空间站多余的热量排到太空。

桁架两端安装着巨大的太阳能电池板，它们可以 360 度旋转，自动跟踪太阳。电池板总面积约 2500 平方米，相当于 6 个篮球场，可产生高达 120 千瓦的电力，足够 40 个家庭使用。桁架配有很多蓄电池，有光照时太阳能电池板产生的部分电能被储存起来，当空间站飞进地球影子，没有光照时，空间站由这些电池供电。

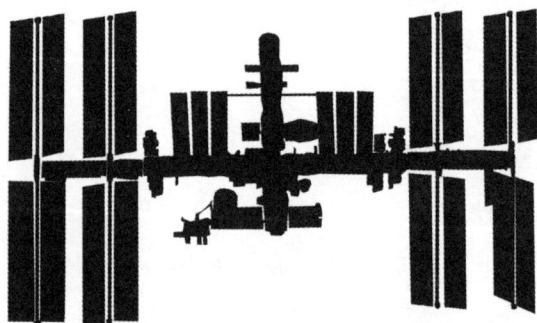

国际空间站：**109** 米 × **73** 米

伦敦双层大巴
11.23 米 × **4.39** 米

标准足球场 **105** 米 × **68** 米

机械手臂以端点为锚点，沿空间站"行走"

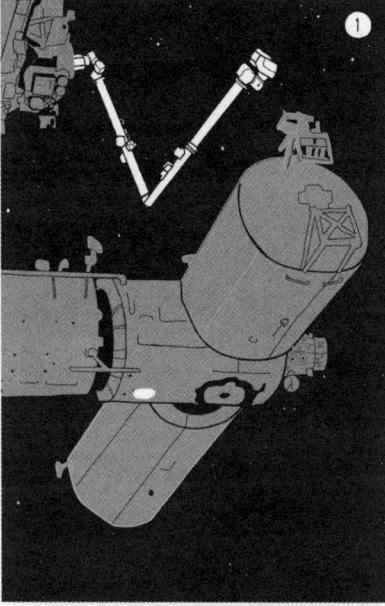

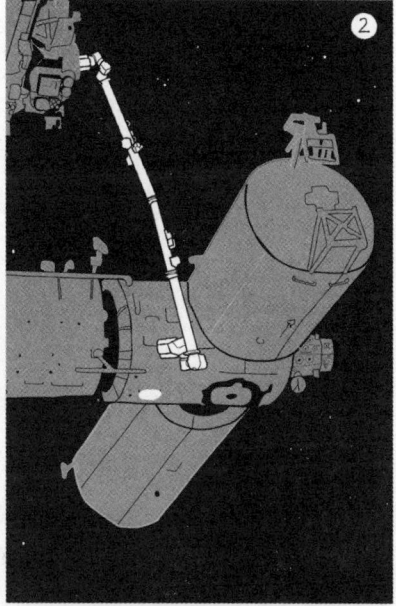

空间站上还有加拿大制造的远程遥控机械手臂，它在空间站的建造过程中起了很大的作用。借助这一手臂，宇航员可以移动太空舱，宇航员执行舱外任务时，它还能帮宇航员迅速到达预定位置。机械手臂的两端都可以作为锚点，所以它能沿着桁架移动到空间站各个地方。机械手臂还有一个非常重要的作用，就是捕获和靠泊那些不能自动停靠的货运飞船。

空间站上有好几个实验舱，包括美国的命运号实验舱、欧洲的哥伦布实验舱、日本的希望号实验舱，除此之外还有用于研究真空环境的舱外实验平台和大名鼎鼎的阿尔法磁谱仪。这台磁谱仪（译注：由丁肇中先生设计）的设计目的是测量宇宙线中的反物质，并寻找暗物质。最近十年，俄罗斯还将安装一个名叫 Nauka 的实验舱，欧洲空间局则打算安装自己的机械手臂。

国际空间站由 100 多个主要模块组成，本书第 72 页展示了所有的密封舱。

你知道吗？
Did you know?

✪ 科学家认为，宇宙质量中约 20% 由不发射电磁波、无法看见的暗物质组成。虽然还未探测到，但我们相信它确实存在，因为星系自转速度取决于星系的质量，天文观测表明，星系自转速度远大于只有可见物质时的理论值，这说明星系内存在肉眼看不到的质量，暗物质能解释这一现象。更有理论预测，暗物质粒子发生碰撞时，可以产生大量带电粒子，国际空间站的 AMS 02 实验室能观测到这些粒子，帮我们更好地理解暗物质。

☉ 反物质是宇宙的另一个谜。反物质粒子和正常物质粒子质量相同，电荷相反。比如，电子的反物质是正电子。国际空间站的实验和欧洲核子研究中心的大型强子对撞机实验表明，当物质和反物质相遇时，它们会相互湮灭并产生能量。一些科学家相信，终有一天，我们能用反物质作为燃料，给飞船提供动力。只是，我们离这一天还很遥远。目前我们需要很多能量才能产生一点点反物质，它们湮灭时产生的能量远低于我们投入的能量。

问：载人航天有什么意义？

（提问者：杰里米·帕克斯曼，《新闻之夜》）

答： 我曾邀请帕克斯曼参与本书的写作，很遗憾他并未回应我。2013 年，他在《新闻之夜》电视节目中向我采访时，曾提出了上面这个问题。这是一个很典型的问题，可以从很多角度来回答，在这里，我再次简单回答一下。在我看来，开展载人航天，建设国际空间站，有两大意义：

☉ 它能帮我们进一步认识世界，获取更多科学知识，有助于人类发展。
☉ 驱动我们去进一步探索地球之外的世界。

国际空间站是开展科学研究的好地方，其环境与地面有很大区别，在新的环境下，自然规律可能会有所不同。以生物学为例，生命演化时，一直处于恒定不变的重力环境下；失重情况下的演化方向可能会与常规环境下大不相同。国际空间站提供了一个非常宝贵的实验平台，科学家们在此开展大量实验，在生物学、物理和化学等领域取得了很多突破。到今天为止，科学家们已经发表了1200多篇相关论文。这些成果增加了我们的知识，推动了技术的进步，改善了人类的医疗，最终改善了我们的生存环境。

我们勇敢进入太空，不只是为了进行科学实验。探索未知世界，也是人类特性的延续。我们是一个充满好奇心的物种，这种好奇心已经铭刻在我们的基因中了。长期的进化把我们打造成一种一生都在学习的智能机器，我们习惯于离开老路，去探索，去尝试新事物。正是这种原始的学习冲动，驱动我们在200万年前第一次冒险，离开我们的非洲家园，前往新世界。从此，我们开始踏上探索之旅。今天的太空飞行，仍然是这项壮阔旅程的一部分。和当时离开故乡，从而使人类扩张到全球一样，太空飞行也将对人类的未来大有裨益：如果我们一直待在一个星球上，未来遇到重大灾难时，我们这个物种也将不可避免地走向灭绝。

你知道吗？
Did you know?

- ✪ 24小时内国际空间站飞过的距离相当于地月距离的两倍。
- ✪ 夜里我们能用肉眼看到国际空间站。空间站能反射阳光，从地面看去它就像一个亮点，亮度很高，能与金星媲美。空间站从地平线的一头移动到另一头只需要10分钟时间，通常它在天上出现的时间要更短一些，因为有时它会进入地球的影子，不再反射阳光。经常有人把它误认成飞机，您可以这样区分它们：飞机上有闪烁灯，空间站没有。想找到国际空间站在哪儿吗？下列网页能帮您追踪：http：//www.ISSTRACK.com。

✪ 国际空间站是有史以来第九个载人空间站，之前还有苏联（俄罗斯）的几个礼炮号空间站、和平号空间站，以及美国的天空实验室。自 2000 年 11 月起国际空间站开始长期载人运行，是低轨道上宇航员连续居住时间最长的空间站，超过了和平号之前的 9 年零 357 天记录。

✪ 3 名机组人员在国际空间站工作 6 个月时间，需要补给 7 吨物资。

✪ 截至 2017 年 9 月，远征 53 号的机组人员到达空间站时，国际空间站已有 228 名访客。我是第 221 号访客，我的联盟号指令长尤里·马连琴科是目前唯一到访过五次的宇航员。

问：当你们进入国际空间站时，你们做的第一件事是什么？

答： 按照传统，当新一批宇航员到达国际空间站时，会有一个欢迎仪式，宇航员们要与暂留在拜科努尔航天基地的家人朋友们进行视频通话。仪式开始之前，宇航员们通常有时间去一趟厕所，甚至吃点东西。我们抵达时，由于硬件故障，已经迟到了约 30 分钟。联盟号对接的是空间站的俄罗斯服务舱，等舱门终于打开，时间已经很紧了。我们从联盟号飞船爬进服务舱，等候视频对话开始。由于空间站的运动，我们与地面联络站之间能进行视频通信的时间正迅速减少，我们匆忙地和地面进行了第一个天地视频通话。直到这项任务完成，我们才终于有了一点时间可以更换宇航服，装卸我们运来的物资，并终于能上一次厕所了。

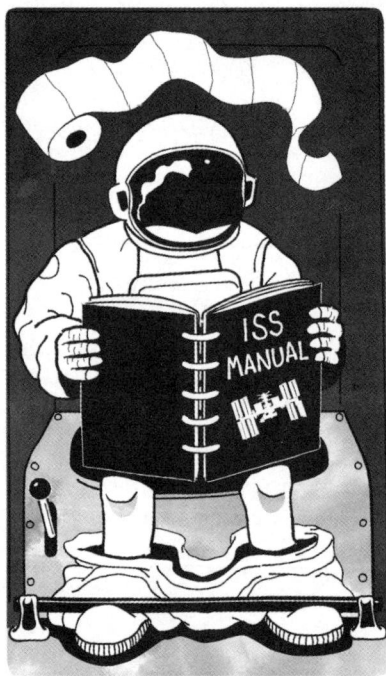

问：请问在国际空间站上，你们怎么上厕所？

答：这是孩子们问我最多的几个问题之一。这里给你们答案！国际空间站上的厕所和地面上没有太多差别，只要你注意下面几个地方。为保障个人隐私，厕所与其他区域是隔开的。厕所只有电话亭大小。到厕所后，首先要借助设备把自己的脚固定起来，以保持自己身体的稳定，在失重的情况下，飘浮在空中的东西越少越好。上厕所时，我们习惯把小便叫1号，大便叫2号。1号时，我们尿到小便漏斗里，这是一个带开关的锥形容器，它本质上是一个空气泵。使用时，务必先打开空气泵开关，打开后，它能产生负压强，使空气和尿液向里流动。一旦空气泵开始工作，接下来你只需要对准软管就可以开始了。对新手来说，需要找到合适的距离，才能做到滴水不漏，否则尿液散发在空间站，需要清洗。

2号时，我们使用一个很小的坐式马桶，其下方有一个固体废弃物容器。这个容器有一个小的圆形开口，下面连接着橡胶袋。袋子上有几百个微型小孔，空气可以自由进出，固体废物则留在袋子里。与小便漏斗类似，马桶也有空气泵，打开开关以后，粪便被气流吸入马桶。这种橡胶袋是自密封的，2号完成以后，宇航员把橡胶袋放入固体废弃物容器中，并换上新袋子。废弃物容器大约每10到15天更换一次。空间站的一个指令长曾很自豪地告诉我，如果你戴上消毒手套并把里面的东西包起来，你可以20天换一次。我不太确定指挥中心是否会欣赏这种节约精神。

国际空间站中，空气也是循环利用的。厕所真空泵所吸入的空气，要经过干燥、过滤和除臭之后，才会输回居住舱供宇航员们呼吸。国际空间站目前有两个厕所，一个在俄罗斯段的服务舱，一个在美国段的宁静号节点舱。虽然上厕所并不是一件难事，但以前也闹出过笑话。曾经有一名宇航员（抱歉这里不能透露他的名字）告诉过我，有次在完成2号之后，转身把橡胶袋扔进固体废弃物容器时，他发现袋子全空了。他很确定自己并没有精神错乱，袋子里本来应该有不少粪便的。虽然大家仔细寻找了，这坨东西还是和大多数太空失物一样，神秘地消失了。直到两周后，在厕所进行例行维护时，另一位宇航员发现，它已经变成一个又小又硬的干燥固体小块，镶嵌在空气过滤器旁的小缝隙中。我马上要回答的下一个问题正好与此有关。

问：国际空间站如何处理垃圾？

答： 国际空间站产生的垃圾通常被装载到补给飞船上，当飞船返回地球时，这些垃圾将被倒掉，在大气层中因为摩擦产生的高温而被烧掉。垃圾中有很多轻质包装材料，这是因为所有运往太空的物品都必须经受火箭发射的严酷考验，我们大量采用泡沫或气泡材料，包裹这些珍贵的载货，减缓加速时的冲力。

我们还扔掉了旧衣服，食品包装和固体废弃物容器里的干燥粪便。这些垃圾在大气层燃烧时，像流星一样划过天空。很抱歉，破坏了你们对流星的美好想象。但是，由于尿液含有非常宝贵的水分，它并没有被抛弃，而是被循环利用，变成饮用水。只有循环过程中产生的含大量尿碱的浓缩废料，才被收集起来，最终和其他垃圾一样被抛弃在大气层中。

问：国际空间站如何获得氧气和水？

答： 在国际空间站上，不仅尿液中的水会被循环利用，我们产生的汗水和呼吸中的水分也会被循环利用。水的循环利用程度高得惊人，实际上约 70% 到 80% 的水是这样产生的。这要归功于尿液处理单元和水处理单元，它们能滤掉杂质，去除所有污染物，产生的水比地面上大多数人的饮水更干净。来访飞船也会携带补给水，因此我们有足够的水，每天能向每名宇航员供应三到四升，足以保障饮水、洗漱，以及让脱水食物恢复原状。虽然这个系统已经很不错了，但未来的太空探索可能要求水 100% 地循环使用，不像我们今天这样还要靠地球补充。

氧气则通过将水电解产生。水在电解过程中，变成氢气和氧气；产生的氢气也没有被浪费掉，借助催化剂，氢气在一个叫作萨巴捷反应器的装置中，与我们呼吸产生的二氧化碳发生化学反应，产生水，只留下甲烷作为废物。空间站有很多高压气罐，装满氧气和氮气。如果空间站需要补充气体，或者在太空行走后需要补充气体（太空服里装的是 100% 的氧气），我们就动用这些储备。

问：适应失重一般需要多长时间？

答：好消息是，在失重环境下，宇航员们不需要太长时间就能熟练自如地运动。不过刚到空间站时，我的手脚非常笨拙，在失重状态下，需要很高的技巧才能控制好自己的身体，特别是腿。第一次进入太空站时，我感到空间感有些失调，腿老是撞到其他东西。一周后大多数宇航员都掌握了失重下的运动技巧，当然，我们还没法像体操运动员那样来个漂亮的后空翻，这可能需要更长的练习时间。和任何其他运动一样，练得越多，时间越久，你在失重时的运动技巧越好。

俄罗斯舱是训练失重运动技能的好地方，很适合刚来的新手们。这里的舱室直径比较小，宇航员离扶手的距离总是很近，借助它们你很容易保持身体平衡，重新控制自己的姿势。美国舱比俄罗斯舱要大多了，舱壁相隔很远。这是因为美国舱是通过航天飞机运来的，航天飞机货仓直径比运送俄罗斯舱的质子号火箭大不少。

刚到空间站不久，有一次，前往日本希望号实验舱时，我不小心失手了，没能抓住周围的把手。我无助地飘在这个巨大的舱室中间，无法用力。我手脚并用，苦苦挣扎，做了好多无用功之后，最终游到一个扶手上，这才控制住自己的身体，不需要向其他宇航员求助了，这未免太尴尬了。不过，我相信，上面这段经历早被无处不在的摄像头捕捉到了，可能已经在地面控制台中引起极大的轰动，他们肯定在想，这个新手实在是太菜了。

问：在空间站飘浮着的感觉怎么样？

答： 非常放松、自在。你不再需要对抗地球重力，肌肉会自动调整到最放松的位置。如果顺其自然，不主动用力，你的身体会自动弯曲起来，介于坐姿和站姿之间。你会有点驼背，肩膀略微收缩，随手臂一起向上方飘浮。

在太空飘浮还有一个好玩的地方：你能从全新的角度看待周围的一切。在失重环境下，不存在上下之分，在天花板或者墙壁上的感觉和在地面一样，你可以使用一切可用的空间来生活和工作。

失重给我们更多的空间。只用一根蹦极绳或者一些锦纶搭扣，你就能把一个很重的东西固定在墙上或者天花板上，不必担心它会掉下来。想象一下，如果在地面上，你也能像这样充分使用自己的房间，那将有多少额外的空间可供使用。

在失重的太空舱里飘浮，运动起来也更加简单。只要用手或者脚轻轻用力，就能从太空舱的一头轻松运动到另一头，这中间你还可以翻个筋斗，甚至两个，只要你灵活用力，就能做到。

问：为什么国际空间站使用格林尼治标准时间？

答： 为保障日常工作能正常进行，国际空间站需要选择一个时区。国际空间站采用的是世界标准时间，它相当于格林尼治标准时间，这个选择综合考虑了参加空间站项目的各国（包括美国、俄罗斯、欧洲各国、日本和加拿大）的地理位置。使用这样一个时区，大多数国家能更好地执行地面任务，最大程度上保障宇航员安全，当他们在太空执行任务时，地面团队能更好地监控和服务。这个时区对欧洲空间局飞船有利，地面值班人员的工作时间是白天，但是这个选择对日本最不方便，他们的监控中心位于东京旁边的筑波市，比格林尼治标准时间早了九个小时，地面监控人员必须在晚上工作。

以前，当航天飞机从肯尼迪航天中心发射时，国际空间站偶尔也会使用佛罗里达州时间（东部标准时间，相当于格林尼治标准时间减五小时），以方便航天飞机执行任务。随着 2011 年航天飞机的退役，国际空间站的时区一直固定在格林尼治标准时间，我到达国际空间站时还是如此。

问：您在国际空间站上每天能经历 16 次日出日落，请问在这样的特殊环境下，您每天的日常生活是怎样度过的？

答： 我们每天工作 12 小时，从早上 7 点到晚上 7 点。我们确实每天能看到 16 次日出日落，但你很快就会对此习以为常。在国际空间站上，宇航员要遵循每天的工作日程，去开展科学实验，维护空间站各项设施，以及其他需要完成的任务。日程表整体来说比较稳定，虽然每天具体的任务不完全相同。

我习惯在早上 6 点醒来，这样一来，在每天的例会之前我有一小时时间可以洗浴和进餐。通常我会尽可能在前一天晚上就为今天的工作做好准备，不过，国际空间站非常繁忙，经常会有突发情况，在我们睡觉时，地面飞行控制中心可能出于一些原因不得不临时改变我们的日程，所以我也会利用例会前的这段时间来检查一下今天的日程表是否有变动。此外，我也会查一下今天空间站会经过哪些地区，哪里值得拍照。从空间站拍摄具有科研价值的照片也是我们的工作职责。我们需要监控火山活动，记录冰川消退，拍摄小行星撞击坑，以及海岸地区或河流三角洲地形地貌等。有时候宇航员们也出于自己的兴趣而拍摄。我拍过喜马拉雅山脉，拍过欧洲美景（冬季除外，这个季节很难找到适合拍摄的天气），此外我还从金字塔正上方拍过它们。我们每天绕地球 16 圈，经常能遇到一些有趣的拍摄目标。我会为每个目标设置好闹钟，每当空间站快要抵达目标时，闹钟就能提醒自己做好拍摄准备。

每日工作从早上 7 点开始。我们先聚集起来，与地面控制中心一起，开一个简短的每日计划会议。列席会议的有全球各地的所有地面控制中心，各中心按顺序依次报到，从美国休斯敦控制中心开始，接下来是美国亚拉巴马州的亨茨维尔、德国的慕尼黑、日本的筑波等地的控制中心，一直到俄罗斯的莫斯科控制中心。每日例会时间通常持续 15 分钟，随后宇航员们按照日程执行各自的任务，主要是开展各项科学实验。日程表和每项任务的详细操作流程是电子式的，能从空间站的几个电脑屏幕上看到。最近几年宇航员们也开始带平板电脑到国际空间站了，这些平板电脑也接入了空间站的无线网络，我们也用它们查看日程。这种电子日程表上有一条显示当前时间的红线，当我们进行各项操作时，随着时间的推移，红线越来越逼近各项任务的最后截止时间。这条红线给我们很大的压力，逼迫我们抓紧时间，有时候我们也会对此抱怨几句。有时我们一天做一两个耗时很长的复杂实验；有时我们一天做十几个耗时较短的简单实验。

除做实验之外，我们还要维护空间站各项设施，开展学习和拓展活动，维护公共关系。此外，每当货运飞船抵达空间站，宇航员们也要花上不少时间来拆开包裹，并整理要送离空间站的东西，打包运到货运飞船上。货运飞船是通过空间站的机械手臂来抓取的，不是直接对接的，我们在飞船抵达前，还要预先演练一下机械臂操作技能。如果宇航员有太空行走任务，在任务执行的几天之前，大家精神已经高度集中起来了。我们会反复检查，以确保设备都处于良好的状态，宇航员们都已经做好了充足准备。毕竟，太空行走任务是太空飞行中风险最高的一项工作。

日程表上给午餐留了一小时的时间，这给我们留了一些缓冲，如果上午的工作没能按时完成，可以占用一下午餐时间，以免耽误下午的安排。下午也一样，下午5点到7点是日程表上给我们规划的锻炼时间，不过，如果下午工作耗时太久，也可以借用锻炼时间。当然我更愿意去锻炼，每天来两小时的心血管和力量训练。到晚上7点，每日工作结束，此时国际空间站与地面的各控制中心会再次举行会议，和早上的例会一样。此后我们会吃一顿简单的晚餐，并为明天的工作做好准备。在11点入睡之前，我们有一到两小时可以拍些照片、收发邮件，与地面的家人朋友打打电话。

问：进入太空后，你的时间感是否受到了影响？

答：人体能感知到时间的变化，这叫作昼夜节律，它决定我们何时感到疲倦，何时清醒。不仅如此，人体的很多生理机能，例如我们的体温、注意力集中程度、心理认知能力、内分泌和消化系统，也都以更微妙的方式受到这一节律的影响。

短时间内经历巨大的时区改变，人的昼夜节律就会被扰乱。很多人在地面上已经遇到过这种事情，乘坐飞机跨洲飞行的乘客们都需要倒一下时差。国际空间站所采用的时间与我们在地面所采用的时间不一样。在发射到太空之前，我们联盟号的机组人员已经在莫斯科进行了四周的训练和考核，之后又在拜科努尔的发射场进行为期两周的检疫，这一个多月，我们一直采用莫斯科时间。莫斯科时间比国际空间站所采用的格林尼治标准时间早三个小时，而拜科努尔比格林尼治标准时间早六个小时。抵达国际空间站之后，我们立刻改用格林尼治标准时间。这样一来，除了要完成发射日这天长时间的工作外，我们还需要倒时差，要知道我们联盟号机组的三名乘员，尤里、蒂姆和我已经醒了有 24 小时了。对我们来说，确实有点累，所以抵达太空的头几天，我们肯定有时差反应。还好我们是从莫斯科时间转换到国际空间站时间的，相对来说比从拜科努尔时间转换成国际空间站时间要稍微容易一点。

人体昼夜节律对光非常敏感，光的强度强烈影响着人对时间的感知。空间站每天绕地球飞 16 圈，光照条件频繁变化，这是我们进入太空以后，试图建立起良好的昼夜节律时所遇到的最主要的挑战，我们一定得习惯这样的光线环境。最开始一段时间，你确实会感觉奇怪。国际空间站时间上午 11 点，你端起咖啡准备休息一会儿时，国际空间站可能正处于中国上空，地面上可能是晚上，窗外漆黑一片；而国际空间站时间晚上 11 点，你正在刷牙时，国际空间站可能正处于欧洲上空，地面上可能是白天，刺目的阳光透过窗户照进来。

我发现，睡觉之前最糟糕的事情就是当国际空间站外面是白天时，向窗外看。太阳发出的大量紫外线阻止身体产生褪黑激素，正是这种激素使人感到困倦。强烈的阳光破坏了人的生理节奏，遏制了人的睡眠。自从第一次犯这个错误以后，我就很小心了。临睡前，只有确保窗外的地球处于晚上时，我才会向窗外看。关闭空间站内的灯光，放下窗户遮光板，钻进睡袋就可以开始睡眠了。

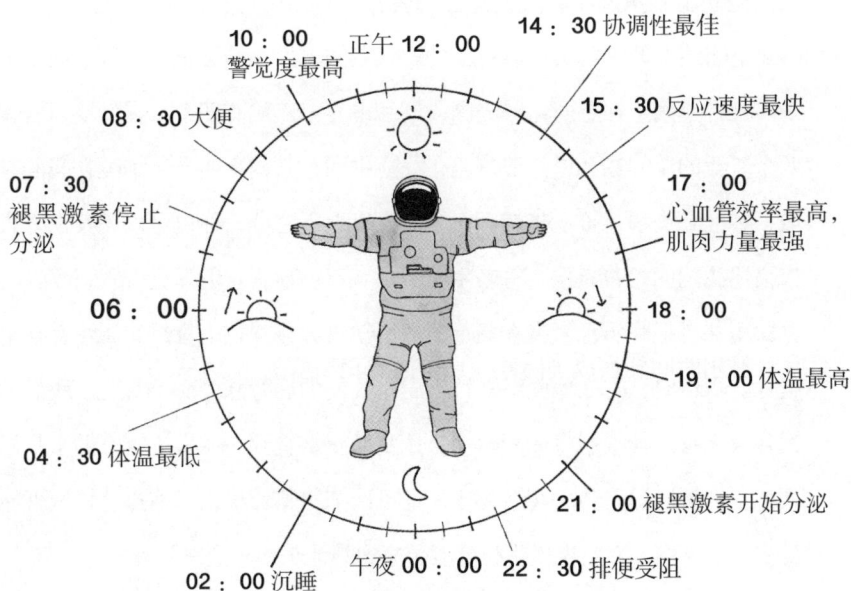

10：00 警觉度最高
正午 12：00
14：30 协调性最佳
08：30 大便
15：30 反应速度最快
07：30 褪黑激素停止分泌
17：00 心血管效率最高，肌肉力量最强
06：00
18：00
19：00 体温最高
04：30 体温最低
21：00 褪黑激素开始分泌
02：00 沉睡
午夜 00：00
22：30 排便受阻

然而，国际空间站是一个非常繁忙的地方，因此我们的各项行动严格按照日程表来进行，这有助于宇航员们迅速建立起新的昼夜节律。当然了，每天按时吃饭，按时锻炼，对新节律的建立也起了重要作用。在太空中待了大约两周后，我的时间感非常好，我睡得很好，不再受空间站光照条件频繁变化这种环境因素的影响。

我们的太空任务即将结束时，有消息传来，国际空间站将改革光照系统，准备采用新型发光二极管做光源。如果光线太亮，现有的灯可能会变暗，但这些灯是频率固定的白光灯。新光源能改变频率，在工作时间提供白光或者波长较短的蓝光，以获得光照性能；但在夜晚睡眠前，改用波长较长的红光。这将是一个很受宇航员们欢迎的变革。

问： 在太空如何睡觉？宇航员们睡在哪里？

答： 国际空间站上的宇航员都有自己的睡眠单间，大小和飞机上的洗手间差不多。这种单间，在空间站的美国段的和谐号节点舱有四个，在俄罗斯区有两个。我的单间在和谐号节点舱，我在中间，其他宇航员分别睡在我的左舷、右舷和头顶位置。当然，太空里没有上下之分，你也可以用其他方式来描述我们的相对方位。每名宇航员都有自己最喜欢的睡觉方式，我自己喜欢用夹子把睡袋轻轻夹在墙上，然后钻进睡袋，拉上拉链，飘浮在空中睡觉。飘浮时，与在地面睡眠很不同，我们的后背和侧面不受力。我们的睡袋很合身，能限制身体的运动，让我们感觉受到一些力，这有助于我们入睡。你可以把胳膊放在睡袋里，也可以把胳膊伸出来，不过这样做可能带来一个麻烦，就是夜里胳膊可能会撞到其他东西，把你弄醒。

睡觉时，一些宇航员喜欢把自己用安全带绑在墙上帮助自己入睡，其他人则宁愿冒着半夜与墙壁碰撞的风险，选择完全飘在空中睡眠。刚进入太空，我们很难睡着。具有讽刺意味的是，失重本该是一种非常放松的感觉，然而它剥夺了重力给我们的一大奖赏：睡觉时的放松感。已经在失重环境下飘浮了一整天，身心俱疲，到了睡觉时间，我们很想躺在床上，感受一下枕在柔软枕头上的感觉，借此放松下来。但是，在太空中你找不到这种感觉，这是我在太空最怀念的几样东西之一。我唯一能做的是关上灯，继续飘浮，等着睡意逐渐增强，进入睡眠。有的宇航员会在头上绑上一个枕头，以帮助身体找到躺下的感觉，诱发睡意。

我自己花了好几个星期才适应下来，能很快进入睡眠了。我通常睡 6 到 7 个小时，但睡眠质量不如在地面上。有很多原因，比如，有时手臂很难找到舒服的姿势，失重状态下它们总是朝前飘。我会把胳膊叠在胸

我在和谐号节点舱的睡觉单间

前，睡袋很小，胳膊能被束缚住，不再向前飘。我们也用耳塞帮助睡眠，减弱通风扇发出的嗡嗡声。这些风扇能保持空气循环，防止二氧化碳在睡眠区积聚到危险的程度。

问：宇航员们同时睡觉吗？

答：这是一个很有趣的问题。很多人以为宇航员们睡觉时，总要有人保持清醒，就像军队一样，夜里大家轮流值夜班。实际上并非如此，在国际空间站，大家基本在同一时间睡觉，通常是在晚上 10 点到早上 6 点之间。空间站的指令长们的睡眠区装有报警铃，紧急情况发生时，他们负责叫醒其他宇航员。在绝大多数时间里，国际空间站都与全球各地的多个控制中心保持着联络，即使宇航员们都在睡觉，地面上也还有很多工作人员在密切监视着空间站的运行。

问： 你在太空时做的梦和在地面上的有什么区别？有没有梦到什么特别的东西？

答： 我做梦不多。更准确地说，我不太能记得自己做过的梦。有专家说，每个人一晚上能做四到六个梦，我有些家人和朋友能准确地记住他们做过的一些梦的细节，我很希望自己能像他们一样。我只记得少数几个梦，大多数梦发生在地面，处于正常的重力环境。只有一次，我梦到了太空生活。当时我为期半年的太空任务即将结束，我梦到自己在一个图书馆里找一本书，周围满是高耸的书架，一直延伸到天花板，书架太高，我够不到最高的书架，觉得有些沮丧。我正在纳闷，这里为什么没有梯子，突然间我想到，自己其实身在太空，我完全可以轻轻一跳就飘到天花板上。这时，我自己突然感觉到了失重，在图书馆里飘浮起来。不过，在这个梦里我从没找到过那本书。

问： 你在空间站所做的实验有哪些？你最喜欢哪个？

（提问者：亚当，弗林特郡，卡特尔第一高中）

答： 这个问题不太好回答。在空间站的半年里，我们做了 250 多个实验，其中很多实验都值得与大家分享。相对来说，我比较喜欢与生命科学相关的实验。宇航员们本身也是太空实验的对象，在太空我们需要经常接受医学检查，我对这些检查很感兴趣。我很快就学会了很多体检方法，能够给自己抽血，对自己的眼睛、心脏、动脉、静脉、肌肉进行 B 超检查，能使用检眼镜和 OCT（光学相干层析成像）来拍摄眼球，能用眼压计测量眼压，用皮肤检测仪测量皮肤的水分，等等。为配合这些生命科学实验，我们需要经常对自己的尿液、唾液、粪便、血液和呼吸的气体进行取样。我们也经常需要接受肌肉活组织检查，很疼的，这是我们不得不付出的代价。这类实验不仅在太空进行，实际上早在我们还没乘火箭进入太空，就已经开始了；即使我们已经完成太空任务，回到地面后，在两年或者更长时间内，也需要经常接受检查，以研究太空任务对人体的长期影响。

在成为宇航员之前我曾长期担任飞机试飞员，国际空间站根据这一情况，特意为我设置了一些实验，让我来操作火星漫步车等新设备，对其进行评估。这辆火星车位于英国伦敦北部的斯蒂夫尼奇镇，在这里，空中客车公司建设了一个火星环境模拟试验场。我的任务是从国际空间站遥控这辆车，去探索一个洞穴。我需要维持空间站和火星车的通信，鉴别各种岩石和地貌，评估火星车的人机交互界面。这项工作有助于未来的火星和月球探索，让这些预先发射到火星的车辆为宇航员登陆火星做好准备，并且帮宇航员在轨道上控制火星或月球表面上的车辆。

如果一定要选择一个我最喜欢的实验，我会选择欧洲空间局的肺部气道监测实验。这项实验很复杂，需要花好几天才能完成。实验中，我们把空间站的气闸当作减压舱，这在国际空间站上还是首次。我先简单介绍一下实验背景。在太空中，宇航员被高浓度的尘埃包围，不像在地球上，尘埃还能落到地面上。未来我们可能会踏上火星，或者在月球表面生活，那时，尘埃问题可能会更严重。火星上有严重的沙尘暴，危害很大；月球表面也布满灰尘和沙砾，由于月球表面没有空气流动，无法将这些细小的沙砾通过各种地质活动磨平，如果吸入月球尘埃，它们锯齿般的锋利边缘将对宇航员的肺部造成不可估量的损害。和在地面一样，在太空中，微尘会引起眼睛和肺部发炎，导致哮喘。每次我们呼气，都会排出少量的一氧化氮，它由身体产生，用于调节血管，起到抗菌剂的作用。医生们可以通过监测人体肺部气道排出的一氧化氮气体来判断肺部是否发炎。气道实验监控着各种情况下（包括宇航员在低压的气闸室内呼吸时）一氧化氮的排放量。这项极具创新性的肺部生理学实验不仅有益于未来的太空探索，更给地球上数百万哮喘患者带来福音。这就是我选择这个实验为我最喜爱的实验的原因。这也与我的下一个回答有很大关系。

问：太空实验有哪些成果？

答： 当尤里·加加林于 1961 年 4 月 12 日乘火箭进入太空时，医生们都很担心人体能否适应失重，他们担心很多主要器官，比如人的心脏和肺出现灾难性问题，大脑也可能会功能紊乱。多年的太空探索证明这些担心是不必要的。从那时起，人类不仅适应了失重环境，而且长期在这个环境下表现良好。这个过程中，我们学到了很多，我们不仅创立了微重力生理科学，而且，在几乎所有的科学领域都取得了重大的进步。国际空间站所开展的实验，不仅仅有政府科研经费支持的项目。已经有越来越多的商业公司认识到太空研究的好处，国际空间站已日益成为大小企业进行发明创新的平台。在这里，我不想泛泛地讨论国际空间站如何有益我们的日常生活，相反，我想通过一些具体的例子，让你们切实感受到国际空间站上的科学研究是如何改变我们每个人的生活的。

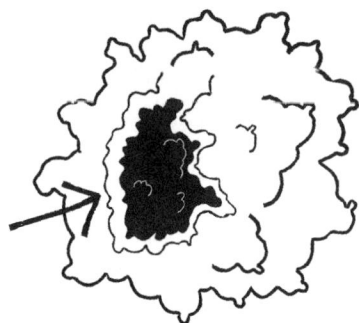

蛋白质结构： 我们体内有数万种不同的蛋白质，它们数量庞大，占人体总重的17%。它们是我们身体的重要组成部分，在维持生命的过程中起着重要的作用。蛋白质有着复杂的三维结构，如果它们以错误的方式折叠，会对人体有害，带来阿尔茨海默病、帕金森病、亨廷顿病甚至牛海绵状脑病等疾病。治疗这些疾病的大多数药物能释放出一些精心设计的小分子，它们具有特定形状，能准确嵌入致病蛋白质的分子上，从而抑制这些蛋白质的致病功能。药物发挥作用的关键就在于他们能准确地与致病蛋白质结合起来，这就像两款三维拼图要能严丝合缝地拼起来一样。这要求我们对蛋白质结构有非常详细的了解。没有这一知识之前，我们只能采用大剂量的劣质药物来治疗，可能会带来很多副作用。用 X 射线晶体衍射技术，对蛋白质晶体进行 X 射线成像，可以精确地得到这些蛋白质的三维结构。

成功的关键在于制作出高质量的蛋白质晶体。研究人员发现，在失重状态下，更容易生长出高质量的晶体。这是因为在失重状态下晶体形成速度较慢，更重要的是，不受重力和对流的影响，晶体的精细结构不会被扭曲或破坏。事实证明，太空生长的晶体比地面的任何晶体都更大更完美，已经为进行性假肥大性肌营养不良的治疗做出了巨大贡献。目前，在国际空间站进行研究的病症包括丙型肝炎、亨廷顿病、一些癌症和囊性纤维化等。这只是太空生物研究的起始，未来还有极大的潜力可以挖掘。自然界中有多达 100 亿种蛋白质，结构各有区别，它们关系到我们的身体健康，更关系到全球环境。这类研究是国际空间站最令人兴奋的研究领域之一。

疫苗开发：空间站环境使微生物细胞发生大量变化，改变其生长速率、对抗生素的耐药性、对宿主组织的微生物入侵能力，甚至改变它们的遗传性能。微重力还能增强微生物引发疾病的能力，众多传染病专家对此很感兴趣，他们利用微重力来挑选出致病能力最低的病毒株，在地面上，利用这些病毒株来开发疫苗。

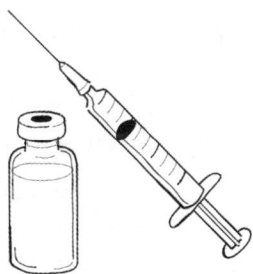

以沙门氏菌为例，它是导致食物中毒最常见的病菌；腹泻沙门氏菌还是全球范围内，造成婴儿死亡的前三大致命因素之一。商业公司 Astrogenetix 在一系列太空研究中，有了重大的突破，发现了沙门氏菌的一种潜在疫苗，目前正准备进行药效检验和商业开发。此外，这个公司在国际空间站也开展了耐甲氧西林金黄色葡萄球菌研究，验证了它的毒性。最近，空间站也在进行实验，改进现有的抗链球菌肺炎疫苗。链球菌导致肺炎、脑膜炎和菌血病等疾病，每年在全球造成 1000 多万人死亡。

上述几个例子，只是微重力疫苗科研项目中的一小部分，这是一个很有潜力的研究领域，未来必将有更多成果。科学家们正在计划开展更多的相关实验，发射更多的病菌样本到国际空间站，以加快研究速度，尽快开发出相关疫苗，更快地挽救病人生命。

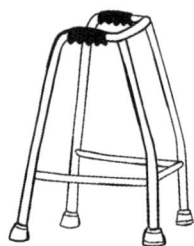

衰老过程研究：在国际空间站，为适应微重力环境，人体在短时间内会发生很多变化，比如骨质疏松，心脑血管退化，以及皮肤变化、身体平衡系统和免疫系统的变化等，其中很多变化与人衰老过程相似，这就为衰老研究提供了一个非常独特的模型。而且，不像真实衰老过程，失重条件下生理机能的改变不受众多复杂因素干扰。在这一领域有不少成果，科学家们根据相关研究，开发出了治疗骨质疏松的新型药物。目前国际空间站上有很多相关的科学实验。老龄人口正以前所未有的速度在增加，目前全球人口中，超过 65 岁的已经达到 8.5%。光在美国，半个世纪以后这个年龄范围的老龄人口就将加倍。长寿未必意味着健康，很多老年人受各种疾病折磨。国际空间站的这些研究能帮助我们更好地应对老龄人口增长对医疗系统带来的挑战，减轻老龄化带来的经济负担，提高老年人生活质量。

合金冶炼：很早以前，人类就掌握了金属冶炼技术，我们加热金属，达到熔化状态，让它们和其他元素混合。目前发现的最古老金属铸件是公元前 3200 年的一个铜蛙，离今天已经超过 5000 年了。冶炼技术虽然历史悠久，但在这一领域我们并未穷尽一切知识，金属冶炼一直是最前沿的科研领域之一，每年有不少新的发现。在地面上，金属合金从液体状态冷却形成晶体时，由于重力的影响，液体里会发生对流，形成的晶体会向下沉淀，产生的晶体结构会受到一定影响。深入了解结晶的每一个过

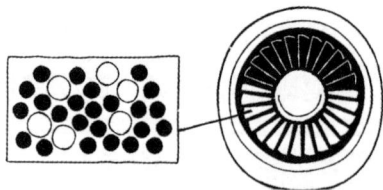

程，掌握其背后的物理原理过程，有助于我们生产出更高质量的太阳能电池、热电材料和金属合金等。在失重的太空中，不存在对流和沉淀，科学家们可以控制凝固的过程，从而更好地研究金属冶炼的原理，帮我们改进工艺，制作出质量更小、强度更高的新型材料。国际空间站有一个科研平台，叫欧洲电磁悬浮器，科学家用电磁场来熔化金属样品，研究其在失重环境下的材料物理特性，带来了很多重要成果。欧洲空间局领导着一个叫作 IMPRESS 的科研项目，将来自学术界和工业界的 43 个科研小组组织到一起，共同开发钛铝合金涡轮叶片，这种叶片性能极为优良，熔点高、强度大、密度低，可以广泛应用于发电站和航空发电机。使用钛铝合金，涡轮部件能减少 50% 的重量，从而极大地提高工作效率，减少燃料消耗，降低废气排放。

冷等离子体：等离子体由等量的带负电的电子和带正电的离子组成，这种物质状态是固态、液态、气态之外的第四种物质状态。在地球上，发生闪电时，闪电附近的空气被电离成等离子体。虽然地球上大部分物质处于固液气三态，处于等离子体状态的物质很少，但在这个宇宙中，99% 的可见物质是以等离子体状态存在的。如果在电离气体中混入尘埃等微粒，这些微粒将带有很多电荷，这种等离子体叫复杂等离子体。国际空间站为复杂等离子体的研究提供了理想的条件。因为在微重力下，尘埃粒子可以在空间中自由扩

等离子体要了我的命！

散，相互作用，形成规则的三维等离子体晶体，这为物理学研究提供了全新的视角。

等离子体可以快速而均匀地渗透进许多材料，我们可以利用这一特性，用它来消毒。实验表明，等离子体可以在几秒钟之内杀死很多容易产生抗药性的细菌，比如耐甲氧西林金黄色葡萄球菌等。而且，用等离子体对慢性伤口进行消毒时，伤口愈合速度加快了。其他一些研究表明，化疗时采用等离子技术，能有效治疗癌症，与单纯的化疗相比，肿瘤的抑制率提高了 500%。

在国际空间站上，俄罗斯和欧洲的科研小组开展了一系列非常成功的实验，并成功将相关技术应用于实践。国际空间站主要研究复杂等离子体，它属于冷等离子体，内部带正电的重粒子的温度比较低，带负电的电子温度很高，很容易和其他物质发生相互作用。目前，在国际空间站所开发出来的冷等离子体技术已经在地面上广泛使用，应用于污水处理等领域。自 2013 年以来，Terraplasma 公司成功将这一技术进行了推广，在医疗卫生领域取得了重大突破。

微胶囊：这是一种只有血红细胞大小的可自动降解的胶囊，里面装满各

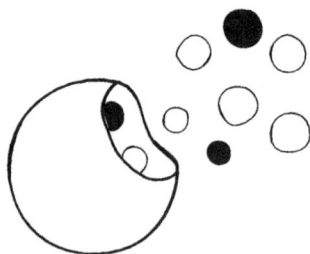

种药物。只需将这种胶囊注射进病人血液中，就可以治疗疾病；此外，这种胶囊还可以直接通过呼吸进入肺部，以治疗细菌造成的感染病症；或直接输送到恶性肿瘤的部位。空间微重力技术的发展，使得微

胶囊领域取得了重大突破。实验表明，在前列腺肿瘤中注入一定剂量的微胶囊，在短短三周内，癌细胞生长速度降低了51%；另一些实验表明，在肺肿瘤内注射两剂微胶囊，就能让肿瘤尺寸减少43%，26天后肿瘤生长速度降低了82%，有28%的肿瘤完全消失。如此低的剂量，就能产生如此显著的疗效，相对传统癌症治疗手段来说，微胶囊技术具有极大优势。

空间站的微重力环境对这些胶囊的发展至关重要，不同的液体（如油和水）在失重时能均匀地分散在整个球体中，这使得药物能均匀混合，外膜能够自发形成，从而产生极高质量的微胶囊。

基于太空技术生产的微胶囊目前取得了巨大的成功，现在，美国国家航空航天局将这一技术发展付诸实践，并获得了脉冲流微胶囊系统专利，目前在地面上也能生产出高质量的微胶囊。

微胶囊技术不仅能治疗癌症，现在，这一技术已经拓展到其他领域，比如糖尿病病人现在可以注射可植入性微胶囊，药物从胶囊缓慢释放出来。一次注射，药效能维持12到14天；而采用传统方式，病人需要每天注射胰岛素。

你知道吗？
Did you know?

✪ 如果你曾经试过做油醋沙拉酱，你就会知道这两种密度不同的液体是无法
混合的，油的密度小，会漂在醋上面。你得用力晃动瓶子，才能让油醋暂
时均匀混合，由于重力的影响，不久它们又会分离。不过，在国际空间
站，不需要大力晃动瓶子就能让油和醋均匀混合起来。虽然两种液体仍然
没有真正混合，但是由于失重，小油球和小醋球在一个较大的范围内相当
均匀地分散、混合。这是失重条件下微胶囊化的基本原理。

问：您在太空时，每天最喜欢的是哪个时间段？

答：一天快结束时。我喜欢在这个时候收拾东西，看着窗外的宇宙，遇到打
动我的景色时，我会拿出相机，拍些照片；有时我也会利用这段时间给
家人和朋友打电话。每个工作日宇航员们的日程总是排得很满，我们总
是很忙，追赶进度表；即使有时我们提前完成了，又有新的任务清单下
发过来。我们每个人都充满活力和斗志，只有这样才能适应这种环境，
完成各项工作。我很好奇居然会有人问，国际空间站的生活是否单调乏
味。我的回答是：恰恰相反。

在这样紧张的生活节奏下，我们很珍惜那些能独处的安静时刻。以我自
己为例，我非常珍惜每晚刷牙的这段时间，听起来也许很奇怪。我们的
卫生区离空间站的穹顶很近，每次刷牙时，我会在这个巨型窗户前停

留一会儿，俯视飞船外的美景，面前的大地正以 25 倍的声速高速后退。在这艘无与伦比的飞船上，我只是做着最平凡琐碎的工作，却能够欣赏到这样壮阔的景色，这种回报实在太值得了。

问：你有时间休假吗？你们怎么过周末？

答： 工作日我们总是很忙，基本上没有闲暇时间，总感觉一周很快就过去了。周末日程安排比较宽松，我们有几小时的时间可以自己支配。周六早上我们会给国际空间站搞搞卫生。一周下来，空气过滤系统的滤网上堆积了大量灰尘，把滤网弄干净就要花掉我们好几个小时。宇航员在太空里还要用吸尘器做家务，听起来很奇怪。不过，在空间站无法请家政公司来为我们服务，我们只能亲力亲为。我们使用的是没有特别针对失重进行设计的普通吸尘器，吸尘器和插座用很长的电缆连接起来，是我见过的家电中最长的。这让我想起儿时最喜欢的一本小说，罗杰·布拉德菲尔德的《飞行的曲棍球棒》，小说的主人公是一个乡下小男孩，他骑在一个装了电风扇的曲棍球棒上，风扇高速转动，带动主人公在空中飞翔，四处冒险。主人公飞翔时，风扇的电线拖在他身后，随风飘扬。我们在失重的空间站使用吸尘器的样子，很像小说的主人公：我们在四处飞翔，身后拖着长得难以想象的电缆。

周末清理滤网时，经常会遇到惊喜：我们总能找到这一周丢失的东西。在失重的情况下，一切没固定住的物体都被空气循环扇产生的风吹动，向滤网前进，速度可能很慢，但是不可抗拒。蒂姆·科普拉曾授予我一枚太空生活 100 天勋章，纪念我进入太空 100 天。我伸手去拿相机时，把勋章放在面前，因为失重时，在没有风的情况下，静止的物体会停留在原地不动，所以我们经常这样做。等我拿到相机，回来拿勋章时，发现它已经消失了。两周之后，我们在隔壁太空舱的滤网上找到了这枚勋章。

除清理过滤网外，我们还会擦拭仪器按钮、各种把手和任何我们会接触到的东西，对它们进行消毒，以便将微生物的生长保持在最低限度，并降低感染的风险。每个宇航员搞清洁工作的方式不太一样，为了公平起见，我们把空间站的美国部分分成三大块，每人负责一个部分，两周轮换一次，这样一来，就没有哪个倒霉蛋需要在自己的太空生涯中一直打扫马桶了。搞完卫生之后，就到下午了。我通常把下午的时间奉献给空间站的教育推广项目，我会记录一些信息，或者从全球中小学生提议的科学实验中选择一些来操作，比如在空间站的树莓派微型计算机（实际上空间站运行的是树莓派的强化版，我们叫它"太空派"微型计算机）上运行学生们编写的小程序。有时我也会通过无线电台直接与学生们交流，或者举办太空教学活动，共有50万学生观看。

在最理想的情况下，周日是休息日。这一天，每名宇航员都有机会可以与家人视频交流，虽然远离地球，但是我们还能保持与亲人的联系。这种视频对话能很好地维持宇航员们的士气。周末经常还有一些工作要做，而且我们还得锻炼身体，不过一般来说，我们有一些空闲时间来拍照，或者打电话给家人和朋友。

问：太空生活中，你遇到的最邋遢的事情是什么？

答：这真是个好问题！到目前为止，我们所经历的最邋遢的事情，就是看着自己脚底的死皮在进入太空的头两个月里逐渐脱离。在空间站我们很少使用脚底来走路，而且在这里我们没有重量，绝大多数情况下脚底不受力。因此，我们的脚底逐渐变得非常光滑和柔软，就像新生婴儿一样。在太空中待六个月之后，你的脚会美得像做过最好的足疗一样。

坏处就是，脚上所有的死皮硬皮都开始脱落。在太空生活了几周以后，脱袜子时，你得非常小心，否则，死皮屑就会像天女散花一样遍布整个太空舱，而不像在地表一样会下沉到地板；直到气流逐渐将其拉向空气过滤器。你会迅速成为船员中的讨厌鬼。

同样恶心的是，我们的脚趾逐渐会变化，最后变成"蜥蜴脚"。当我们

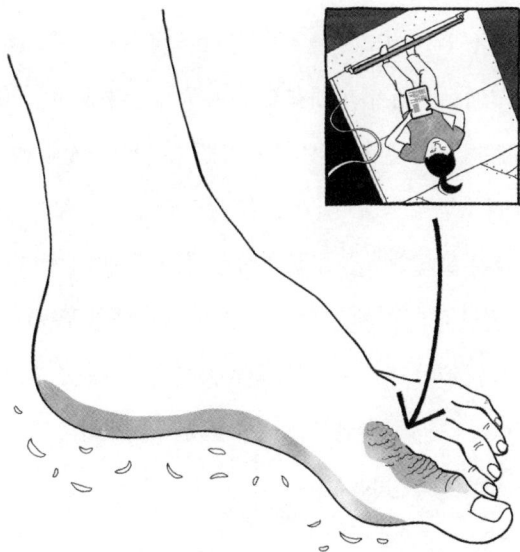

在太空站工作和生活时，我们经常需要用脚钩住金属栏杆和皮带，来保持身体姿势，增加稳定性。这会造成脚趾的磨损，使皮肤变粗糙，长出茧子，变成难看的"蜥蜴脚"。为此，欧洲空间局还专门设计了太空袜，袜子的脚趾部分覆盖有一个柔软的橡胶涂层，来缓解宇航员们的脚趾损伤。

问： 你有哪些个人阅读材料？你会选择带什么书到太空阅读？

答： 宇航员们在太空可以读电子书，或者听语音书，实际上听书的宇航员还多一些。在地面上，有一组工作人员向我们提供各项服务，除支援我们在空间站的各项工作外，他们也提供一些生活服务，如果需要，他们会通过通信网络向空间站上传各种电子书、音乐和广播节目、新闻文章，甚至电视节目。

我在太空读书不多，周末和晚上的自由时间不多，我通常拿来拍照，或者和家人朋友通话。在锻炼身体时，我通常会看新闻，或者听广播，我最喜欢听布莱恩·考克斯和罗宾·因斯主持的《无限猴笼》，或者克里斯·埃文斯的《早餐秀》。当然，我的确带了一本纸版书，尤里·加加林的自传《通往星星之路》的原版书，书上有加加林本人的签名。这本书是英国宇航员海伦·沙尔曼的，1991 年她乘坐联盟号飞船前往和平号空间站时，就带着这本书。这是我能找到的最适合在太空阅读的一本书了。能够从海伦那里借到这本书，真是一种荣幸，在国际空间站读这本书也是一次极为难忘的经历。

问：国际空间站最让你吃惊的是什么？

答： 当你真正到达国际空间站时，你已经受过很好的训练，花费了很多时间研究空间站的各个方面，所以几乎没有什么会让你吃惊。这并不是说国际空间站已经完美无瑕了，空间站确实有一些问题，不过对于这些问题，宇航员们在训练中就已经相当了解了。

早期培训时，最让我吃惊的事情是，空间站美国部分和俄罗斯部分的电压是不同的。虽然两部分的电源完全一样，都来自空间站的太阳能电池板，产生的电分成两部分，一部分在白天直接使用，另一部分储存在充电电池里，供晚上使用。不过，俄罗斯太空舱把太阳能电池板产生的电转换成 28 伏特的直流电，而美国则转换成 124 伏特的直流电，乍看起来，这似乎不算什么大事，但是它带来了一些安全隐患。俄罗斯的灭火器是水基泡沫灭火器，不适宜美国舱的电器火灾，因为美国舱电压很高；而美国舱采用的二氧化碳灭火器同样被禁止在俄罗斯舱使用，因为俄罗斯舱的生命维持系统在设计阶段就没预设过这种使用场景，无法过滤掉这么多的二氧化碳，让空气重新适宜呼吸。

空间站里，除灭火器不同外，来自不同国家的设备还有很多不一致的地方。国际空间站能取得成功，一个很重要的原因是参与空间站项目的全球十六个国家能紧密合作，共同建造和运营。国际空间站不仅仅是工程上的奇迹，也是国际合作的典范。不过，由于有这么多国家和公司参与建设，不同国家制作的太空舱和结构模块不完全一致，有很多差别。有些差别不太重要，比如不同国家建造的一些开关，连接件和各部件的命名方式不完全相同。另一些差别则涉及空间站的安全运行，包括应急设备、通信系统、生命保障系统。作为试飞员，我习惯于评估飞行器，善于找出那些会增加乘员工作负担的设计缺陷。我很高兴自己不用给国际空间站做出试飞评价报告，因为空间站有很多我想"吐槽"的设计。比如，通信系统有这样一个缺陷：遇到紧急情况，当声音警告响起时，所有从俄罗斯段到美国段的语音通信都会被切断，只有关掉声音警告，才能恢复通信，重新和俄罗斯宇航员们对话。如果他们还没有逃进飞船，还待在空间站里的话。

问：您在太空能喝茶吗？

（提问者：凯蒂·洛克南）

答： 这也是英国宇航员们进入太空前最关注的几个问题之一，答案是：当然可以。您是不是对这个答案很满意？实际上，美国国家航空航天局每天提供三次热饮，而且我们可以自由选择，我的选择是两杯茶和一杯咖啡。好消息是，他们给我供应的是约克郡红茶，这是我最喜欢的茶饮。茶包通过了严格的微生物测试，和奶油粉包、糖一起真空密封在金属箔袋里。这种箔袋也是我们的茶杯，只要把热水加进去，就可以用吸管慢慢喝了。我们没法用普通的茶杯或者咖啡杯，失重时，水会离开杯子，四处乱飘。

在飞行前，当我得知在太空的喝茶步骤时，我马上想到一个问题，怎么才能控制饮料的浓度呢？刚开始喝的时候，茶还没泡开，浓度太小；到快喝完时，简直是在吸吮茶包，浓度太大了。为了解决这个问题，我对吸管做了一点小小的改进，它变成一个连通器，等茶泡得最适合饮用时，茶水通过连通器流进一个空的箔袋，这样我在闲暇时，就能尽情享用了。花费一番功夫得到的太空茶味道很不错，虽然这杯茶是用我们自己的尿液循环水泡的。

2008 年美国宇航员唐·佩迪特进入太空时，曾设计了一种适宜失重环境的茶杯。他利用数学建模来精确设计了杯子的形状，这个杯子在失重环境下能包住里面的咖啡，不让它们泼溅到外面，他简直是天才。杯子有一个尖角，由于液体表面张力，饮料沿着这个角流向宇航员嘴巴，就像蜡烛沿灯芯流动一样。当你喝咖啡时，嘴巴和饮料之间形成毛细通路，你可以在太空尽情啜饮热饮。为了好玩，我自己这样试过几次。不过，在这种杯子里，高温饮料只靠表面张力贴在侧壁上，总让人觉得有点危险；我通常还是采用更安全的箔袋来喝茶。

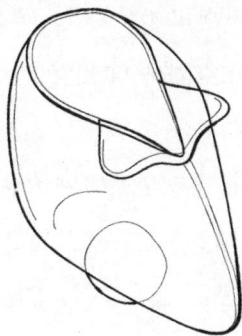

唐·佩迪特的杯子

问： **您在空间站时，看什么电影？**

答： 我们在空间站执行任务时，时间非常宝贵，很少会看电影。不过，周末船员们会聚在一起看电影，这能帮我们放松，缓解压力。我印象最深的是观看过《星球大战·原力觉醒》，早在我们 2015 年 12 月进入空间站之前，美国宇航员斯科特·凯利就曾申请将这部影片送到空间站。地面控制中心可以通过卫星通信系统传输大量科研数据，偶尔也会传送最新的影片给空间站。

几个月前，斯科特成功说服美国国家航空航天局在空间站安装投影仪和白幕布，方便宇航员们与地面之间举行视频会议，汇报工作，开展训练。过去，完成类似任务时，需要几个宇航员围在一个小电脑屏幕前，很不方便。投影仪和屏幕安装好后，对汇报工作确实大有益处，每天都能用上，不过，对宇航员来说，他们更感兴趣的是现在有大屏幕可以搞电影之夜了。

空间站大多数电影电视剧和电子文档，都不是通过卫星通信方式上传上来的，而是预先存储在空间站 1T 比特的硬盘里。当我第一次浏览文档列表，看到电影《异形》，不由得笑了，把这部电影存进来的家伙，一定很幽默（这部电影描述一个太空站的船员被异形附体，带来灭亡）。《地心引力》也在硬盘里，不过在离开地面不久前，我曾看过这部影片，我不需要再看一次来提醒自己太空行走的危险。

微重力环境最奇怪的地方在于，你能随意向各方向以各种姿势自由飘浮，看上去最自然的一种姿势是坐姿，所以，在电影之夜，我们会各自

找个地方"坐下来"欣赏影片。在飘浮的空间站中，观看《星球大战》，
欣赏一场星际战斗，这是一件很酷的事情。我甚至期待，当我打开穹顶
的窗户时，能看到一架银河帝国的星际战斗机。

问：请问您在太空如何洗衣服？

答： 空间站没有洗衣机，在这里，水是非常宝贵的资源，我们会把衣服连续
穿上几天，然后直接扔掉，换上新衣服。你可能觉得这不太卫生，实际
上还好啦。空间站温度基本恒定，衣服不像在地球上那么容易弄脏，而
且我们的一些衣物本身就含有抗菌材料，比如袜子或者运动服。空间站
储备了很多衣物，足以让我们使用半年。

按规定，我们每两三天换一次内衣，每周换一次 T 恤衫和袜子，每月换一次裤子。此外还有一些备用的休闲衬衫，方便我们在拍摄视频信息或者举行公开活动的时候穿。夜间空间站气温稍低，每人还有几件厚长袖衬衫用于保暖。

在空间站上，损耗最严重的是锻炼服，一般每周一换。不过，如果你也像我们一样每天都连续锻炼两小时，你也会像我们这样迫不及待地等待每周换上新的锻炼服。

问： **在国际空间站上，您的心跳和地表上一样吗？**

答： 研究发现，宇航员在太空的心跳比在地面时稍慢。失重环境下心脏在泵血时，不像在地表那样需要对抗重力的作用，另外从身体泵入心脏的血液量也稍少，心肌的负担减少了，心跳从而变慢了。不过，如果运动不足，肌肉会逐渐萎缩，心肌也一样，心脏也会因此缩小。调查显示，在太空时，一些宇航员的心脏比在地面时更接近球形。谢天谢地，这种变化只是暂时的，返回地面一段时间之后，他们的心脏就会恢复到原有的尺寸和形状。了解了宇航员们身体的这些变化后，研究人员可以为执行长期太空任务的宇航员们设置更合理的锻炼方案，以保证他们的身体健康。上述研究不仅对今后的火星探索或者月球基地计划至关重要，对地面上的亿万人来说，也有重大意义，因为这些研究能让我们对心脏的工作机制了解得更加透彻，有助于提升大家的生活质量。

问：您在太空怎么理发，怎么刮胡子？

答： 太空理发其实并不难。我们使用的是经过改进的理发器，有一个橡胶管直接连在真空吸尘器上，剪下的碎发都被吸走了，不会四处乱飘。在空间站，每两周我就给自己理一次发，回地面后我可不想再这样做了。

刮胡子时，我们可以选择电动剃刀，或者传统剃刀。使用电动剃刀时，要靠近空气循环过滤器，方便将剃掉的胡须吸进过滤器中。用传统剃刀时，只需要用温水润湿胡须，抹上剃须沫就可以剃了。由于表面张力，水总会沾在皮肤表面，宇航员们可以采取和在地球表面一样的方式刮胡子。不过空间站没有自来水龙头，没法用水冲洗剃刀，所以我们会用面巾来擦净刀面。

为节省时间，我只在周末用传统剃刀，平时则用电动剃刀。

问：空间站里的空气怎么样？

答： 太空舱里空气的气压是标准大气压，与地球海平面上气压一样，是101300帕斯卡。作为对比，绝大多数飞机在飞行时，舱内压强达不到这一数值。越到高空，飞机外的空气压强越小，飞行器的强度要足够高才能维持机舱内外的压强差。压强差越大，飞行器的机构越复杂、重量越大。出于成本考虑，飞机机舱内压强通常设置为海拔1830—2400米高度的空气压强，不如国际空间站的压强那么让人舒服。

空间站空气成分接近地球大气，氧气占21%，氮气占78%，这比纯氧安全，极大降低了火灾隐患。美国登月时，舱内最早采用的是 100% 的氧气，这导致了航天史上一起极为惨痛的事故。1967 年当宇航员们在阿波罗 1 号太空舱进行地面模拟训练时，电气故障引发了一场剧烈的火灾，三名宇航员全部遇难。

空间站的空气和地面的最主要区别是，空间站内二氧化碳含量很高，是地面的 10 倍，这主要是因为目前二氧化碳回收过滤装置的效能有限，虽然空间站的生命维持系统能在很短时间内将二氧化碳的比例降低，但这样做会降低这一系统的寿命。二氧化碳含量虽高，个别宇航员偶尔会头疼，状态欠佳，但总的来看二氧化碳含量还在安全范围内，而且二氧化碳对人的影响因素因人而异，一些宇航员更容易受到影响。生命维持系统是空间站最重要的设备之一，我们需要综合考虑乘员舒适度和资源的管理，适度保持二氧化碳比例。

问： 您最喜欢国际空间站的哪个按钮，它有什么作用？

答： 我很喜欢这个关于按钮的问题。在空间站日本实验舱里，有一个空气闸门，这是一扇通往太空的门。利用这一闸门，仪器可以很方便地在空间站和太空直接进出，研究人员不离开空间站，就能研究太空的微重力、极端温度、极端辐射和真空环境。在我进入空间站期间，我们还通过这一闸门发射了几颗小卫星：卫星通过闸门进入太空，再用机械臂把它们释放进预定轨道，就发射成功了。

整个国际空间站中，我最喜欢的按钮就是空气闸门的开门旋钮。每次执行任务时，我总是透过闸门上的小窗，好奇地向外窥视。窗外的宇宙深邃而黑暗，广阔无垠；而随着舱门的开启，宇宙的奥秘随之被逐渐揭开，这个过程总让我乐此不疲。

联盟号飞船上也有一些令人印象深刻的按钮。飞船上最重要的那些按钮被金属外壳包裹着，外壳和按钮用弹簧连接起来，弹簧能提供缓冲。这有点像操作计算机，当你按下删除键时，系统弹出对话框，询问你是否确认要删除。当你按下按钮时，接下来执行的操作是不可逆的，所以你最好能确定是否真要这样做。我曾担任过试飞员，出于职业习惯，我们充满好奇心，有时会错按按钮。我非常喜欢这些带弹簧的按钮，它们能帮我避免错误误操作。这些按钮被牢固地连接在对应的机械部分上，即使飞船控制程序出现重大故障，按钮也能正常工作。

联盟号上我最喜欢的按钮是用于控制飞船重入大气层的按钮。按下后，几十个爆炸螺栓同时点火，就像有人在你耳边用重机枪扫射。爆炸产生的力量将联盟号飞船分解为三个子舱，只有一个子舱有热屏蔽外壳，宇航员们乘坐这个子舱进入大气层。正常情况下，这一操作是自动进行的，但是如果意外发生，宇航员也可以手动操作，按下该按钮执行爆炸分离。

问：在太空，你最喜欢的消遣方式是什么？

答： 太空摄影。其实，进入太空之前，我对摄影并没有特别的兴趣，我在假期拍摄的照片很少有值得一看的。我是进入国际空间站以后，才发展出对摄影的兴趣。只有宇航员才有机会从太空观看我们美丽的星球，航天部门并没有浪费这些机会，在发射升空之前，已经给每位宇航员进行了系统而全面的专业摄影训练，当我进入太空时，已经能熟练使用国际空间站上的尼康 D4 相机了。

不过，只了解摄影理论和照相机硬件是不够的，还需要大量练习和提升，才能从太空拍摄出一张完美的照片。我很感谢我的同事斯科特·凯利、蒂姆·科普拉和杰夫·威廉姆斯，他们都是经验丰富的宇航员，乐于分享他们的专业知识。相对常规摄影，太空摄影有利有弊。优点是：在太空，我们有精良的装备，照相机和镜头都不错；光照良好，阳光纯净，没有干扰；摄影对象也很棒，是太阳系内最有魅力的星球——地球。缺点也很明显：空间站相对地面高速运动，速度是子弹速度的 10 倍，在这么高的速度下，我们几乎没有时间来识别和拍摄我们的目标。夜间拍照也不容易，如何在这么弱的光线下对焦、拍照，对我们是一大挑战。

为拍摄那些更令人难以捉摸的景观，比如火山喷发、金字塔、冰川或者城市，我们需要精心规划，不仅仅需要事先知道空间站何时到达目标上方，还需要考虑拍摄目标的光照和拍摄倾斜角度，从空间站哪个观察窗拍摄效果更好，当然，还有天气情况。提升太空摄影技术需要花费很多时间和精力，但我从中获得了丰厚的回报。我从没想过我能从自己拍的一些照片中获得如此大的满足感。我最满意的一张照片是一张罕见的南极照片。南极离空间站的轨道很远，很难拍清楚（见图 29）。

1. 在所有训练中，太空行走对体能要求最高，体力消耗最大，但我最喜欢。

2. 这张照片拍摄时，美国国家航空航天局还不允许我在宇航服上佩戴英国国旗。

3. 空间站机械手臂操作时，要用两只手控制手臂不同轴的运动，需要很高的空间感和方向感，我先前驾驶直升机时学到的技能很有用。图为我与同伴蒂姆·科普拉在美国国家航空航天局约翰逊宇航中心的穹顶模拟器中进行机械臂操作训练。

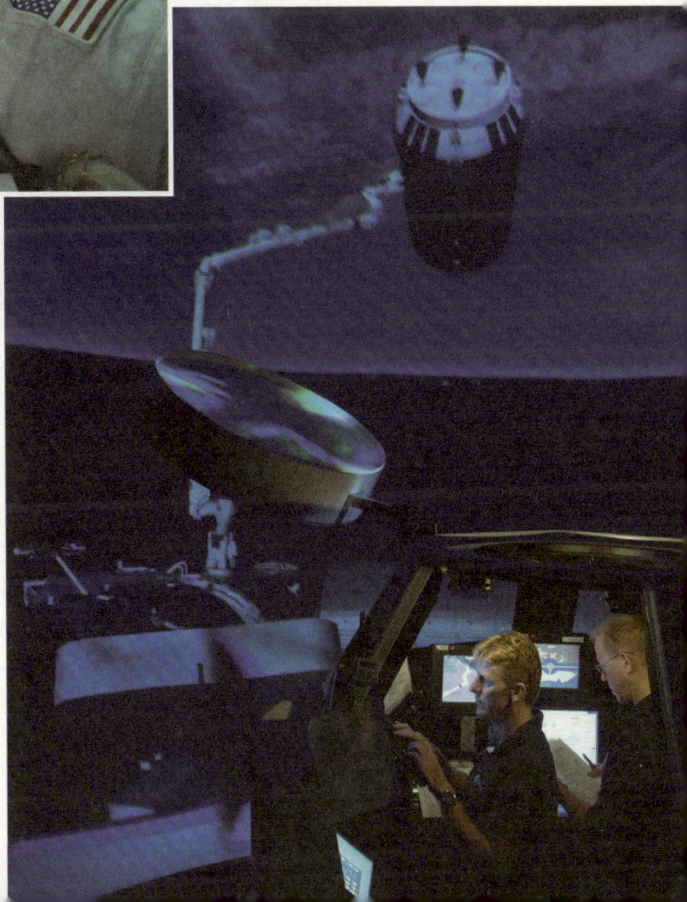

4. 乘坐空客A300零重力飞机，沿抛物线飞行，体验失重，是宇航员训练中很重要的一部分。

5. 学习水下救生技能，为美国国家航空航天局的极端环境训练项目做准备。图为作者利用便携面具，对失去意识的潜水员进行救援。

6. 执行太空行走任务时，务必保持身体平衡。图为太空行走训练的一部分，我们被绑带和索具悬挂在减重模拟器上，亲身体验在微重力环境下操作机械产生的力矩将如何影响身体的平衡。这个训练也非常有趣。

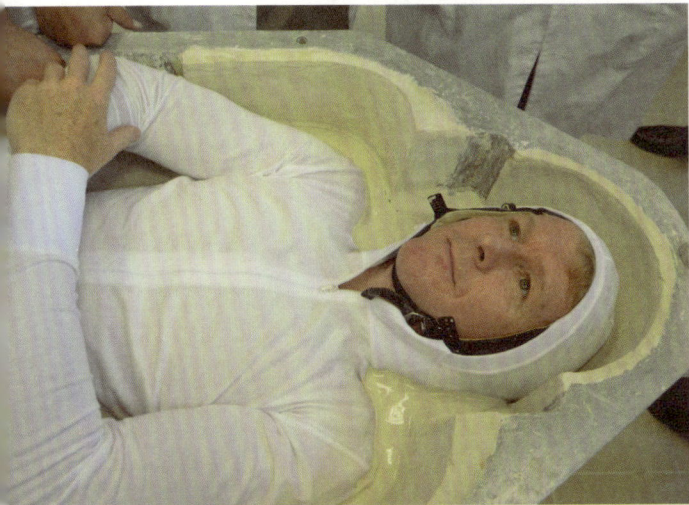

7. 重入大气层时宇航员很容易受伤，为减少伤害，联盟号的座椅都是定制的，与宇航员后背完美贴合。图为发射前几个月，作者躺在石膏模具中，配合工程师们制造座椅。

8. 空间站部分美食。太空食物要经过辐射杀菌或脱水处理，制作成罐头或以真空袋包装起来，开袋即食。这些食物没什么味道。不过，名厨赫斯顿·布卢门塔尔（见图9）精心制作了一批太空大餐，包括阿拉斯加三文鱼罐头，它有浓郁的马槟榔味道，是我在空间站最喜欢的食物。

10. 莫斯科地区冬季野外训练,时值1月,气温零下24摄氏度。经过此次训练,我们能忍受任何恶劣环境。

11. 在太空,宇航员们不用洗衣服,但野外训练时,要亲自动手洗。

12. 如果空间站着火,要尽快找出起火点,控制着火范围。在训练时,宇航员要反复进行火灾演习。

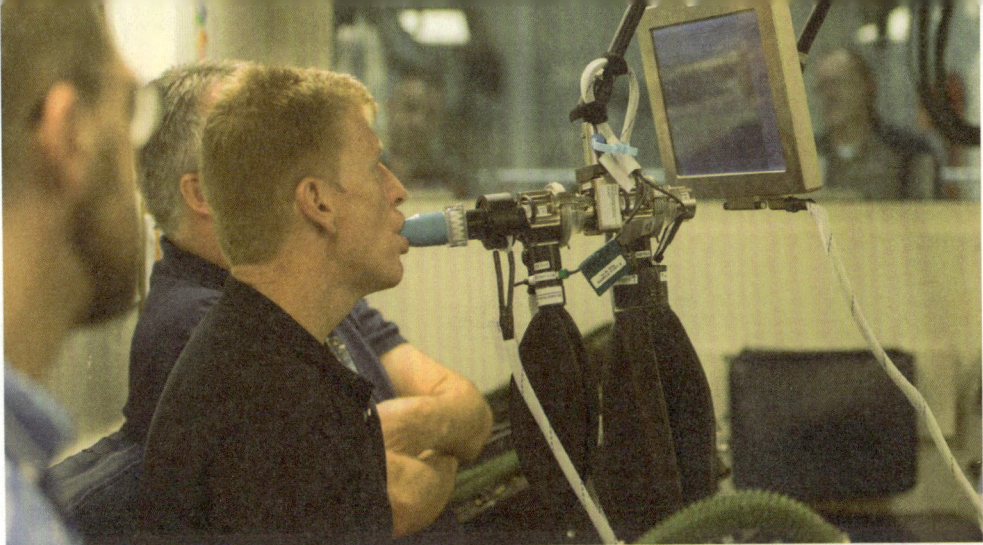

13. 宇航员们在空间站上开展很多实验，帮我们更好地了解人的身体。无论是发射前后，还是在太空中，都要采集大量身体数据和样本，以研究人体的变化。图为作者正在参与一项医学实验，通过检测低压环境下呼吸道排出的气体来研究肺部发炎情况。这项实验有助于哮喘的治疗。

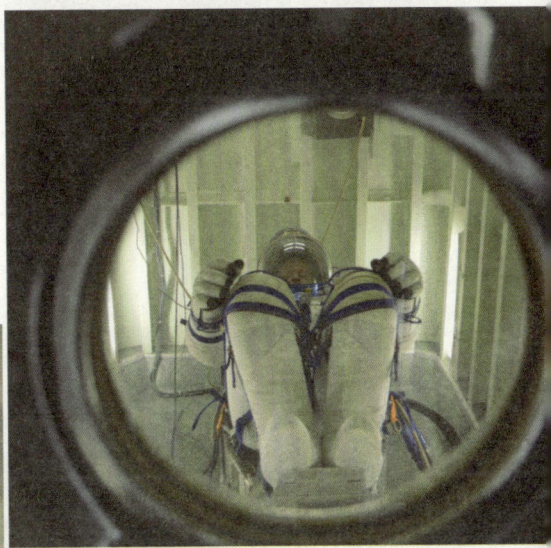

14. 在约翰逊航天中心的真空室对宇航服进行测试。

15. 在发射之前，最后一次在飞船模拟器上进行训练。

Дерево посадил
Пик Тимоти
Великобритания
2015 год

16

17

18. 遵循俄罗斯航天传统，包括：在拜科努尔的宇航员树林种树（图16，译注：这个树林在宇航员旅馆的大院里），在自己住过的房间门上签字（图17），接受东正教神父的祝福（图18）。

19. 在前往发射场的大巴里，最后一次与家人道别。

20 和 21：2015 年 12 月 15 日，联盟号火箭发射。

22. 蜷缩在狭窄的联盟号飞船飞行十多个小时之后，联盟号与国际空间站成功对接。虽然对接中遇到一些问题，但我们成功进入空间站，受到米哈伊尔·科尔尼延科、谢尔盖·沃尔科夫和斯科特·凯利的热烈欢迎。

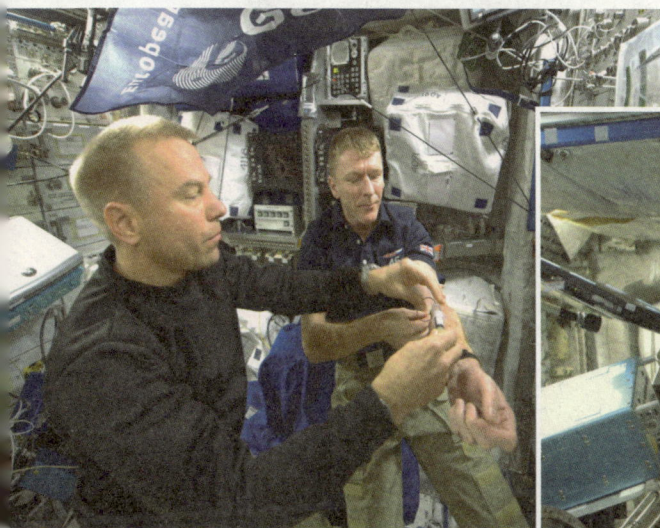

23–25. 采集科研数据是宇航员生活中很重要的一部分，我最感兴趣的是生命科学研究，无论是采集血样（图23）、检测气道感染（图24），还是监测肌肉萎缩（图25），我都兴趣盎然。

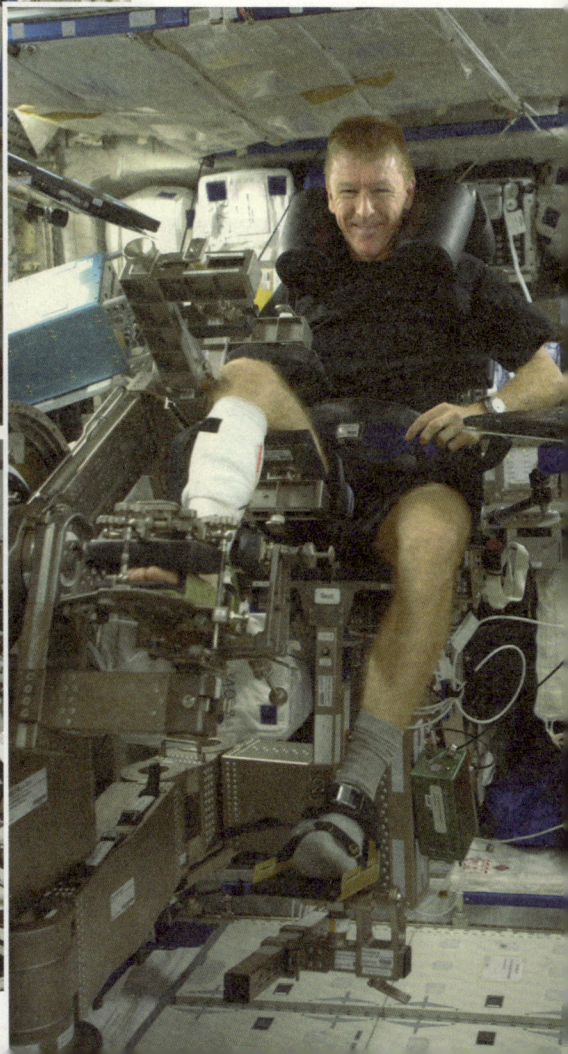

26. 每天吃着单调无味的太空食物，我们很期待补给飞船，它会带来新鲜水果。

27. 我们每两周理发一次，自己动手，剪得很难看。剃刀通过管子与真空泵相连，剪下的碎发不会在空间站四处乱飘。

28. 来自太阳的高能带电粒子穿过地球磁场，与大气分子碰撞，产生绚丽的极光，在极地上空闪烁，照片远不能表现出我们用肉眼看到的美。

29. 这张罕见的南极洲照片是我最满意的几张照片之一。南极离空间站的轨道很远，很难被拍清楚。

30. 空间站远离充满湍流的大气层，在这里星光不会闪烁，能非常清楚地看到行星和恒星。图为日出之前一小段时间，金星从地平线上升起。

空间站每天绕地球飞行 16 圈，用不了多久，你就会对地球上哪怕最偏僻的角落也了如指掌。从太空看到一些美景后，我很想去很多地方实地旅行。

31. 南美洲，安第斯山脉

32. 俄罗斯远东，堪察加半岛的火山群

33. 中国，纳木错，蒙古语名为"腾格里海"，是"天湖"的意思。

34. 加拿大哥伦比亚省，沿太平洋的海岸山脉

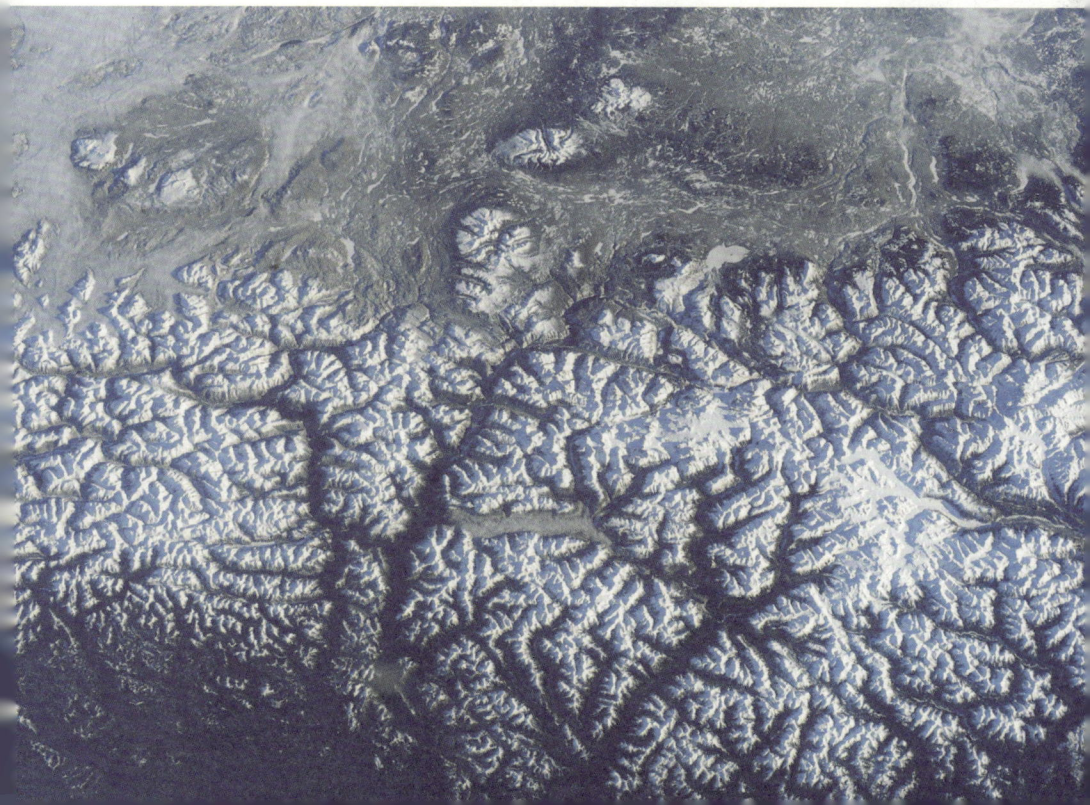

35. 哈萨克斯坦，阿拉科尔湖和阿拉木图地区

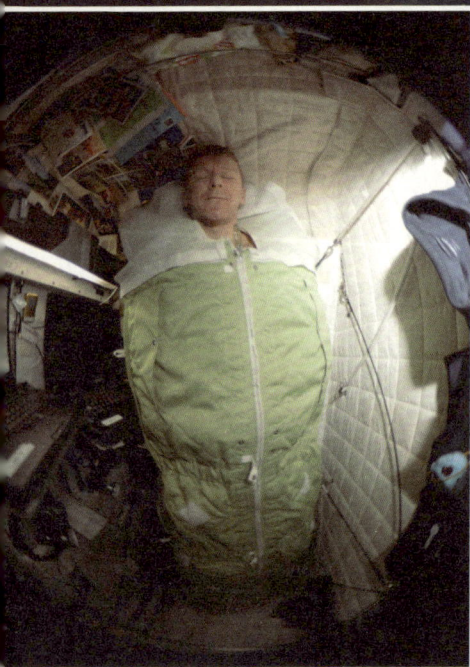

36. 在空间站睡觉不像你们想象得那么容易，宇航员要花几周时间才能习惯。在地面，你能枕着枕头放松下来，在太空找不到这种感觉，睡眠质量永远比不上地面。

37. 在任何地方跑马拉松都不容易，跑太空马拉松时，绑在身上防止我飞离的安全带造成了很多麻烦。终于跑完，脱下这些安全带后，又能重新飘浮在失重的太空，我感觉好极了。

38、39. 在空间站，最让我激动的经历是我的首次太空行走，虽然只持续了 4 小时 43 分，但为了这一天，我准备了好几年，我永远也忘不了。

40. 空间站异常繁忙，不过周日我们有一点闲暇时间，边欣赏壮阔的地球景观，边给家人朋友打打电话。

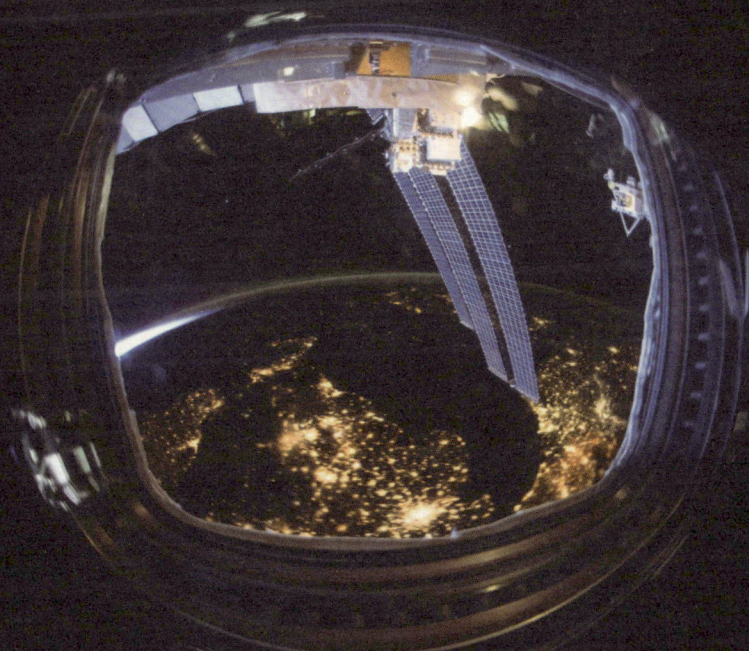

41. 在空间站生活了近半年后，我的脊椎伸长了，身高增加了2英寸。再过三周，我们就要返回地面，是时候检查联盟号的座椅是否还贴身了。

42. 飞船以一种非常野蛮的方式返回地面。刚进入大气层时飞船的高度为99.8千米，只花了短短的8分17秒，就降低到10.8千米，此时降落伞打开，飞船减速。图为着地前，软着陆火箭点火。

43. 在太空生活了这么长时间，重力让我们很难受。重返地面48小时内，宇航员们会感觉眩晕、反胃、恶心。不过，在空间站待了六个月后，能重新呼吸到新鲜的空气，我感觉棒极了。

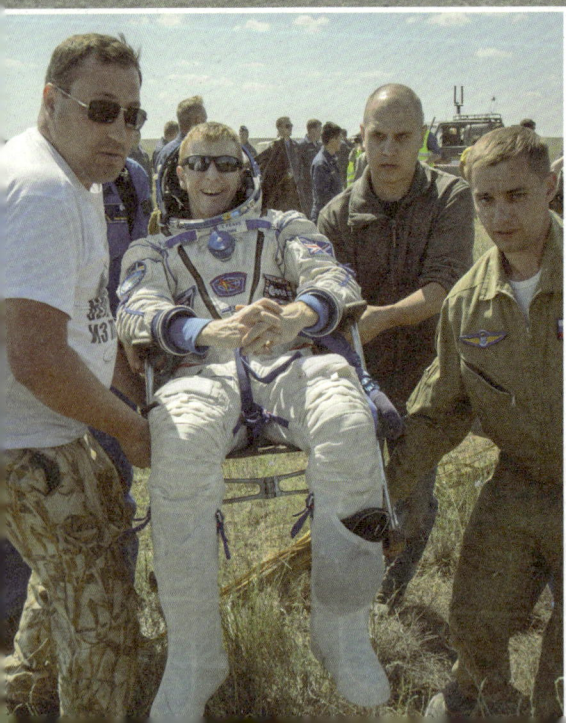

问： **你在太空吃什么食物？**

答： 在空间站，宇航员们吃的是常规食物，和我们在地球上吃到的东西一样。当然，一些食物相对来说更适合太空。运往太空的食物必须适合包装，不能在发射时破碎。另外，食物的保质期要长，能保存 18 到 24 个月而不腐烂变质。食物必须富含营养，维生素和矿物质含量均衡，有益宇航员健康。一些食物不太适宜在空间站吃，比如薯片，虽然味道鲜美，但是无论你多么小心，咬碎薯片时，在失重情况下碎屑会溅射到整个太空舱，造成很多麻烦，所以这样的易碎食物就从菜单上剔除了。

我们的太空菜单上有超过 100 种食物，种类繁多，大多数用箔袋、塑料袋或金属罐包装起来。其中一部分是脱水食物，比如蔬菜包和汤包，只要加入热水使之复原，即可食用。其他的食物，比如肉和甜点，会受到辐射处理，以后密封在箔袋里，我们会用加热器加热 20 分钟再食用。这类食物有点像军用口粮，味道还不错，虽然可能不够咸。太空食品的盐分含量通常较少，这是因为微重力下皮肤会减少钠的排放，人体 pH 值减少，加速骨质流失，因此宇航员不得不努力锻炼以保持骨质密度。

我吃到的最美味的太空食品通常是罐装食品。罐装食品历史悠久，方便储存。食物被加热到一定温度，保持好几个小时，以杀灭病菌，冷却后，进行真空包装。不过这些罐头有一个很大的问题：太重，太占体积，所以空间站的罐头不多。

此外，每名宇航员可以自己选择一些个人食品，这类食物占每个人食品总量的 10%，得精心选择。为了给宇航员们设计一种健康、营养均衡的食谱，我们面向中小学生们举办了一个英国太空食品征集大赛，获胜者将与名厨赫斯顿·布卢门塔尔会面，品尝名厨团队根据参赛食谱精心制作出的七道太空大餐。学生们的反馈令人难以置信，创意非凡。因此，我能带着由米其林星级厨师们精心制作的太空食品到国际空间站。

有经验的宇航员们也提供了很多经验，应该带哪些食物到太空。在空间站，我们也相互分享食物，让其他国家的宇航员了解自己的饮食文化。在太空我没见到薯条和鱼这样的传统英式食物。不过，我成功地让宇航员同伴们品尝到了培根三明治、咖喱鸡肉、香肠土豆泥、威士忌软糖、约克郡红茶和苏格兰脆饼等英式食品。

下表是国际空间站的一份菜单，你可以看到宇航员们能选择哪些食物。

早餐	午餐	晚餐	点心	饮料
炒鸡蛋	碗豆汤	烤牛胸肉	巧克力布丁蛋糕	咖啡
燕麦粥	莎莎酱鸡肉	牛肉方饺	酥皮杏仁饼	茶
格兰诺拉麦片	大虾意面	花生酱鸡肉	格兰诺拉麦片棒	冲泡牛奶
香肠土豆泥	沙拉金枪鱼通心粉	烤土豆	夏威夷果	可可饮料
果脯	奶油焗花椰菜	红豆米饭	柠檬蛋糕	橙汁/柠檬汁
槭糖松饼	茄子西红柿	奶油菠菜	奶油饼干	草莓汁

问：在太空，食物的味道和在地面一样吗？

答：好问题！这个问题的答案可能因人而异，在我看来，有些食物的味道在太空有所不同。我觉得，最主要的原因是我们不太能像在地面那样有那么多机会闻到食物。在地面，食物的嗅觉是我们的就餐体验中很重要的一部分；而在失重的空间站上，空气不对流，热空气不会上升，冷空气不会下沉，空气的流通主要靠循环风扇把风从天花板吹向地板，没有风从食物吹向我们的鼻子，闻到食物的机会很少。所以，最完美的解决方案是：倒立进食！

除此之外，还有一些因素会降低嗅觉：失重时，体液向头和胸部流动，宇航员会因此而面部浮肿，颅内压升高。此外空间站内尘埃也很多。由于重力，在地面上尘埃会下沉到地面，失重时尘埃会四处飘浮。颅内压的升高和灰尘浓度的升高都会引起鼻炎，导致鼻塞，降低嗅觉。

在空间站，很多东西都让人胃口欠佳，味道的缺失，只是很多因素的一部分。进食过程中，很多感觉器官是在一起工作的。我们待在一个远离地球的密闭空间，居住舱像医院里的手术室一样，光照靠人工照明，空气流通是靠循环风扇，这样的环境本来也不适宜就餐。我一直喜欢在空间站的俄罗斯段吃东西。他们餐桌周围贴了几张海报，有蓝天白云，绿色的田野和树木，美丽的小花。这么简单的布置，却让我产生一种在家的感觉，在这里就餐，我感觉饭菜味道更好。

谢天谢地，我们可以带些调味品来空间站，使食物更美味一点。在地面上，盐和胡椒是粉末状的，在失重的太空下它们会飘走，所以我们把它们调成溶液。我们还有像番茄酱、烤肉酱和塔巴斯科辣酱，可以做熏肉三明治。为了降低盐分摄入量，我经常只加一些塔巴斯科辣酱来提味。

问：你最喜欢的食物是什么？

答： 在太空，有几样食物我很喜欢，其中名厨赫斯顿·布卢门塔尔团队准备的食物当然名列榜首了，尤其是加了酸豆的阿拉斯加三文鱼罐头，我喜欢酸豆在嘴巴里爆开的感觉，味道好极了，这绝对是我的最爱。我喜欢把这些美味留到周末，这样我就有比较充裕的时间来慢慢享用了。

在太空，很多东西我们是吃不到的，一些最常见的食物，在这里也变成顶级美味了。我喜欢自己做一个花生果酱三明治，当作下午的茶点。在太空中，没有合适的面包，所以要用软玉米饼来替代，味道还不错。每周我们还能吃一个抹了蜂蜜的槭糖松饼做早餐，这样的早餐简直完美，能让人开心一整天。

从饮食中获得的满足感不只与食物的味道有关，也与进餐的社交环境有很大关系。我最喜欢每周五晚上，结束一周繁忙的工作后，全体船员聚集在一起，共进晚餐。我们都从自己的个人食品中选出一些，与同伴们分享。食物种类繁多，风格各异，这是一个真正国际化的盛宴，我印象中最美味的食物都是在每周五的晚餐中吃的。

我们总在期盼着货运飞船的来访。地面工作人员通常会在货舱口附近放一些新鲜水果。在密闭的空间站中生活了这么久，鼻子能再次闻到新鲜橙子的气味，这种感觉实在是太好了。新鲜水果对全体宇航员来说是一个巨大的享受。

好了，下面是我选择的一份太空食谱，虽然太空营养专家们可能会觉得这份食谱只是口味比较好，未必均衡健康：

早餐：培根三明治加番茄酱 *，袋装有机水果泥

餐后小吃：加蜂蜜的槭糖松饼

午餐：香肠土豆泥 *，奶油焗花椰菜，烤豆

午后小吃：花生黄油果酱三明治（用玉米饼替代面包）

晚餐：阿拉斯加三文鱼 *，奶油菠菜，奶酪焗土豆，苹果甜点 *

其中带 * 号的食物是名厨赫斯顿·布卢门塔尔团队制作的。

问：你在太空的第一餐感觉如何？食物吃进去之后会不会从胃里顶回来？

答：失重环境下，进食并不会遇到太多困难，食物的吞咽和消化更多地依赖于身体内部的肌肉，重力所起的作用并不大。你可以通过实验来证明这一点，试试在倒立的情况下吃香蕉。吞咽过程非常复杂，舌头、咽喉和食道的肌肉通过蠕动的方式将吃下的食物压进胃里。吞咽之后，食管下部的一圈肌肉会关闭食管，阻止食物和胃酸流向喉咙。如果在太空中这一功能失效，酸液将回流，导致严重的胃灼热。食物进入胃部之后，各种瓣膜和肌肉协调工作，帮你消化食物，并保证食物在体内沿着正确方向前进。

在这里我想提醒一下读者们，在进餐之后，不要像我这样再到跑步机上跑一两个小时，这样做，食物真会从胃里顶回来的，希望大家记住我这

一惨痛的教训。

就像体内其他系统一样，消化系统会逐渐适应微重力环境，而且在太空中待了几天之后，我觉得消化系统工作得更好了。刚进太空时，进餐要少量多次，直到身体适应为止。

问：宇航员在太空是不是没有什么胃口？

答：这个问题的答案因人而异。有些宇航员在太空食欲大减，也有宇航员总觉得饿，老想吃东西。就我个人而言，食欲减少了一点，但不太明显。每到就餐时间，我还是很想吃东西，但是吃了一些食物就会觉得饱了，进食量比在地球上要少。我们的太空食品都是小包装的，量非常小，即使这样我还是吃不了太多。

到太空前几周，我体重减少了 5 千克。原因有两个：一是在太空不需要那么多体液（比如，很多宇航员会面部浮肿，原因就是体液过多），另一个原因是进食量减少。宇航员在太空的饮食是受到定期监测的。地面团队对我进行第一次营养评估时，认为我应该加大热量的摄入。对此我高兴坏了，这个评估简直是美食通行证，我没必要再约束自己，可以每晚都吃美味的巧克力布丁和其他甜点了。之后，通过力量训练和足够的饮食，我恢复了大部分体重。当我回到地面时，体重只比进入太空前的 70 千克体重减少了一点。

问：如果宇航员生病，或者受伤，如何处理？

答：宇航员们都受过全面的急救训练。此外，空间站上总是会有两名或以上的医务船员，他们能做一些基本的外科和牙科手术，比如缝合伤口、拔牙、补牙。蒂姆·科普拉和我都是接受过系统训练，获得了资格的医务船员。空间站有药柜，里面有止痛药、抗组胺药、助眠药、抗生素和局部麻醉剂等各种药物。空间站与地面保持着频繁的通信，绝大多数情况下宇航员们不会病得太厉害，受伤不会很严重，不会有生命危险，机组人员有充足的时间与地面医学专家们进行详细的磋商，来决定如何更好地治疗病人。

如果宇航员患上严重疾病，比如阑尾炎，地面医学团队会对病人进行评估，以决定是否给患者注射抗生素，让患者继续留在太空，还是让患者返回地面（这种可能性比较小）。从这个角度来看，相对地面上很多地方来说，国际空间站并不算与世隔绝。比如，南极洲的大部分研究站在冬季无法进入，一旦生病，病人无法离开这些研究站。而在国际空间站，我们有联盟号飞船随时待命，一旦有需要，它可以在几个小时内运送病人回到地面，虽然这会耽误空间站的研究计划，但是宇航员们的生命安全可以得到保证。不过，联盟号飞船虽然能起救生艇的作用，但它并非理想的救生船。飞船非常狭窄，乘员很不舒服；返回大气层的过程即使对健康人来说，也是一件非常痛苦的经历，更别说是受到阑尾炎折磨的病人了。

空间站还配备了自动体外心脏除颤器等急救设施，每个宇航员都接受过急诊训练，对多种紧急状况进行过针对性练习，内容包括心肺复苏技术、骨髓腔内注射技术等。失重时，做心肺复苏真不容易！首先，必须把病人安全地绑在手术台上，参加急救的宇航员自己也要用带子绑住下肢，以防飘离手术台，其他宇航员跨在病人身上，或者倒立在病人胸前，方便胸部按压。

宇航员最有可能受到的外伤是撕裂伤、骨折和眼外伤。失重状态下宇航员在太空舱内飘浮，通过太空舱舱口或拐角时，一不小心，头就会撞到各种金属设备。此外，物体在失重的空间站更容易移动，虽然处于失重状态，但速度太快、质量太大的物体（比如我们质量高达 145 千克的 EVA 太空服）也会造成危险，甚至会导致骨折。在空间站，宇航员们经常要移动好几百千克质量的实验台，这时需要时刻保持警惕，不要卡住身体任何部分。此外，眼伤也很常见，失重环境下尘埃微粒不会下沉到地板，而是被循环风扇带动，在太空舱流动，宇航员的眼睛很容易进异物。因此，使用工具和实验设备时，我们总是想尽办法来减少金属碎屑的产生，减少对大家的伤害。

谢天谢地，迄今为止，国际空间站还没发生过重大的事故，在我执行太空任务期间，没有任何宇航员受伤。

你知道吗？
Did you know?

宇航员在进入太空前并不需要割除阑尾。

问：如果空间站发生火灾，如何处理？

答：我在国际空间站执行任务期间，遇到过几次火灾警告，谢天谢地，都是训练用的假火警。当然，我们每次都非常认真地对待。如果遇到火警，先要通知其他宇航员，一起撤离到安全区域，再判断是不是真正的火灾，能否扑灭，要不要撤离空间站。有时候火灾很大，能看到明火，浓烟滚滚，1997 年和平号空间站就发生过这样一起火灾，当时一个氧气管被点燃，产生了猛烈的火焰，长达一米，空间站受损严重，宇航员们有生命危险。美国宇航员杰里·林格博士当时在现场，用他的话说，火焰就像一盏愤怒的喷灯一样猛烈。

火灾大概是宇航员在太空时最害怕的几件事情之一。和平号太空站的火灾之所以特别危险，是因为起火后火势增长迅猛，烧向太空舱墙壁，即将烧穿墙体。如果真的烧穿了，宇航员们将在几分钟之内窒息而死，因为舱内的气体很快就会泄漏到外界的真空。而且，火焰挡住了逃离通道，宇航员们无法疏散到救生船上。宇航员们戴着氧气面罩试图灭火，但是不起作用。幸好太空舱内的氧气耗尽后火焰自动熄灭，整个空间站内浓烟弥漫，但空气净化循环系统最终让舱内空气重新适宜呼吸，宇航员们得以幸存。

同样让人担心的是小火灾，除了燃烧产生的气味，或者烟雾探测器发出的警报，你没有其他办法发觉到火灾的发生。空间站很大，有几百块布满电气设备的仪表盘，在火势蔓延之前，宇航员们必须快速定位着火区域，切断电力供应，扑灭火焰。在空间站，起火常常由电造成，所以要先断电。

国际空间站根据火灾发生的地点和严重程度，对火灾进行了分类，每种火灾都有标准的应对方案。我们一般分成几个小组，通常有两名宇航员留在安全避难区域，负责与地面进行通信，并通过计算机来控制空间站；另外两名宇航员则戴上呼吸面罩，前往着火区域，用二氧化碳或水雾、泡沫灭火器灭火；其他两名宇航员则支援灭火团队，负责各种设备的回收、未着火的太空舱的关闭，以防止烟雾蔓延。整个过程需要整个团队非常精细地相互协作，因此进入太空前，宇航员们要花费很多时间来进行针对性训练，到最后，我们都对整个流程异常熟练，对火灾的反应变成了自己的第二天性。

烟雾报警器与空间站的自动响应系统相连接，一旦警报响起，空气循环系统将自动关闭，以免继续向着火区域供氧，并减慢烟雾扩散速度。我们有专业的手持式探测器，可测量空气中一氧化碳和其他有害气体的浓度，帮我们判断能否摘下呼吸面罩。空间站上还有专门用于火灾之后空气净化的过滤设备，能使国际空间站恢复正常工作状态。只有在火灾极为猛烈的情况下，宇航员们才会撤离空间站，进入联盟号飞船，准备返回地球。

有趣的是，联盟号飞船上没有灭火器。在这里，灭火的方法很简单：戴上头盔，打开飞船舱门，使整个飞船减压，没有氧气之后火焰会自动熄灭！

问：空间站的网速怎么样？

答：如果是个人用途，网速极慢。还有人记得拨号上网吗？比那个时代的网速还差。

国际空间站对地面的通信技术进步很大，最早时，只有当空间站接近地面联络站时，才能进行短时间的语音通信，而现在我已经能在太空上网，进入推特，写下这个问题的回答了。实际上，直到 2010 年 1 月，国际空间站才接入互联网，当时美国宇航员克莱默发布了第一条太空推特：推友们你们好！我们正在从国际空间站向你们现场发推，这是有史以来第一条太空推特，欢迎转推。

有一点要强调一下：空间站与地面之间的数据传输速度其实是很快的，只是对个人的非工作用途的网络通信进行了限制。天地通信数据依靠高轨道的同步卫星网络来传输和中继，这条通信线路主要用于监控和指挥国际空间站的运作，上传科学实验所需的数据，下载我们的实验结果，不是给宇航员们晚上刷推特用的。谁不喜欢网速更快呢？我也希望能够快速连接到互联网，用用谷歌地图这样的应用程序，在国际空间站我们的地图工具很有限。很多时候，我们甚至还要翻开纸质的《兰德·麦克纳利世界地图集》来辨认每天拍下的地貌和城市在地球的准确位置。

联网速度不固定，根据分配给我们的带宽而变化，有时打开一个网页都要 1 分钟以上，有时只要 5 到 10 秒，网速从来没快到能够流畅地播放流媒体格式的网络视频。夜间不需要传输大量实验数据，有更多带宽分配给个人使用时，网速稍好一点。

问：国际空间站的无线局域网网速怎么样？

答： 国际空间站的美国段有几个无线热点提供无线网络，虽然不能接入互联网，但是可以连接空间站的仪器设备，这样我们就能用苹果平板电脑来获取我们的日程表，控制一些硬件设备，这极大地提高了工作效率。在执行任务前我们经常要去取一些工具和设备，完成任务后再依次放回。手头有平板电脑后，我可以很方便地检查清单，所有的东西都很容易找到。

问： **从国际空间站登录推特和脸书的体验如何？**

答： 宇航员休息区有两台笔记本电脑，其中一台连接到工作网络上，我们用它读取日常工作所需的重要数据，比如日程表、各项实验的操作步骤、电子邮件以及其他必需的工具和应用程序。为了保护这些重要数据，这台电脑不接入互联网。需要上网时，我们用另一台电脑，在推特上发布信息，更新脸书状况。

这台电脑其实也没有直接连接到互联网上，我们是远程连接到休斯敦的一台计算机，通过这台计算机上网的，通过这样一个简单的办法就能避免对空间站计算机的网络攻击。在推特和脸书上更新状态，阅读评语，与大家实时交流，让我们感觉到与地面的世界紧密相连，不过耗时太多。

要在推特上发布一张照片，我首先要把它上传到第一台计算机上，把照片发回我的个人邮箱。然后换用第二台计算机，远程连接到休斯敦，接入互联网，进入邮箱，下载图片，保存到休斯敦的电脑上，然后登录推特，发布照片，整个过程至少也要五分钟。

在太空，大部分工作是团队合作完成的，宇航员们很少孤军奋战，在社交媒体上发帖也是一样，我们真正花在社交媒体上的时间很少，很多时候帖子是地面团队帮我们发的。以我自己为例，我先把要发布的图片和文字发给欧洲空间局的地面维护团队，由他们在推特和脸书上代发。这个小团队出色地管理着我所有的太空照片、视频和社交媒体帖子。维护公共关系，向公众介绍宇航员们在太空的工作和生活，分享从太空拍摄的地球图像，在社交媒体上与感兴趣的网友们交流，是航天工作的重要组成部分。

问：在太空你们一般怎么锻炼身体？

（提问者：莱斯特市梅勒社区小学，阿西亚同学）

答：在太空中，宇航员要进行大量的高强度训练，以保持身体健康，在失重环境下更好地工作；任务结束回到地面后，经常锻炼、身体状态好的宇航员，身体能更快地重新适应重力。问题是，人类的身体对新环境的适应能力太好了！在太空停留一段时间之后，人的身体会自动调整到最适宜失重的状态，由于任何动作都不太费力，宇航员们的肌肉会萎缩，力量会减少，骨质迅速流失，骨骼矿物质密度降低，心血管也会出问题。如果身体一直保持这种状态，等我们回到地面，或登陆月球或火星表面，重新面对重力时，就会有大麻烦了。为对抗失重的影响，宇航员们需要做很多针对性锻炼。

空间站有三台特制健身器：举重机、跑步机和自行车机。举重机是一台非常复杂的装置，全称叫先进阻力运动装置，它有两个气缸，由活塞驱动，能产生高达 270 千克的拉力，我们用它来进行各种训练，比如俯卧撑、腿屈伸、举重、肩推、卧推、仰卧起坐、上提、弯举等。通过这些动作，人体所有的重要肌肉群都可以得到锻炼。这台举重机安装在太空站穹顶的正上方，在锻炼之间短暂休息时，我们可以飘向穹顶，俯视下方壮阔的美景。

另一台我们每天都用的健身器是空间站跑步机，也称作 T2，在失重状态下使用跑步机时，要系上固定背带来产生一股向下的拉力，把我们摁在跑步机上。改变背带的挂钩位置，能改变背带长度，从而改变拉力。不同的锻炼方式，我们会设置不同的拉力，跑步时通常将拉力设置成我们体重的 70%。空间站的跑步机可以设置为常规的动力模式，这与大多数跑步机一样。不过，我们的跑步机还可以设置成被动模式，跑步机的跑带不受拉力，需要宇航员用力踩踏，带动跑带转动。这种方式的训练强度很大，宇航员要克服很大的阻力才能让跑带转起来。这台跑步机能让我们进行高强度耐力训练，有助于克服失重造成的肌肉萎缩和骨质流失、心血管功能衰退等问题。

第三种健身器材是自行车机，主要用于心血管调节。在太空中骑车最大的好处就是你不需要座位，它只是增加了不必要的重量和体积。为防止在反作用力下飘走，提高蹬踏效率，我们用专门的锁鞋把脚稳稳地固定在踏板上，抓住扶手使自己稳定下来，然后踩着踏板开始运动。

宇航员们首次进入空间站时，需要花一段时间来适应这些器械，比如跑步机的背带就让人不太习惯。举重机的使用也不简单，运动时身体不太稳定，因为失重环境下不便于借力，因此宇航员们在锻炼时，身上有重重的负荷，很容易会由于身体不稳而受伤。我们在执行太空任务时，会不断增加其运动强度，增加负载，保持身体健康，并以良好的状态返回地球。

我很喜欢在太空做运动，没进入太空之前我就一直喜欢运动；此外，运动能让大脑放松。在国际空间站上工作，宇航员们要阅读大量材料，熟悉各种操作流程，关注各种细节，注意力要高度集中。每天紧张的工作结束后，一边进行高强度的身体锻炼，一边听悦耳的音乐或者有趣的广播，是我缓解工作压力的最好方式。

问: 在太空参加马拉松，是不是很困难？

答: 我想，在任何地方跑马拉松都不容易。我在太空时，埃迪·伊扎德完成了一个举世震惊的壮举，为了给慈善事业筹款，他横穿南非，在 27 天里连续跑了 27 次马拉松。很荣幸，在他即将完成最后一次两倍里程的马拉松跑的前一天晚上，我能有机会从空间站打电话，向他本人祝贺。埃迪的壮举是鼓舞我参加太空马拉松赛的原动力之一；与他取得的令人难以置信的成功相比，我在空间站的 T2 跑步机上完成的这个马拉松不值一提。

我第一次参加伦敦马拉松是在 1999 年，当时我年仅 27 岁，只用了 3 小时 15 分钟就完成比赛了。直到今天，我还记得赛道两边的观众对我们的热情鼓励，周围所有人都那么友善，愉快。太空马拉松挑战赛这天，地面任务控制中心向我们转播了 BBC 对伦敦马拉松赛的比赛报道。因此我在太空奔跑时，能实时看到地面的赛事，对此我非常感激，这让我感觉自己的跑步也是脚下地球上赛事的一部分。宇航员在太空跑步要遵循训练规范，不太自由，因此我没打算打破任何马拉松纪录，在失重的空间站的跑步机上跑步，客观条件也不允许我跑太长时间。我打算跑四个小时，作为一个马拉松，应该已经足够了。进入太空之前，我还在欧洲宇航员中心受训时，我的团队就针对这一目标制订了专项训练计划。

然而，跑完半个马拉松后，我发现肩膀和腰被跑步机安全带拉伤了，这些安全带的目的是把我们拉回跑步机，使我们不在跑步时飞出去。安全带的拉力被我设置成体重的70%，这样一来，跑步比在地面上要轻松点。不过，失重情况下穿安全带跑步时姿势不太自然，要蹦跳着跑步，需要额外用力。我稍微加快步伐来缓解肩膀疼痛。跑完18英里之后，安全带已经让我痛苦万分。如果不提高速度尽早结束马拉松比赛，我可能都跑不完马拉松了。在德国科隆，欧洲空间局的地面维护团队正在密切监视着我跑步时的各项生理参数，但他们不知道我肩膀所受到的折磨，还以为我在全力冲刺，奔向终点。

此次太空跑步也被直播回地面，我得到了欧洲空间局的地面维护团队、参赛的数千跑步者，以及全球观众的很多鼓励，一些支持者甚至打扮成宇航员参加这次马拉松。最后几英里时，我疼痛难忍，没有这些人的鼓励，我可能无法坚持下来。我从未像今天这样这么感谢电视直播。最终，我花了3小时35分钟完成了此次马拉松。脱下安全带之后，我一动不动地飘浮在失重的太空，感觉极为放松。整整休息了三天，我的淤

伤才逐渐缓解，我才能再重新套上安全带，重新进行跑步训练。是的，马拉松比赛异常艰苦，但这也是我此次太空任务的亮点之一，我为自己能完成这项比赛而自豪。

问：我的问题可能比较愚蠢：您跑太空马拉松时，汗液跑到哪里去了？是以液滴的形式飘在空中，还是留在身体表面，让你变得更热？

（提问者：卡洛琳·马伦德）

答：这其实是一个很好的问题。我曾以为汗水会形成液滴粘在皮肤上，不会被重力拉向地面。胳膊和腿上的汗液确实如此。有趣的是，脸上和头上的汗水不太相同。跑步时小汗滴会逐渐汇聚成一个大液滴，并随着身体的运动移到头顶，在头发里晃来晃去。每 20 分钟我就得用毛巾把头顶

的汗液擦掉。我习惯在低温高湿的环境下跑步，在英国经常下毛毛雨，这是我最喜欢的跑步天气。空间站的温度设置在 21 摄氏度，比我习惯的运动温度要高很多，我流汗很多，需要补充大量水分。

问：你带了哪些东西进空间站？

答：带哪些东西进太空，需要细致周全的规划，宇航员们很早就在为此做准备。在太空中所需要用到的绝大部分物资在我们发射升空之前 18 个月就已经精心准备好了，在随后的时间里用补给飞船分批次运往空间站。主要是食物、宇航员衣物、盥洗用品，以及少量个人设备，比如文具、手电筒和万能工具，体育锻炼装备（比如自行车鞋、T2 跑步机的安全带、跑步训练器等）。等我们进入国际空间站，这里已经有足够的物资来保障我们的工作和生活。

除了上述必需品，每名宇航员还可以携带两个鞋盒大小的私人物品。我们会满足家人和朋友以及各种社会组织和慈善机构的愿望，为他们带各种各样的东西到太空。候选物品清单很长，需要仔细选择，精心规划。我首先选择了几件 T 恤。由于要参加 2016 伦敦马拉松赛事，我要提前一年带上比赛用的跑步衫。作为英式橄榄球的超级粉丝，我打算观看苏格兰皇家银行冠名的六国橄榄球锦标赛，为此我也带上了苏格兰橄榄球衫。此外我还带了一些"帮助英雄"、罗利国际、王子信托等慈善机构的 T 恤到太空。此外，我参与了很多机构的太空教育拓展项目，比如 X 任务项目，太空树莓派，火箭科学项目，无限空间中心、宇航学院的项目，等等。因此我也带了很多为太空教学专门定制的硬件。为庆祝英格兰的圣乔治节，苏格兰的圣安德鲁节，威尔士的圣大卫节，爱尔兰的圣帕特里克节，我还专门带了一些旗帜，打算在这些节日时把旗帜挂在空间站的欧洲实验舱，并拍摄庆祝视频。

作为标准的英国人，我也偷偷准备了礼服式 T 恤，以防万一。事实证明，这是一个很好的选择。我有幸被邀请，从太空为著名歌星阿黛尔颁发她的全球成就奖，在这种场合下，这件 T 恤棒极了。把这些东西打包好之后，我的全部私人物品空间基本已经被塞满了，我只能再勉强塞进家人和朋友的一些照片，我用这些照片来装饰自己的睡眠舱。最后一样东西也来自我家人。我妻子体贴入微，她剪下我两个儿子——6 岁的托马斯和 4 岁的奥利弗——睡觉用的毯子的一角，让它也进入太空，陪在我身边。

俄罗斯人很慷慨，在联盟号飞船给我们提供了另外 1.5 千克的随身物品配额。这一配额很有用，我们可以在发射升空之前添加先前规划时未曾想到的东西。我带上了海伦·沙尔曼借给我的加加林著作《通往星星之路》，以及一些个人用品。尽管国际空间站上已经有大量医疗物资，但是联盟号仍给了每个宇航员一些药物配额，我们能携带任何我们想要的少量个人药物，以更好地完成接下来六个月的太空任务。而且，更重要的是，我们的舱外活动太空服的手套也随着我们一起到太空，虽然宇航服的其他部分是模块化的，一直在空间站，但是手套是针对每个宇航员定制的，通常随宇航员一起上天（译注：有一些宇航员会在手套里藏些个人物品）。

问：你在太空时，遇到的最好玩的事情是什么？

答： 在太空中，给我印象最深刻的，反倒不是从太空眺望地球的壮美景观，或者失重时获得解放的那种自由自在的感觉，而是宇航员之间同甘共苦的情谊。我觉得自己特别幸运，能与这么多优秀的宇航员一起度过在国际空间站的这段美好时光。空间站的工作氛围受指令长的影响，我抵达时，担任这项职务的是美国宇航员斯科特·凯利，他在这里已经工作九个月了，还有三个月他的太空任务就结束了。斯科特是我见过的最优秀的宇航员，工作异常勤奋、高效，判断力很好，极为敏锐。他很容易相处，对同伴们的小错误很宽容，幽默感很强。

斯科特不知道用什么方法，居然把一件大猩猩服送到空间站来了。这事很少有人知道，当他悄悄告诉我他有套大猩猩服时，我还以为他在开玩笑，即使有，也可能只是一个猩猩面具，没有谁能有这个本事，把这么大的一套衣服带到太空吧。这天晚些时候，我才发现我错了，因为我在三号节点舱，居然撞到一个大猩猩！这是斯科特扮演的，他全身都裹在大猩猩服里，打算藏在蒂姆·科普拉的睡眠舱，然后突然跳出来，吓蒂姆一跳。斯科特让我去告诉蒂姆，去给地面任务控制中心打个电话。打这个电话，睡眠舱所在的居住区是最方便的。

等斯科特藏好，我就找到蒂姆，让他打这个电话。蒂姆果然直接前往居住区，结果和一个毛茸茸的大猩猩撞在一起，完全出乎意料，看上去特别有趣。这可能是我在太空所遇到的最好玩的一件事，至少是我能告诉你的最好玩的一个！

热点问题
Hot spots

问：宇航员戴什么手表？

答：目前，欧洲空间局的宇航员们戴的是欧米茄超霸系列 X-33 天行者手表。这款手表是欧米茄公司和欧洲空间局合作研制的，它有几个功能，特别适宜宇航员们执行太空任务，比如多重报警功能，音量极大，在很强的背景噪声下也能听到。宇航员们可以任意选择他们想要的手表，只要它通过了美国国家航空航天局的安全要求。比如，手表的电池需要符合一定的要求；受撞击之后，表盖不能变成碎片，蓝宝石玻璃表盖就不满足要求，失重环境下，碎片飘浮在空中，可能会对宇航员的眼睛造成严重损伤；所以，最好使用耐用的防碎材质做表盖，比如合成晶体。

问：你在国际空间站上最称手的工具是什么？

答：我总是随身带着一个小手电筒和一个莱瑟曼多用军刀。这两样东西我每天都要用上几次。我们经常要在空间站的一些光照不足的角落找东西，手电筒总能派上用场。

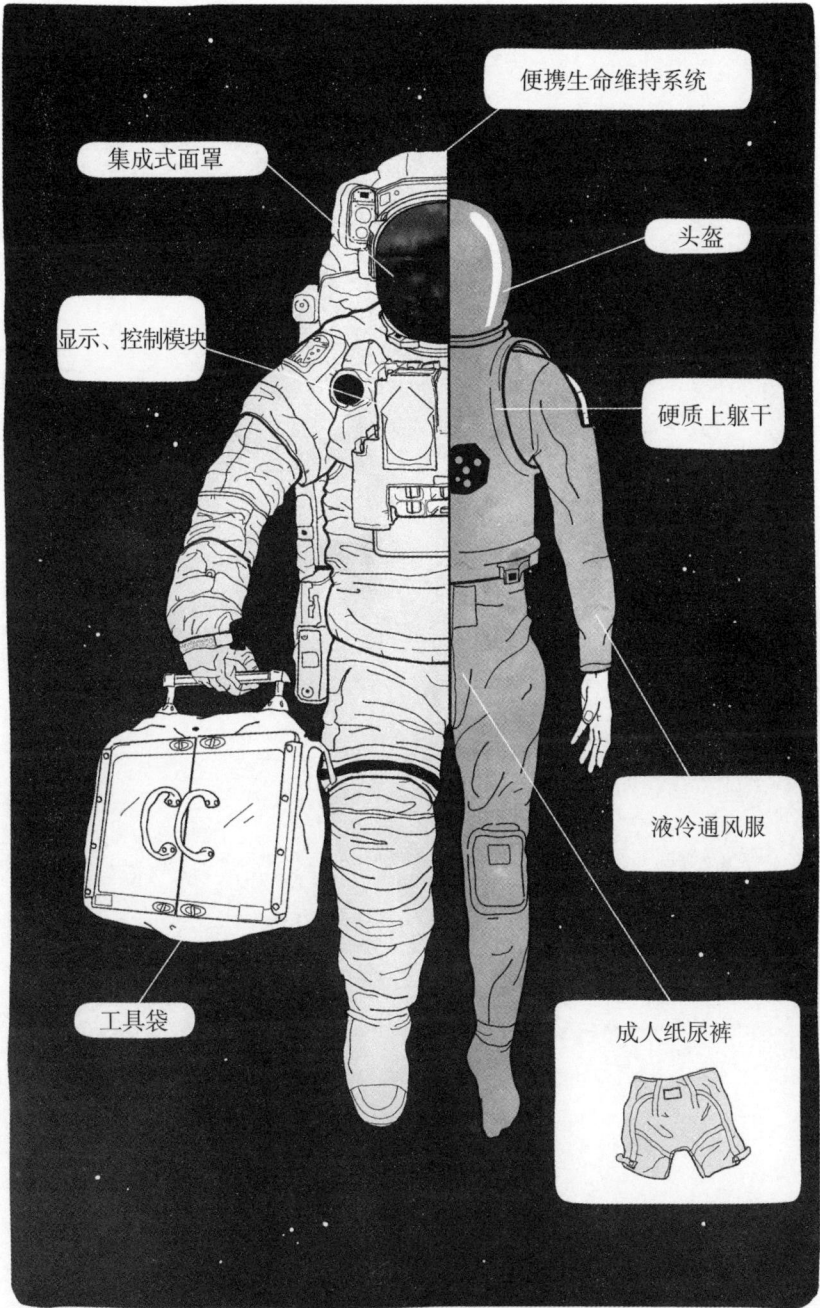

便携生命维持系统

集成式面罩

头盔

显示、控制模块

硬质上躯干

液冷通风服

工具袋

成人纸尿裤

太空行走
SPACEWALKING

Ask
an
Astronaut

问：您在国际空间站上印象最深刻的经历是什么？

（提问者：斯蒂芬·韦伯）

答： 当然是太空行走了。2016 年 1 月 15 日星期五，格林尼治时间下午 12
点 55 分，我和蒂姆·科普拉获得飞行控制中心的批准，准备通过空间
站气闸舱进入太空，去修理出故障的太阳能电池板。我们每人带着一个
工具袋，以及用来替换的电压调节器，这是一个小冰箱大小的盒子。在
地球上，这项维修工作极为平常。但现在，我们是在太空进行维修。这
里没有空间站来庇护我们，环境极为恶劣，温度变化剧烈，阳光能照
射的地方，温度高达 200 摄氏度，而阴影区域温度则低至零下 200 摄氏
度。昼夜转换很快，白天只持续 45 分钟。这项工作还有生命危险，微
型陨石随时会击中宇航服；更可怕的是，我们可能会无意中松开把我们
和空间站连接起来的线缆，远离空间站，无助地飘浮在太空，最后耗尽
氧气而死亡。

虽然此次太空行走只持续了 4 小时 43 分，但是，为这一天，我已经准
备了多年，永远忘不了每一个细节。我们飘浮在太空，脚下 400 千米以
外，是辽阔的大地，在这样一个危险而又神奇的地方，从事一项前所未
有的工作，有一种超现实的感觉，我激动得发抖。在介绍我的太空行走
过程之前，我们先来了解一下这一领域的先驱者。

问： **历史上第一次太空行走是在什么时间？**

答： 2015 年 11 月 30 日星期一，俄罗斯星城，我和蒂姆·科普拉、尤里·马连琴科三名宇航员正在参加告别早餐。这是俄罗斯历史悠久的众多航天传统之一，吃过这一餐，我们就要离开星城，前往拜科努尔，准备进入太空。此次早餐是星城的朋友和同事们向我们告别的最后机会。我们坐在一张长桌后面，桌子上摆满了丰盛的俄罗斯食物：各种肉类、奶酪、面包、水果和糕点。刚过 8 点，一位德高望重的俄罗斯绅士举杯向大家致祝酒词，祝我们此次太空之行一切顺利，圆满完成任务。他一开口，本来拥挤而又喧闹的房间就安静下来，他饱含热情，口才甚佳，声音极为洪亮，你想象不到他已经 81 岁了。我手拿伏特加，和其他人一样，认真地聆听他的每一句话。这人就是著名的阿列克谢·列昂诺夫，50 年前，他完成了人类历史上第一次太空行走，两次荣获"苏联英雄"称号。

列昂诺夫曾担任战斗机飞行员，经过选拔后成为宇航员。1965 年 3 月 18 日，他乘坐上升 2 号飞船进入太空，在飞行期间完成航天史上第一次舱外任务，成为太空行走第一人。这是继尤里·加加林近四年前首次完成绕地球飞行之后，人类在太空探索征程上取得的又一个具有划时代意义的壮举，苏联再一次在太空击败美国。此次舱外活动持续了 24 分钟，其中自由飘浮时间为 12 分 9 秒。虽然耗时不长，列昂诺夫却经受了生死考验。在真空环境下，他所穿的金鹰舱外宇航服膨胀得很厉害，手指从手套里滑出，脚伸不进靴子，这给返回座舱带来极大麻烦。宇航服由脐带和飞船相连，但是列昂诺夫四肢活动困难，无法拉着脐带返回座舱，只能通过降低气压减少宇航服体积来返回。按飞行规则，宇航员自救前，要向地面指挥中心请示，指挥中心同意前，要详细研究宇航员各项生命指标，这会延误很多时间。于是，列昂诺夫果断采取行动，使用调节器逐步减压。这么做，他冒了生命危险，他可能会缺氧，或者患上减压病。但这是他目前的唯一选择，如果不能及时回到气闸舱，他也会耗尽氧气而死。当他最终碰到气闸舱时，他的身体出现了减压病的第一个症状——针刺感。列昂诺夫以当时唯一可能的方式进入了气闸舱：头先进入，脚后进入，虽然按照操作规范，应该是先进脚后进头。这就带来另一个问题：气闸舱极为狭窄，只能刚刚容纳宇航服，根本没有空间让他转身来关闭舱门。由于体力消耗极大，精神高度紧张，列昂诺夫体温急剧升高，险些中暑，大量汗水挡住了视线。他冒着极大的危险，再次降低宇航服内的气压，减少宇航服体积，极力把自己的身体对折起来，最终将气闸舱的门关上以便对气闸舱重新加压，并回到飞船座舱中。

当我和这个伟人握手时，我很想知道自己是否有机会追随他的脚步，也执行一次太空行走任务。幸运的是，没过多久我就知道答案了。我们的太空任务开始后不久，我和蒂姆·科普拉获得了批准，将执行国际空间站的第192次太空行走任务。我终于有机会实现我毕生的梦想了。

你知道吗？
Did you know?

下表是太空行走时间最长的 10 位宇航员：

排名	宇航员	所属机构	太空行走次数	总时间（小时：分钟）
1	阿纳托利·索洛维约夫	俄罗斯联邦航天局	16	82:22
2	迈克尔·洛佩兹·阿莱格里亚	美国国家航空航天局	10	67:40
3	佩吉·惠特森	美国国家航空航天局	10	60:21
4	杰瑞·罗斯	美国国家航空航天局	9	58:32
5	约翰·古斯菲尔德	美国国家航空航天局	8	58:30
6	理查德·马斯特拉基奥	美国国家航空航天局	9	53:04
7	费奥多尔·雅奇金	俄罗斯联邦航天局	8	51:53
8	苏尼塔·威廉姆斯	美国国家航空航天局	7	50:40
9	史蒂芬·史密斯	美国国家航空航天局	7	49:48
10	迈克尔·芬克斯	美国国家航空航天局	9	48:37

问：你最喜欢太空行走的哪一部分？

答： 我们执行的是国际空间站的第 192 次太空行走任务，时间是 2016 年 1 月 15 日，任务是更换空间站最右侧太阳能电池板底部的一个叫作顺序并联设备的硬件，其作用是对太阳能电池板发出的电进行调制，转换成空间站的设备能用的恒定输出电压。这个设备出故障之后，空间站损失了八分之一的电力供应，因此我们需要尽快修复。

每次太空行走总时间有限，我和蒂姆必须安全而快速地前往维护点。由于这一设备与太阳能电池板相连接，电池板正常工作时，电压很大，我们无法关掉这个设备，唯一安全的办法是等到晚上，电池板不发电时再更换。我们要及时从气闸舱赶往这个设备，做好准备，阳光一消失，马上动手更换，并在日出之前完成更换任务。我们的舱外技能不错，比预定时间提前十分钟就赶到了维护点。地面控制中心让我们在原地待命，直到天黑，而没有让我们在这段时间内去完成另一项任务，以免耽误主要任务。突然获得长达十分钟的闲暇时间，这是我们未曾预料的。我们飘浮在空间站边上，从太空欣赏日落的奇观，并抓紧机会拍了一些照片，包括我们的太空行走自拍像。之后我还有五分钟时间来放空自己，静心体验一下。

太空行走过程中，这几分钟闲暇时刻让我感受最深。白天结束，夜晚降临时，我们似乎处在一个宏大的宇宙剧场的最前排，切身体会到太空的浩瀚无际和自身的渺小，产生了一种深深的敬畏。虽然当我第一次向空间站的穹顶往外看时，就有这种感觉了，但太空行走把这种感觉放大到极致。前一分钟，我还在俯瞰地球，它优雅地滑入阴影，那么脆弱，那么美丽；下一分钟，我又被伸展到无穷远的广阔黑暗所吓倒。在这里，我能观看任何东西，朝任何方向转弯，感觉不到太空服有任何重量，也没有注意到眼前薄薄的遮阳板，我有一种极度的自由感、脱离感，似乎完全脱离了空间站、地球和人类文明。在浩瀚无垠的宇宙中，我只是一个谦卑的观察者。这是我一生中最令人惊讶和难忘的经历。

问： 你在太空行走时觉得紧张吗？

答： 太空行走是人类在科技上所达成的巅峰之一，亲身参与其中，让我既兴奋又紧张。当我和其他宇航员讨论太空行走时，我们达成了一个共识，那就是太空环境极为严酷和极端。有位宇航员的说法很有代表性，那就是，我们要在心理上做好准备，随时迎接危险。这并不是说我们都喜欢寻求刺激和冒险，而是太空环境就这么严酷。我在生活中，很少像在太空站外度过的那几个小时那样处于如此危险的境地，太空行走就是这么让人肾上腺素飙升！

我消除紧张情绪的方法是，对每一个状况做好充分的准备。我一向不习惯等待，无论是等着考试、工作面试还是太空行走，因此当我们在气闸舱等待，还没进太空这段时间，我感觉糟透了。不过，行动总能给我带来平静。夜幕降临，蒂姆打开气闸舱的闸门，阳光照进来，我们开始进入太空，这时，所有的紧张感都没了，看到正向地平线下落的太阳，我心里想，终于开始了！不过，不管你进入太空时有多放松，为避免出错，你仍然需要保持高度的警惕。

问：作为第一个太空行走的英国宇航员，你有什么感受？

答： 太空探索从来不是宇航员单枪匹马就能完成的。国际空间站是一个国际项目，十几个参与国的航天局相互协作，形成一个紧密联系的团队，共同完成这项艰巨的任务，我们这些真正进入空间站的宇航员，只是这个团队的一员。在我们的背后，是全球各国的科学家和工程技术人员。不过，我们也意识到，在国际空间站，每名宇航员都代表着自己的国家。穿过气闸舱，进入太空时，我的舱外宇航服上有英国国旗，我感到很自豪，并时刻提醒自己，要维护祖国的荣誉，增加其影响力。斯科特·凯利的一句话完美地概括了那一刻的重要性，他说："嘿，蒂姆，你穿这套英国宇航服出舱时的样子真是太酷了。英国曾在全球各地进行探索，现在，你们探索到太空了。"这是我一生中所听到的最好的赞扬之一。

太空行走结束后，我们安全返回空间站，整理好工具和设备，并向地面控制中心汇报了当天的工作，直到晚上晚些时候，我才知道，有那么多同胞在支持着我。贺信如同潮水般涌过来，地面上的维护团队已经给我发了一些，其中还有保罗·麦卡特尼爵士的一条推特："我们都在地面关注着您！愿您在宇宙中愉快漫步，祝您好运！"

太空行走是我自己的一个人生梦想，历尽各种艰险后，终于能成功实现，我很激动。但直到看到这些贺信，我才意识到，自己这些微不足道的努力和小成就，对这么多同胞也意义深远。我深深感觉到自己与祖国的联系有多紧密，产生了一种强烈的自豪感和融入感。我把宇航服上的英国旗帜取下来，贴在睡眠舱，带着自豪感进入睡眠。

问：听说宇航员在太空会得减压病，这是怎么回事，您如何应对？

答：要回答这个问题，我们要了解一下太空服内的压强。进入真空的太空时，如果不穿加压宇航服，宇航员将在 15 秒内失去意识，很快就会死亡。这是因为我们的体液里有很多气体，主要是氮气和氧气，集中在血液和皮肤组织里。在地面上，人体内部的压强和大气压一致，在这种压强下，气体体积不大，溶解在体液中。如果压强减少甚至消失，这些气体会膨胀，形成危险的气泡，轻则造成皮肤瘙痒、关节疼痛；严重一点，如果气泡随血液进入大脑，则会导致脑血栓和死亡，这就是减压病。

我们需要一定的压强，才能保障自己的生命安全。不过，如果把宇航服气压设定为标准大气压，宇航服会像米其林广告里的轮胎人那样膨胀起来，硬度很大，穿这样的宇航服，四肢运动起来非常困难；宇航服也需要很多结构来增加硬度，才能承受反复的加压减压过程。为避免这些麻烦，综合考虑安全性和便捷性，压强被设定为大气压的三分之一。在这一压强下，宇航服膨胀得没那么厉害，还比较柔软，宇航员手臂和四肢可以自由运动；同时，体液里的气体仍然以微气泡形式存在，不会膨胀起来造成危险。不过，这个压强有点低，溶解在体液中的氮气已经快要膨胀，导致减压病了。

为降低风险，宇航员们在太空行走之前，总是尽可能地将氮气从身体中排出。执行太空行走任务当天，早晨醒来后，我们先呼吸纯氧，方法是佩戴呼吸口罩，这个口罩通过长软管和空间站的氧气罐连在一起。然后，我们穿起宇航服进入气闸舱，将气闸舱的压强降到 0.8 倍的大气压。之后，按规定做踢腿类的轻度运动，持续约 50 分钟。所有这些措施都有利于降低减压病的风险。即便如此，宇航员还要接受减压病医疗培训，并在整个太空行走过程中密切监测自己的生理指标，随时保持警惕，一发现减压病症状或者即将患病的迹象，立刻采取行动。

如果宇航员确实患了减压病，我们会根据患病的程度来针对性治疗。病人先被送回空间站，不脱下宇航服，增强宇航服的压强，使其高于空间站正常值，体液内膨胀形成的气泡将缩小，并再次溶解在体液里。然后在外科医生的精心照顾下，慢慢地把压强降低到正常值。实际上，我们是把宇航服当成个人减压室来治疗减压病，这与地球上治疗减压病患者的方式类似。

你知道吗？
Did you know?

国际空间站上，宇航服内的压强是 29647 帕斯卡，相当于海拔 9000 米高空的气压，比珠穆朗玛峰的气压还小。不过，宇航员们呼吸的是纯氧，因此，气压虽低，我们的身体机能还能保持正常。

事实还是臆想？
Facts or assumptions?

在太空，如果不穿宇航服，血液会沸腾吗？

严格来说，不会。身体如果直接暴露在真空中，溶解在血液里的微型气泡确实会由于压力剧减而剧烈膨胀，看上去像是在沸腾一样。但是，血浆和细胞是不会"沸腾"的。不过，暴露在真空中的宇航员，很快就会出于各种原因而死亡，不会有足够时间来区分这种表面上沸腾和真正的沸腾的区别。

问：请问国际空间站上，每人有一套宇航服吗？还是大家共用一套宇航服？

答：宇航服分舱内和舱外两种。我们乘联盟号飞船在地面和空间站之间往返时，穿的是猎鹰舱内宇航服。这种宇航服功能较少，通常靠飞船来提供氧气或空气，增加宇航服压强，维持空气流通。只有当飞船出现严重故障，舱内气压无法维持，有生命危险时，才主动增加宇航服压强。

返回舱体积狭小，没有多余的空间，所以宇航服必须很贴身，因此每名乘员都有自己的舱内宇航服，根据个人体形量身定做，它小巧，轻便，柔软，在手臂、腿、胸部和腹部还有调节带，可以进行微调。因为往返太空和地面时，宇航员们要连续十几到几十小时以同一姿势坐在飞船里，要尽量让他们感觉舒适。

在飞行之前，要先测试宇航服穿起来是否合身。我们先穿好宇航服，用索具把自己固定在联盟号飞船的座椅上，保持两小时的加压状态。加压后宇航服会膨胀，变硬，穿这样的服装，你会感觉很不舒服。如果服装和身体不匹配，最初五分钟你可能只是觉得略有烦恼，但保持一小时或更长时间，以同一姿势被绑在宇航服内以后，这些烦恼会被放大到极致，让你万分痛苦。这就是我们进行持续两小时的宇航服适应测试的原因，通过测试及时发现问题，在火箭升空之前解决掉。比如，如果裤子太长，可以去掉膝盖后面的一小部分，或者去掉脚踝附近的一部分。我很幸运，自己的宇航服穿起来很舒适，这也可能是因为我身高只有 5 英尺 8 英寸。在适应性检查时，我几乎从头睡到尾。

另一种是舱外宇航服，它功能齐全，堪称微型空间站。美国舱外宇航服的全称是舱外机动单元，质量为 145 千克，能让宇航员在恶劣的太空环境下存活 8 小时或更长时间。这种宇航服是共享的，而非每人一套，这样太浪费了。太空行走前，会对舱外宇航服进行调整，以适应宇航员的体形。这种宇航服由一些不同尺码的标准件组合而成，是半硬式的，有硬质的上躯干和软质的裤腿与袖子。上躯干部分有小、中、大、特大四种尺寸，不过小型宇航服从未有宇航员穿过；鞋子有中、大两种尺寸，如果鞋子太大，可以塞些填充物进去。手套则有五六十种，太空行走时要进行各种作业，一定要保证手部动作的灵活性，我们可以选择最合适的手套。加压后手套虽然略显笨拙，但服装工程师们制作出的手套堪称完美。如果你想知道穿宇航服手套工作的感觉，不妨试试戴烤箱手套来系鞋带！舱外宇航服的手臂和胳膊部分是软质的，调整里面的金属环和锁扣，可以改变长度。头盔则只有一种。

进太空之前，我们穿着训练用舱外宇航服在水池进行漫长的太空行走训练。每次训练，宇航服工程师都会帮忙改进，让我们和宇航服更匹配。最后，在执行正式太空任务之前，我们穿一级舱外宇航服进行训练，这是能用于太空行走的正式宇航服，而非训练用的。为了确保宇航员与宇航服之间达到最好的匹配效果，训练时要尽可能真实地模拟太空环境，为此，我们前往美国休斯敦，在约翰逊航天中心的真空室对所有设备进行了测试。

测试结果表明，宇航服和我的体形非常匹配，堪称完美，这让我松了一口气。真空测试过程中，有几件事情让我印象深刻。真空室地板上，放了一碗水，用来演示水在真空下会发生什么事情。随着气压降低，水突然猛烈"沸腾"，随后冻结并升华，从固体直接变成气体。我还特地随身带了一根羽毛和一个硬币，把它们放在一张卡片上，在真空环境下同时释放。硬币的掉落过程平淡无奇，和真空室外一样；羽毛就不一样了，由于没有空气减缓羽毛的下落，它的速度和硬币是一样的。虽然学过中学物理，知道真空环境下必然会有这个结果，不过，亲眼看到柔软的羽毛像砖头一样快速砸向地上，我还是觉得很神奇。

你知道吗？
Did you know?

○ 俄罗斯也有自己的舱外宇航服，质量约 120 千克，能提供大约 7 小时的
生命支持。与美国宇航服相比，海鹰提供的气压约 40000 帕斯卡，不如
美国的灵活，但宇航员患减压病的风险减小了。

○ 俄罗斯宇航员一般穿海鹰舱外宇航服在国际空间站俄罗斯段进行太空行
走，美国、加拿大、日本和欧洲宇航员穿美国舱外宇航服在美国段进行太
空行走。当然，也有几个例外。我接受了两套宇航服的使用训练，但在太
空行走时，我穿的是美国宇航服。

问：请问在国际空间站，如何规划太空行走路线？

答： 我们把太空行走路线称为从气闸舱转移到工作位置的转移路线。路线由
一组经验丰富的地面专家团队（其中还有多次执行太空任务的宇航员）
来规划，他们的任务是尽可能地提升太空行走的效率和安全性。初步方
案提出之后，测试团队在地面训练池里对这一路线进行多轮模拟演练，
专家团队对路线进行反复测试和改进，之后，把方案发到国际空间站，
由空间站宇航员正式执行。

正如你能想象的，选择最佳路线，需要综合考虑很多因素，比如要提升
舱外任务的执行效率，减少太空行走的难度，避开不允许进入的区域，
避开危险区域，要考虑到宇航员遇到紧急情况后能方便救援，等等。空

间站某些区域有很多扶手，障碍物少，宇航员容易通过；有些区域障碍物很多，不适宜穿行，我们会尽可能避开。太空行走时，我们总是绑着安全绳，无论我们走到哪里，都拖着这条细细的钢绳，就像蜘蛛爬行时总是拖着蜘丝一样。路线必须精心规划，以免安全绳缠绕起来，给宇航员造成麻烦。

而且，执行太空行走任务的宇航员们是有权对路线进行更改的，只要他们能获得地面专家团队的认同。我花了几小时时间，借助笔记本电脑上的虚拟现实软件，认真研究自己的路线。这款虚拟现实软件很有用，但观察现实世界更重要。透过空间站的窗户，我尽我所能向外观察，把即将经过的每一个区域的形状都记在脑子里，在大脑里想象此次任务我每一步将如何操作。早在我还在担任战斗机试飞员时，每次重要试飞的前一天晚上，我都会坐在自己的房间，在大脑里想象出飞行从开始到结束的整个过程，我应该飞向哪里，在什么时刻开启哪些仪表，测试哪些飞行动作，要用无线电做哪些汇报，遇到紧急情况要采取哪些措施，等等，把每个细节都事无巨细地过一遍。这次，我也花了好几个小时，在头脑中想象太空行走的每一个步骤，等这个想象中的太空行走做完，还没出气闸舱，我感觉自己像是已经完成此次任务了，大脑高度紧张，浑身是汗。正如加拿大宇航员克里斯·哈德菲尔德所说的："不出汗的宇航员不是好宇航员。"

问：太空行走时，你怎么上厕所？

答：在太空行走这天，宇航员要连续穿 12 小时或者更久的宇航服，无法去厕所，所以我们都穿成人纸尿裤，以防万一。这种纸尿裤和我们搭乘联盟号飞船进入太空时穿的纸尿裤是同一种。执行舱外行走任务这天，机组人员一般早上 6 点 30 分起床，先花几分钟排便，然后在胸口放上几个电极，以方便各国航天局在地面的控制中心的医护人员监控我们在太空行走时的心率。之后，我们穿上纸尿裤，贴身内衣和冷却服。接下来，我们戴上面罩，开始呼吸纯氧，排除体内的氮气，以预防减压病。大约一小时之后，我们最后一次去厕所，之后我们就要穿宇航服了。呼吸纯氧排除氮气的过程会持续很长时间，连上厕所时，我们都在呼吸纯氧。等我们最终进入太空时，我们已经在宇航服里待了 5 个小时了。之后，还有约 6 个小时的正式太空行走等着我们。所以，尽管从没用过纸尿裤，但是能在宇航服内穿一个，我还是很高兴的，以防万一嘛。

你知道吗？
Did you know?

⊙ 不管你是否在太空行走，长期憋尿都是很痛苦的。肉体的疼痛还是小事，憋尿的更大危险是造成一系列膀胱并发症。曾经有宇航员因此患病，需要借助医疗手段才能排出小便，直到七天后膀胱功能才恢复正常。这不仅严重影响宇航员执行太空任务的能力，还会带来感染危险，导致太空任务终止。所以，如果在太空行走时，你有尿意，一定要及时排便！

问： 潜水时，有一种害怕浮出水面的综合征，潜水员不想潜上来，请问您在太空行走时有类似感觉吗？

答： 我读到过关于潜水症的文章，自己也很喜欢潜水，有时候也能感受到海洋对我的强烈诱惑，想要潜得更深，停留更久。不过，这都是在非训练状态，从事没有纪律约束的自由潜水时发生的。飞行员，特别是试飞员，长期接受了严格的训练，一旦外界环境达到危险状态，我们会离开，遵循操作规范，终止任务。出发前每个人对任务的终止标准都是有明确了解的，我们会及时返回，不会因为受到诱惑而做出危及任务和自身安全的举动。

太空行走确实是我们每个人所能经历的最神奇、最令人兴奋的事件之一。太空行走这短短几个小时，是我人生中最难忘的时刻，我当然很想再多待几个小时，这种诱惑很强烈。而且，并非我一个人有这种感觉。美国第一次太空行走时，宇航员艾德·怀特进行了 23 分钟的太空行走之后，控制中心命令他返回飞船。虽然他回复说，我这就回来了，但是很不情愿。磨蹭了几分钟之后，他才开始进入双子座飞船，对指令长吉姆·麦克迪维特说："结束太空行走，是我一生中最悲伤的时刻。"

然而，我们都很清楚，太空环境极为恶劣，宇航服功能有限，时间一到，我们就必须返回气闸舱。这时，蒂姆·科普拉的宇航服出现了故障，水通过他后脑勺的通风管进入头盔。太空行走时，我和蒂姆在执行不同的任务，但彼此相距不远。等我能看清蒂姆头盔的内部时，他的帽檐上已经有一团高尔夫球大小的水球了。我们已经一起训练了两年多，他冷静谦虚，才华横溢，经验丰富，曾经担任航天飞机机组成员，完成过多次太空行走任务，我从他身上学到了很多东西，对他非常熟悉和敬佩，我想象不出还有谁像他这样值得我把自己的生命托付出去，作为搭档共同完成太空行走任务。我立刻向任务控制中心报告蒂姆的状况。我们都明白情况的严重性，在太空服头盔中出现这么多水，蒂姆随时有窒息的危险。

2013 年，我在欧洲空间局接受训练时的同学，宇航员卢卡·帕米塔诺在他第二次太空行走时，也发生过相似的情况。当时情况急剧恶化，大团的水沾在他的脸上，盖住他的眼睛和鼻子，不久，他的头戴式耳机也进水了，通信中断，再也听不到飞行控制中心的指令，也无法与他的太空行走同伴克里斯·卡西迪进行通话。更糟糕的是，此时太空站正在迅速进入地球的阴影区，黑暗即将到来。在太空中，暮色不会像在地面上那样长久停留，等待太阳优雅地沉下地平线。由于国际空间站在以 8.5 千米每秒的速度高速飞行，一分钟前，空间站还处在明亮的日光下，下一分钟后，周围就是一片漆黑。

现在，卢卡又瞎又聋又哑，每一次呼吸都可能会呛水。在这一生死关头，卢卡用力拉紧安全绳，这一动作救了他，最终他返回气闸舱。在克里斯的帮助下，卢卡终于安全地进入了空间站。当其他宇航员摘下卢卡的头盔时，发现里面有 1.5 升的水，在头盔这么小的空间里，有这么多水，实在太危险了，这是迄今为止国际空间站发生的最严重的紧急事件之一。所以，当蒂姆·科普拉的头盔开始充水时，任务控制中心很快就告诉我们"伙计们，你们的任务终止了。请打开袖带检查表，翻到第 7

页……"好了，是终止任务，返回气闸舱的时候了。幸运的是，尽管提前结束了，我们已经完成了将空间站电力恢复到满功率的主要目标，此次太空行走被宣布成功。

你知道吗？
Did you know?

✪ 欧洲空间局宇航员卢卡·帕米塔诺头盔进水事件发生之后，美国国家航空航天局发布了一份事故调查报告，认定此次漏水是由水分离器引发的，这个设备发生了堵塞，造成水的溢出，流进通风系统。之后，为降低风险，

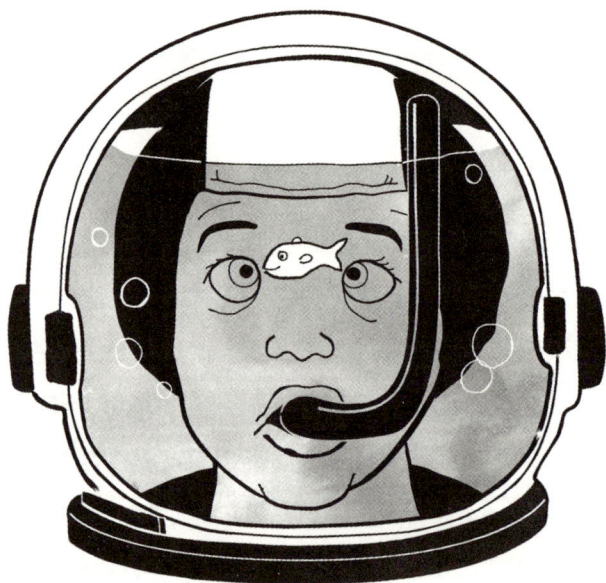

美国国家航空航天局对相关硬件和操作流程、培训内容进行了相应调整，其中对宇航服有两项调整。首先，宇航服里增加了一个通气管，从头盔直通到腰部。这样一来，如果水进入头盔，宇航员可以呼吸到未进水区域的空气。此外，在头盔后还放置了一个纸尿裤一样的吸水垫，从通风系统过来的水都会被吸收。而且，吸水后垫子会贴在宇航员的后脑勺上，提醒他们发生故障，有水流进来了。我很欣赏他们处理问题的方式，如此复杂的进水问题，却可以用这么简单的两个方案来解决。

问：宇航员为什么在水里进行太空行走训练？

答： 人体密度和水接近，在水下，重力和浮力基本抵消，合力为零，与失重状态相似，因此，宇航员们花了很多时间在水下模拟太空行走。当然，在太空行走时，宇航服里充的是纯氧，供我们呼吸，同时增加压力，和真空对抗，而在水池里训练时，充的是空气。充气后宇航服浮力略大于重力，穿着这样的宇航服，我们会漂在水面上，沉不下去。为了能潜下去，我们在宇航服里均匀放置一些配重，保证浮力和重力正好抵消，能一直停留在同一深度，既不下沉，也不浮起。达到这一微妙平衡可不是那么容易，要反复练习才能掌握，堪称一门艺术，好在为我们提供支持的潜水员给我们提供了很多帮助。水下训练每次持续六个小时，良好的平衡非常重要。如果没有达到平衡，你要不停地调整，与宇航服的沉浮相对抗，这会消耗很多精力，你很快就会精疲力竭。

达到平衡后，水池里的宇航员相当于处于失重状态，我们借此来模拟太空行走，对各项任务进行模拟训练。当然了，这种模拟失重并非真正的失重，二者还是有一些区别的，在水下训练时，我们被反复告诫，千万不要把在水池训练时养成的一些习惯简单地用在太空。首先，物体在失重的太空中运动起来很容易，如果没有系上安全带，最微小的外力也会改变宇航员的状态，使我们开始翻转着进入太空，再也回不来。在水中，让物体运动起来却很困难。下次你在水下时，不妨试试把其他东西从你身边推开，你就会感受到，水会产生很强的阻力。

此外我们还必须对大质量的物体保持警惕。在失重的太空，那些在地面上很重的物体会失去重量，但它们还有质量和惯性，地面上质量 100 千克的物体，在太空的质量还是 100 千克。因此，如果速度足够大，它们还是会有足够大的动量（质量和速度的乘积）。在水池里，重物如果速度太快，不太会造成失控，因为水的黏度和阻力会让它减速。但是在太空里，没有什么东西来减少它的速度，除非它和你或者空间站发生碰撞，这会造成不少麻烦。

另外，虽然我们在水中，所受的重力和浮力抵消了，但重力本身并未消失，仍然在对我们的身体起作用。在太空，没有上下之分，宇航员可以朝任意方向转动。在水里，虽然我们可以很轻松地倒立起来，倒立时，体内的血液还是会由于重力而涌向我们的头部，耳朵的鼓膜会感觉到压力，全身的重量都压在宇航服的肩膀上，这让人很不舒服，几分钟就会感到疼痛。

问：作为一名宇航员，你在什么情况下感觉到身体达到极限，感觉快撑不住了？

答： 这个问题很有趣。其实，我们先前所接受的那些训练，比如欧洲空间局的七天洞穴探险训练、美国国家航空航天局为期十二天的水下训练，以及俄罗斯严酷寒冬下的生存训练，都对身体构成了很大挑战。毕竟，这些训练的目的之一就是给我们施加压力，让我们团结合作渡过难关，在这个过程中教我们技能以迎接挑战，增强我们的自信心。有时候我甚至想，坚持完成这项长达两年半的培训，前往全球各地，包括俄罗斯、德国、加拿大、日本和美国，开展训练，这本身就是对我们自身体能和耐力的一个考验！

然而，如果要我选择一项对身体最具挑战性的事情，那我选择太空行走训练。太空行走本身是一项非常艰苦的工作，非常非常艰苦，我们为此接受的训练也是如此。这部分是由于训练对体力消耗极大。穿上太空服后，我们要与外面的水压对抗，我们手臂、肩膀和手指的每一个微小动作都会消耗宝贵的能量，造成心跳加速。太空行走不仅消耗体力，还消耗脑力，我们要在连续几个小时内保持高度集中的注意力。因为，哪怕最轻微的错误都可能带来最可怕的后果，这让人非常疲惫。太空行走训练虽然极端艰苦，我仍珍惜这些训练。部分原因是这项训练很像我当试飞员时的试飞工作，要预先规划，进行准备，然后执行。我早习惯了这一工作方式，感觉很愉快，实际上这是所有训练项目中我最喜欢的。

我们在水池里的训练通常持续 6 小时，整个过程中，心率跟慢跑时一样。如果你只是观看太空行走视频，你会觉得宇航员的那些操作非常简单，很容易完成，比如移动物体、把插头插进插座，但是训练时，你才会发现，穿着太空服做这些动作其实是很麻烦的，要消耗很多精力才做得出来。这有点像湍流中的鸭子，鸭子看似纹丝不动，很轻松地漂在水面，但在水面以下，它其实在拼命地划水！

穿宇航服工作时要注意保持工作负荷的稳定性，不要流汗。在 6 个多小时的训练期间，总会有工作量很大的时候，训练过程中，难免有汗水进入眼睛。在太空里，最好不要发生这种事情，你没法把手伸进头盔来擦汗，汗水中的盐会让眼睛流泪，加拿大宇航员克里斯·哈德菲尔德在第一次太空行走中就遇到这样的事情，汗水流进一只眼睛，泪水堆满他的这只眼眶，在失重情况下，又流到另一只眼睛，他完全无法看清东西了。克里斯花了宝贵的 30 分钟太空行走时间才解决了这个问题，让视力恢复正常。

你知道吗？
Did you know?

⭐ 尽管舱外太空任务一般被称为太空行走，但宇航员在执行这一任务时很少使用他们的腿，大部分工作是由上半身完成的，我们主要用我们的肩膀、前臂、手腕和手指。偶尔我们也用足部约束器来增加稳定性，方法是把脚固定在一个金属脚板上。整个太空行走中，腿通常是多余的，不起什么作用。

问：我爷爷说，锦纶搭扣是为宇航员在宇航服里挠鼻子而发明的，这是真的吗？我不知道该不该相信他。如果这是真的，你的头盔里有锦纶搭扣吗？

（提问者：所罗门，6岁）

答： 如果你爷爷给我讲这个故事，我也会相信的，挠痒痒这种用途听起来确实很适合锦纶搭扣。我做了一点小小的调查，确实有传言说，是美国国家航空航天局发明锦纶搭扣的。但资料显示，这种搭扣是20世纪40年代由瑞士工程师乔治·德·梅斯特拉发明。他遛狗时发现自己裤腿上和狗身上都粘满草籽，经过仔细观察，他终于发明了这种搭扣，并于1955年为这个想法申请了专利，几年之后人类才进入太空。

不过你爷爷说得没错，由于锦纶搭扣质量小，黏附性强，被广泛地应用于太空飞行。这些搭扣都是用阻燃材料制作的，能承受极端的高温和低温。我们在头盔里也有锦纶搭扣，其用途的确和挠鼻子有点关系，所以你爷爷说得也对。在头盔里，我们用锦纶搭扣把一种叫作压力均衡泡沫的装置粘在头盔的护目镜内侧，当宇航服内压强发生变化时，它能帮助我们清理耳朵。这个东西也可以用来给鼻子挠痒！

问：在你的太空行走中，有没有什么事情让你惊讶，吸引了你的注意力？

答： 执行完舱外维修任务后，我们开始返回气闸舱，这个过程中我们要沿着一根很长的金属杆爬行，这个杆连接着气闸舱和空间站主桁架。执行舱外任务时，大部分时间里我们离太空舱或电池板等大型设备很近，这给我们带来一些安全感，而这个金属杆离空间站主体结构比较远，爬到一半时，我无意中低头看了一下，在我脚下，澳大利亚大陆正在高速飞离，这让我突然感到一阵眩晕，本能地抓紧扶手。不过，很快我就反应过来，刚才执行任务时，我一直在以这种方式悬在海拔400千米的高度，到现在已经持续了一个多小时了，根本没必要担心害怕啊。我脸上露出了微笑。从这里可以看到完整的澳大利亚大陆，这让我吃惊。美国宇航员克里斯·卡西迪曾给我一个建议来克服对太空的畏惧心理：遇到这种情况，不要慌；只要做些小动作，比如扭动脚趾，就能转移注意力，放松下来。我试了试，果然起作用了！

问: **如果你从空间站上掉下来，会怎么样？**

答: 这是所有宇航员的噩梦。在2013年的科幻电影《地心引力》的开场镜头中，桑德拉·布洛克饰演的宇航员由于事故与航天飞机脱离，在太空高速旋转，无法采取任何措施，任由老天摆布。遇到这种情况，宇航员最终会死亡，最常见的死因是数小时后氧气耗尽，因为宇航服电池会逐渐耗尽，二氧化碳的清除能力会慢慢失效。因此，我们会竭尽全力，确保宇航员不会因跌落太空而陷入这种漫长的死刑。

但是，宇航员很容易从空间站掉下来。我们戴的手套又大又笨，手掌涂有一层特殊的橡胶来增强抓力，但手套太厚，戴上后无法准确判断需要用多大的力才能抓住东西。一开始时我们总抓得太紧，通过反复练习才熟悉了这副手套，能熟练抓住东西了。空间站外有很多扶手可供攀爬，但也有区域不能触碰，这些地方要么非常锋利，会切开手套，要么太脆弱，不能承受我们的攀爬。

为防止宇航员在太空行走时脱离空间站，我们首先要对舱外任务进行认真规划，精心准备，做好各项训练工作。我花了好几个小时研究自己的太空行走路线，我对细节非常重视，预先想到了所有可能会遇到的问题，包括每次戴着手套去抓扶手时手臂移动多大距离，每次跨过障碍物时应该采用什么姿势，如果遇到麻烦，可以换用哪些其他路线，等等。除了要记住预定路线外，你还要主动研究空间站的结构，有时控制中心会派你到你未准备要去的地方执行额外任务。在进入太空之前，我们在水下进行长期太空行走训练，这让我们熟练掌握了各项技能，增强了我们的信心。

此外，航天局和训练中心会反复向新宇航员们灌输一种预防措施，那就是随时随地要系上安全绳：一旦我们在舱外任何地方停下来，第一件事情就是用短绳（约1米长）把自己绑在舱外的扶手上。培训时，他们像念咒一样反复强调这一点，直到这一操作规范变成我们的本能。执行舱外任务时，我们经常要用双手操作各种设备，不可能一直抓住扶手。如果不遵循上述规范，心里只想着完成任务，没有在潜意识下拴上安全绳，你很容易就会脱离空间站，在太空中飘浮了。

此外还有第三道防线，空间站安全索。这是一种超长的细钢索，很像钓鱼绳，由卷轮来改变长度。安全索一头连着太空服，一头连着空间站。意大利宇航员卢卡·帕米塔诺正是在这种安全索的帮助下返回气闸舱的，再迟一些，他就会因自己头盔里充满水而窒息。不过，安全索也会带来麻烦，太空行走时我们必须时刻保持警惕，不要被自己或同伴的安全索缠住。在规划太空行走时，我们总是会特别注意，采取措施以免安全索相互纠缠，让宇航员们的路线尽量不交叉。

如果上述措施都未生效，还有最后一个办法：舱外宇航服自带喷射背包，宇航员可以调整喷嘴方向，向后喷气，靠反冲返回空间站。虽然听起来很酷，我想，没哪个宇航员会喜欢使用这一招的。

问： **太空行走时，你有没有把什么东西落在外面？**

答： 这事确实发生过，宇航员太空行走时会不小心把东西落在太空，空间站发生故障时也会造成硬件脱离。如果工具脱手，即使速度再小，你也拿不回来了，只能眼睁睁地看着宝贵的工具从你指尖缓慢而无情地飘向黑色的虚空，这是太空最让人无语的一件事情了。

2017 年 3 月某天，我实时观看了两位极有经验的宇航员执行其太空行走任务，他们要在对接口安装四个防护板。三个板安装就位后，他们回来取最后一块，结果发现这块板正在国际空间站的下方，边飘浮边慢悠悠地往地球掉！在安装其他三块板时，他们违反了操作规范，忘了把这块板固定在舱外了。和许多其他事故一样，问题很少是一个人的行为或一个设备的故障造成的。错误像瑞士奶酪里的孔一样，所有孔排列在一起时，奶酪里就出现一个连通的空洞；一个错误引发另一个错误，一连串错误连续传递，就造成事故了。

为防止物品丢失，太空行走时要遵守严格的系绳规则，所有东西都与其他东西相连，形成一条链，并最终与空间站相连。以插座为例，我们用系绳把它和螺丝刀绑在一起，而螺丝刀又绑在工具盒上，工具盒绑在工具箱里，工具箱系在宇航员身上，宇航员用安全索与空间站相连。宇航员互相移交工具，或把东西连到空间站时，我们总是先连后断：先给设备系上新绳子，用力拉一下，确认系紧之后，才解开旧绳子，这和登山者进行岩壁探险时的自我保护方式很相似。此外，我们还要接受系绳训练，保证每个绳套需要用两个动作才能打开，以防绳套意外松开。系这些安全绳，对耐性是一大考验，如果你做事不太有条理，不善于收纳和整理，绳子很快就会乱成一团。

在为太空行走做准备工作时，工程师要花不少时间来设想，执行这些任务时要带哪些工具，应该按照什么顺序把工具系起来。宇航员要整理工具和设备，以提高工作效率，减少绳索数量。工具要按照正确顺序摆放在工具箱，以防绳索缠绕。当然了，在微重力环境下，一起都在飘浮，即使宇航员尽了最大努力，绳索还是会缠起来。

极少数情况下系绳链会断掉，比如设备没绑好，掉进太空了；或者宇航员虽然系上绳子，但是绳钩卡锁没有闭紧，系绳又自动松开了；等等。不管是什么原因，如果某样东西在太空中没系住，通常它会永远消失。执行太空行走任务的宇航员能做的就是尽可能准确地向地面控制中心汇报失踪设备的速度和移动方向，最好能拍摄视频来记录。这样能帮地面控制中心的专家们尽早识别和追踪丢失的设备，并做出判断——这些设备会不会对空间站造成危险。

物品一旦在太空中丢失，它就变成与空间站几乎处于同一轨道的太空垃圾。它极可能会继续远离空间站，最终在大气层中燃毁，但也可能会返回空间站所在的位置。不过，与空间站一样，这块垃圾在以 8.5 千米每秒的速度高速运动，每 90 分钟绕地球一圈。在 90 分钟时间内它还不会危害到空间站，地面控制中心要在这段时间内判断出碎片能否在后续时间里与空间站碰撞。

问： 您在太空行走时吃东西吗？

答： 很不幸，执行太空行走任务时，我们没法吃东西，只能喝水。钻进宇航服前，我们要把饮水袋装满一升水，是普通的空间站尿液循环水，没加盐、咖啡因或功能饮料，没有加热或者冰冻过。水袋用锦纶搭扣固定在宇航服内，紧贴在我们胸前。

饮水袋有根小吸管，从袋口一直延伸，插入头盔顶部，吸管另一头有橡胶口，咬开之后就能喝到水。训练过程中，我们反复调整吸管和开口的位置，直到最适合自己。位置太高的话吸管会顶着下巴，让你很难受，太低的话你根本喝不到水。我在训练时，曾犯了一个低级错误。喝了一大口水后，吸管不小心从嘴里溜掉了，水从吸管里喷出来，我的头盔里满是水珠。接下来的几个小时里，我不得不透过这些一动不动的水珠来观察头盔外面的世界，周围协助我进行训练的潜水员们乐坏了。

美国国家航空航天局目前正在研究，如何向宇航员的饮水袋里添加蛋白质或碳水化合物补充剂。但到目前为止，宇航员在太空行走时只能喝水。因此，在太空行走的头一天晚上，宇航员要好好吃一顿晚饭；第二天早上，在穿上宇航服之前，要吃一顿像样的早餐。这就像长跑运动员准备马拉松一样，要给身体补充足够的碳水化合物，储存足够的能量，供身体在太空行走时使用。

问： **太空行走时，周围温度那么低，您如何保持体温？**

答： 太空中物体的变化非常大，在极热和极冷之间波动，这给我们带来了极大的挑战。一般谈到温度时，我们通常是指周围的空气温度，但在太空，周围是真空，不能靠空气对流传递热量，因此宇航服在设计时要考虑热传导（比如，当我们触碰空间站外壳时）或热辐射造成的热量流失。

太阳每时每刻都在向外发出强烈的辐射，太空中的物体吸收这些辐射后温度升高；与此同时，任何温度高于绝对零度的物体也在向外发出辐射，物体的温度由发出的辐射量和吸收的辐射量来决定。在空间站外被阳光直射的金属，温度会达到 260 摄氏度，而阴影里的物体，温度会低至零下 100 摄氏度。空间站有很多部件，它们热学性质和光照条件也不尽相同，太空行走时我们难免会触碰到各种温度的物体，宇航服手套必须能够适应各种极端温度。此外，宇航员工作时经常要在阳光直射区域和阴影区域之间转换，宇航服要能承受光照快速变化而造成的温度变化。

为适应这些极端环境，宇航服采用了多层绝热材料来防止身体热量散失，减少由于光照造成的温度上升。这种材料广泛使用在空间站的外

部，以减少温度变化，保护敏感设备。宇航服隔热性能非常好，在近五
个小时的太空行走中，我只调整了两次体温。

那么，如何在太空中保持暖和呢？答案是，主要靠宇航员自己的身体。
太空行走时宇航员体力消耗很大，产生大量热量，这种热量足以保持体
温，只有手指温度稍低。为防止手指冻僵，宇航服手套自带加热器，每
次快到日落时，任务控制中心都会提醒我们打开加热器。

人体产生了这么多热量，宇航服隔热本领又这么好，这反倒带来另一个
麻烦。

问：在太空你怎么保持凉爽？

答：为降温，我们在宇航服里穿着液冷通风服，这种贴身衣服里有很多塑料细管，织成网状结构，往里面泵入冷水就能吸走我们散发的热量，降低体温。冷水从哪里来呢？这正是这个系统巧妙的地方：宇航服的水在循环过程中会流经一个叫升华器的多孔板，在这里水暴露在真空中，一部分水降温结冰，并慢慢升华成水蒸气，进入太空；其余的水流过升华器后温度降低，带走身体产生的热量。

宇航服的胸部有热控制阀，冷却服的水与经过升华器的冷水在这里混合起来，控制冷水水量，可以调整体温，就像家庭浴室的温度调节器一样。太空行走时我们消耗很多体力，产生大量热量，但这个冷却系统可以很快降低体温。不过，降温速度虽快，温度升高就没那么容易了。因此，宇航员在太空行走中会尽量保持工作节奏的稳定，以防体温波动过大。

事实还是臆想？
Facts or assumptions?

在电影《地心引力》里，桑德拉·布洛克在宇航服里只穿了热裤和无袖上衣，这合理吗？

当然不对。我们在宇航服里穿得可不少，从里到外，分别是成人纸尿裤、长内衣裤和长袖上衣，然后是冷却服。虽然不像电影里那么性感，但实用多了。

问: 在黑暗的太空里工作，是不是很辛苦？

答: 白天时阳光太强，宇航员在执行舱外任务时，如果不戴护目镜，可能会在无意间被阳光直射刺伤眼睛。当空间站快要进入地球的阴影区域，夜晚即将来临时，地面控制中心会提前用无线电通知我们，让我们及时把护目镜推高，为夜晚做准备。

在夜间进行太空行走，难度很高。虽然我们的头盔灯在太空行走时一直亮着，但它们只能照亮我们正前方一小块地方。如果我们静止不动，这些灯完全能胜任我们的工作。事实上，有一次我全神贯注于手头的工作，一整晚过去了，我却根本没意识到自己是在执行夜间任务。然而，当你要在黑暗中转移到空间站其他地方，这些头灯就不够方便了。国际空间站很大，在夜间，头灯所照的范围太小，不容易判断出自己在空间站外的具体位置，更难看清你要去的地方，虽然在白天这都只是小菜一碟。

在夜间，执行太空行走任务时，地面控制中心通常会开启空间站外部的辅助照明灯帮助我们。通常这会帮很大的忙，不过有时候这些灯看上去像是飘浮在黑暗的虚空中，除了这些灯我们看不到任何其他东西，在没有参照物的黑夜，很难保持足够的方向感，转过几次弯之后，我们有时不太能清楚地判断出要前进的方向。为解决这一问题，空间站的太空舱外壳上都印有箭头，指向气闸舱的方向。这个方法很简单，但很有用，特别是遇到紧急状况时。

你知道吗？
Did you know?

⭐ 我们的护目镜也是由聚碳酸酯塑料制成的，最外面涂了薄薄一层黄金。选用黄金有三个原因。首先，黄金延展性很好，可以加工得很薄，以至于变得透明，宇航员透过这一黄金薄层还能看清外面。其次，黄金不会生锈或腐蚀，反射率不会降低，很适合用作头盔遮阳板。还有最后一个原因，黄金反射有害的红外辐射和其他太阳辐射的本领很强，能很好地保护眼睛不受损害。

问：在太空行走时，如果被微型陨石击中，会发生什么事情？

答： 宇航服由 14 层不同材料组成，其中一些层用于保暖、隔热和防火，一些层用于维持气压，一些层用于抵御陨石。这里要特别强调一下宇航服的最外层，它由防弹材料制作，防磨损力和抗穿透性强，能抵御高温微型陨石的穿刺，承受微型太空垃圾的冲击。

此外，宇航服有上、下两个躯干，上躯干主要是胸部和背部，由硬质材料组成，在上躯干上还装有同样由硬质材料组成的便携式生命支持系统，两者都有金属部件。陨石能否刺穿宇航服，这个问题很难用一句话说清楚，答案取决于陨石类型、速度和撞击位置。不过，尽管近地轨道上有很多天然陨石或人造太空垃圾，太空还是很空旷的，相比之下，宇航员的体积很小，在太空行走中被击中的概率虽然绝不等于零，但也极小，不用太过担心。

不过，万一真有宇航员不幸被微型陨石击中，会发生什么事情呢？由于宇航员正在以 8.5 千米每秒的速度相对地面高速飞行，陨石的撞击速度可能是声速的很多倍，你可以想象一下，被超高速的子弹击中，会发生什么。碰击时，宇航服的多层材料将减少陨石的动能，防止加压层破裂。实际上宇航服设计得如此成功，即使被微型陨石击中，也能很好地保护宇航员，他们甚至根本不会知道发生过碰撞，只有在返回空间站之后，对太空服进行检查时才会意识到。

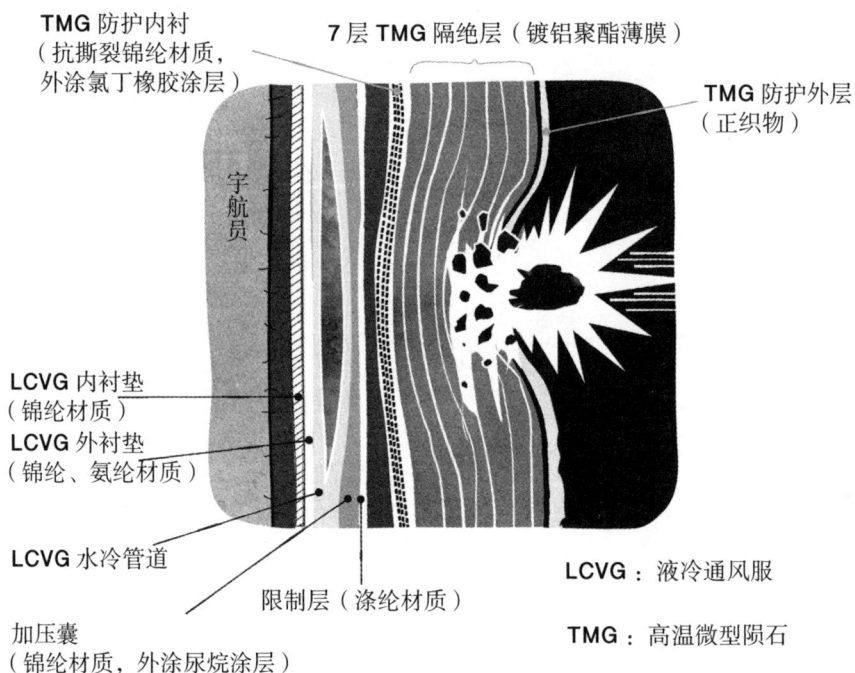

TMG 防护内衬
（抗撕裂锦纶材质，
外涂氯丁橡胶涂层）

7 层 TMG 隔绝层（镀铝聚酯薄膜）

TMG 防护外层
（正织物）

宇航员

LCVG 内衬垫
（锦纶材质）

LCVG 外衬垫
（锦纶、氨纶材质）

LCVG 水冷管道

限制层（涤纶材质）

加压囊
（锦纶材质，外涂尿烷涂层）

LCVG：液冷通风服

TMG：高温微型陨石

如果陨石穿过加压层，在宇航服上钻出破洞，氧气会从受损处向真空泄漏，这虽然很糟，但还不会造成灾难性后果。如果洞直径小于 6 毫米，由于太空服的两个主储气罐在持续供氧，宇航服内的气压能维持恒定，与此同时，安全系统会向所有人，包括宇航员和空间站、地面控制中心发出警告，氧气消耗过快，出问题了。主储气罐氧气耗尽后，两个副储气罐继续供氧 30 分钟，同时发出更多的警告。如果没有更多问题发生，这段时间足以保障宇航员安全返回气闸舱。当然，如果孔洞直径超过 6 毫米，问题会更棘手一些。

储气罐能提供的最大供氧能力为 3.2 千克每小时，如果宇航服被击穿后洞太大，宇航服的气压将无法维持，无论储罐内还有多少氧气。这种情况一旦发生，宇航服气压将迅速下降。当压强降低到 20000 帕斯卡（相当于海拔 12000 米高度的大气压）时，宇航员将收到压强过低警报。如果压强继续降低，宇航员很快会失去意识。当然，前面说的这些情况，都基于一个假设：宇航员没被高速陨石直接杀死。很抱歉，这个回答可能不太令人愉快。

事实还是臆想？
Facts or assumptions?

在电影《火星救援》中，马特·达蒙用胶带就能把头盔上的洞封住。这真的可行吗？

完全可行。宇航服如果出现破洞，宇航员的生命将受到直接威胁，如果洞很大，宇航员很快会牺牲，应该尽一切可能来补救。任何能堵住，哪怕是减小这个洞的努力都值得的。当然，胶带必须能够承受足够的压力，以防被宇航服内的气压撑开，但无论胶带是否胜任，它都能降低氧气逃逸速度，给你赢得更多时间，重返安全区域。

问：在你的宇航员生涯中，哪位宇航员曾激励过你？

答： 人类航天史上，涌现过很多英雄人物，他们永远激励着后辈宇航员们。我脑海里涌现出很多名字，除了尤里·加加林、约翰·格伦、阿列克谢·列昂诺夫、尼尔·阿姆斯特朗和瓦莲京娜·捷列什科娃这些久负盛名的先驱们，还有很多其他备受尊敬的前辈们，这个名单我可以一直列下去。但最让我敬佩的，却是美国宇航员布鲁斯·麦克坎德莱斯。1984 年 2 月 12 日，他背着喷气背包，飞行到离挑战者航天飞机 100 米远的地方，实现了人类历史上第一个无系绳太空行走。今天，我们在进行太空行走时，总是想尽一切办法，防止我们与空间站分离，因为这实在太危险了，而麦克坎德莱斯却敢主动尝试去远离空间站，令人佩服之至。

麦克坎德莱斯是一名经验极为丰富的海军飞行员，飞行时间超过 5000 小时。1966 年，他被选中，开始接受宇航员训练，并参与了阿波罗载人登月计划。阿波罗 11 号任务让人类第一次登上月球，当尼尔·阿姆斯特朗在月球表面行走时，麦克坎德莱斯作为地面支持团队的一员，负责与月球上的宇航员们进行通信。不过，麦克坎德莱斯本人等了 18 年才首次进入太空。在此期间，他参与了载人喷气飞行背包的研发。最终，他开创了太空行走的新篇章，完成首次无系绳太空行走。

我常常在想，麦克坎德莱斯独自飘浮在地球上空时，该有多孤独。太空行走时，我曾到过空间站最远的边缘，从这里，越过右肩向外看，一片漆黑，什么也看不见，我心头产生一片恐慌。麦克坎德莱斯不系安全带，只背着刚研制出来的喷气背包，带着一种对自己装备的信任，就冒着巨大的风险飞向无尽的黑暗，这需要莫大的勇气。

麦克坎德莱斯在太空总共飞行了 312 小时，其中包括 4 小时的无系绳飞行。他的壮举表明，如果一直追寻自己的梦想，奋力拼搏，你总能梦想成真。他一直是我心目中的英雄。

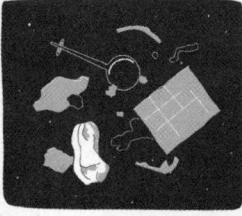
太空垃圾

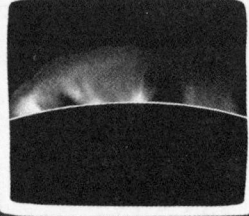
极光

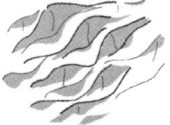
沙丘

空间站轨道

北极

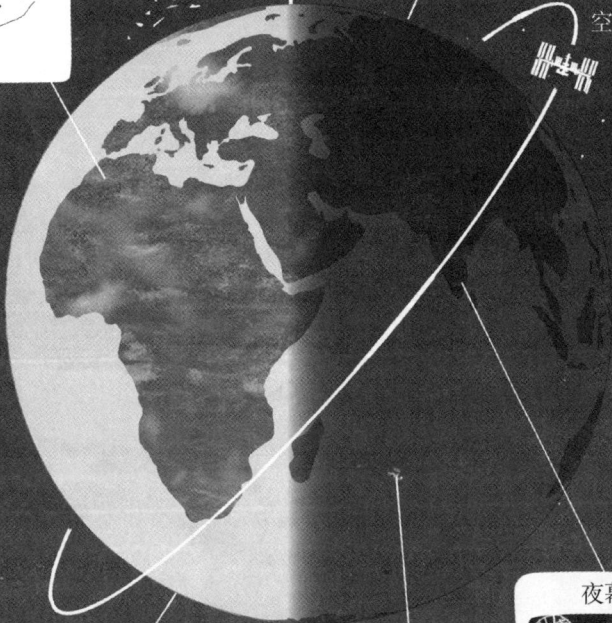

南极

夜幕下的城市

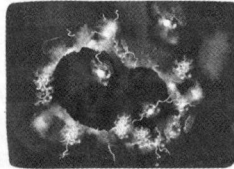
雷电

把地球缩小成足球大小，大气层只有一张纸厚

地球和太空
EARTH AND SPACE

Ask

an

Astronaut

问： 从太空往下看，白天的地球或夜晚的地球上，哪个更美？

（提问者：莱斯特市梅勒社区小学，什里雅）

答： 无论白天还是夜晚，从太空往下看，地球都美得惊人。在夜间，我很喜欢通过空间站舷窗，观察大气中的雷电和极光。极光与太阳活动有关：当太阳活动加剧时，产生很多高能带电粒子，穿透地球磁场，与高层大气分子碰撞，产生极光。冬季，我们有幸目睹了许多极光，这些绿色、红色光带在空间站下方诡异地闪烁着，一直延伸到远处的地平线上，占据很大一片天空，极为壮观。

夜里，从太空站还能观测到风暴，每次都让我印象深刻。在地球上，我们只能看到五六十千米范围内的风暴，而从太空中，你可以看到风暴的整个旋涡。风暴发生时，总是同时伴随大量雷电。我至今还记得一个沿南非海岸线绵延数百千米的巨型风暴，云层之间，闪电产生得如此频繁，像是上帝打开了频闪灯，照亮了夜空。

夜间，我们还可以看到许多灯火辉煌的城市，它们充分展示了人类的存在。虽然看上去很美，但这也提醒我们，都市已产生强烈的光污染。而在白天，从空间站很难辨认出人类聚居地，相反，我们能看到整个大陆，各种地形地貌清晰地展现在我们面前。在漫长的 45 亿年里，地球缓慢而坚定地演化着，变成今天的模样，诞生了各种令人惊叹的美景。我们非常幸运，能俯瞰这个星球上最鲜为人知的一些地区：堪察加半岛的火山群、巴塔哥尼亚的冰川、撒哈拉沙漠的沙丘以及哈萨克斯坦和中国的偏远山区等等。

无论在什么时间观看，地球都很美，但如果不得不做出一个选择，我选白天。在白天，从空间站俯瞰地球，地球真的像一颗蓝色宝石，在一望无垠的黑暗太空衬托下，这个生命绿洲光彩夺目，美得令人心醉。对那些冒险深入太空，远离地球的宇航员，比如阿波罗登月先驱们来说，在他们眼里，地球母亲的景色一定更美吧。

本章将谈谈宇航员透过舷窗所看到的壮美地球、无垠的太空，以及有朝一日我们可能会踏足其中，成为我们新家园的那些星辰。为了能在地球、太空和外星球生存下来，我们必须了解、尊重和保护它们。要做到这一点，首先要尊重科学。

问： 从太空能看到大气层吗？是什么样子的？

答： 从太空，能看到大气层。当我第一次俯视地球时，感受到一种特别的宁静、敬畏和惊奇，但是，当我第一次看到大气层时，感觉却是诧异，我还记得自己当时在想：难道这就是大气层吗，这也太薄了吧？整个地球的生物圈，居然只靠这么薄薄一层气体保护着，没开玩笑吧？大气层真的很薄，如果把地球缩小成一只足球，那么大气层的厚度只相当于一张纸。绝大多数大气都在地面 16 千米以内，还不到英吉利海峡宽度的一半！

大气层

16千米

多佛   加来

|←————————————————— 33.3千米 —————————————————→|

大气层厚度 = 英吉利海峡宽度的一半

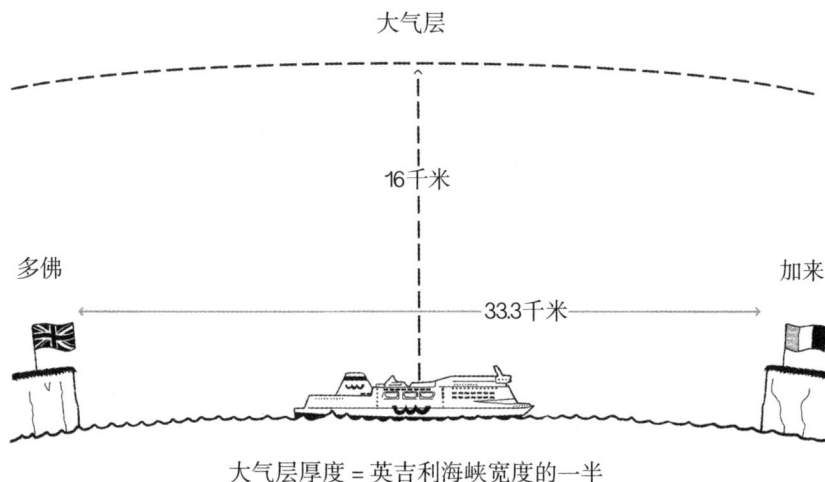

要想在白天直接看到大气层，我们必须盯着地平线看。在这里，地球以完美的弧形凸显在黑暗的太空中，大气层看上去像是一条很薄的带子，从地表附近的白色，往外逐渐变成浅蓝色，再变成深蓝色，最后变黑，与太空融为一体。相反，在地面上，大气分子散射太阳光（瑞利散射），天空是蓝色的。无论你是直视还是斜视地球，都只能看到地球本身，看不到大气层；但我们能看到云层和风暴、火山灰和沙尘暴，它们不断提醒着我们，下面有一个异常活跃的大气层。有一天，我惊讶地发现，地中海上空出现了一个极大的沙尘暴，从撒哈拉沙漠一直延伸到葡萄牙、西班牙和法国南部。随着空间站的运动，沙尘暴逐渐移到地平线上，阳光从这些尘埃上反射，周围的大气呈现出朦胧的橙色。

在晚上我们只能看到大气的最顶层，它发出微弱的绿橙色辉光，这种现象叫气辉，我曾拍过几张照片。气辉现象很复杂，涉及很多过程，例如宇宙射线与大气分子碰撞引起发光，空气中氮氧离子发生化学反应发光，被太阳电离的原子重新复合而发光，等等。由于气辉发生在大气顶部，在夜间观看大气层时，它看起来比白天厚。

是的，我们能看到地球的大气层，它非常美，我们要珍惜这异常脆弱的薄薄一层大气，它保障了地球上所有的生命的生存。

问：你从太空中有没有看到一些特别美的景点，让你产生去实地旅行的念头？

答： 我有幸拜访过很多著名景点。在所有旅行中，19 岁那年的一次探险给我留下了最美好的印象。在罗利国际慈善机构的帮助下，我到寒冷的阿拉斯加参加了一项历时三个月的探险。罗利国际注重生态环境的可持续发展，该机构在偏远地区开展工作，帮当地社区妥善管理自然资源，保护脆弱的环境，改善居民饮水条件和环境卫生设施，取得了很多成果。罗利国际不仅仅致力于环境保护和提升偏远地区居民生活质量，它还为志愿者提供了绝佳的机会，让他们通过野外探险和科学探索来提升自信心和领导能力。

阿拉斯加无疑给我留下了深刻的印象，在太空停留的那段时间里，每当空间站经过阿留申群岛时，我总会拿起相机，匆匆赶往空间站穹顶，一边拍照，一边欣赏阿拉斯加的美景，视野中的群山、冰川和崎岖的海岸线，总是让我惊叹不已，我仿佛又回到了年轻时，凭着记忆重游阿拉斯加。青少年时的户外经历，让我喜欢到那些人迹罕至、条件艰苦的地方去冒险。在太空中，我挑选了下列区域，打算等返回地球后，去一一探访（见照片 31—34）：

⊛ 南美洲，安第斯山脉

⊛ 俄罗斯远东，堪察加半岛的火山群

⊛ 中国，纳木错，蒙古语名为"腾格里海"，是"天湖"的意思

⊛ 加拿大哥伦比亚省，沿太平洋的海岸山脉

⊛ 哈萨克斯坦，阿拉科尔湖和阿拉木图地区

问：从太空可以看到地面上的飞机或者轮船吗？

答： 从太空看地面，不借助望远镜，很难看清个头小的物体。视力很好的人，眼睛的分辨本领约 1 弧分，也就是 1 度的 1/60，国际空间站相对于地面约 400 千米，在这个距离上，人能勉强分辨出大小为 116 米的物体，小于这个尺寸，肉眼看不清。上述计算只考虑了最简单的情况，真实情况要复杂得多。比如，即使你看不清一个物体的准确形状，如果它的亮度足够大，你还是能看到它。在晴朗的夜晚，你能从地面上看到卫星从头顶 1000 千米高的轨道上划过夜空，这些卫星虽然直径不超过 10 米，肉眼无法看清楚其轮廓，但它们把太阳光强烈地反射进你的眼睛，被你看到。

如果你知道准确位置，你就能从空间站看清楚大型集装箱船，甚至看到天空中的飞机。这可能不像你想象中的那么困难。你可以先找出船在海面航行所产生的尾流，或者飞机飞行时，在空中留下的尾气，找到这些轨迹的起源。如果你的眼睛比我好，视力敏锐，也许你能发现地球表面

上某个小斑点其实是飞机或轮船！在夜间，从太空仔细观察，你会发现漆黑的大海上隐约有一些微小的亮点，这是夜航船上的灯光。在泰国湾和安达曼海，渔民点起绿色聚光灯聚集起浮游生物和鱼类，引来鱿鱼追逐进食，被渔民捕获。这里渔民如此之多，大片海面被照亮，从空间站看下去，显得很诡异，似乎有外星生命即将从深海里冒出来。

当然，借助空间站上众多的摄像镜头，我们更容易找到飞机或船只。这些镜头有不同的焦距可供选择，方便我们从很远的距离进行拍照。只要镜头焦距大于 400 毫米，你就能从照片上准确分辨出飞机和轮船。我曾用焦距为 500 毫米的镜头拍摄过比利时安特卫普港，在照片上不仅能清楚地看到集装箱船，而且还能看到一架飞机正从港口上飞过，你可以清楚地看到飞行轨迹，从而找到飞机的白色轮廓。在拍摄时，我还不知道有飞机在飞呢。空间站也安装了特制的防震双筒望远镜，方便我们观察航天器的接近，但我们没有大型望远镜。

问： 您拍摄的极光照片和肉眼看到的一样吗？还是照片经过处理，增强了极光颜色？

答： 拍摄极光时，如果曝光时间设置为 0.5 秒，感光度（ISO）设置为 6400，拍出的照片和肉眼看到的极光非常接近，无论是颜色还是亮度。不过，相机无法表现出极光的蜿蜒曲折和瞬息万变，照片的效果远不如用肉眼观看。从深夜到清晨，极光的强度和色彩都在急剧变化着，光影效果极为震撼。

问： 从空间站能看到恒星和行星吗？与在地面看有什么区别？

答： 当然能看到。由于大气的干扰，从地球看到的星星会闪烁，这主要是因为空气运动产生湍流，不停地改变着空气的密度，从而影响了星光的折射方向，产生闪烁现象，因此在地面不能准确看清楚星星；而在太空，不会发生这种现象。这也是很多天文台建在高山顶部的原因——抬高望远镜的高度，能减少星光在大气中所穿行的距离，从而减少干扰。当然，山顶还有一个好处，就是光污染比较少。

从空间站看到的行星，比从地面看要亮一些，因为空间站周围是真空，星光不受大气干扰和吸收。在这里，我拍摄过木星、土星和火星，还拍到金星从地球上升起的照片，本书附图中，照片 30 就是我拍摄的金星从太阳正前方升起的画面。空间站绝大多数窗户正对着下方的地球，尽管我们能看到行星在地平线上升起和下落，但当它们位于空间站正上方时，我们很难看到它们。

我在空间站执行任务期间，天鹅座货运飞船曾运送补给物资来空间站，当它离开时，我们目睹了它在空间站前逐渐消失的过程，飞船越来越远，变得越来越小，整个过程就像一部科幻大片一样壮观。由于没有大气干扰，哪怕距离已经非常遥远，飞船的轮廓还是异常清晰，令人难以置信，我们很难准确判断飞船的真实距离。没有参照物，你很难判断物体的真实距离，这是太空的一个很有趣的特点。

问： 为什么在有些照片里太空是全黑的，看不到任何星星？

（提问者：吉尔·李）

答：白天拍摄的太空照片里不会看到星星，这是因为阳光太强，任何被阳光直接照射到的东西，比如地球、国际空间站，或者我们的宇航服，亮度比星星的亮度要高数千倍。在地面上，这种事情每天都在发生，白天，天空如此明亮，来自恒星或其他行星的光几乎全被盖过去了，因此日出之后的白天，很难看到星星。拍摄太空照片时，在光照较强的白天，拍摄时曝光时间短，相机无法收集到足够的星光，拍不出星星。

人眼也遵循一样的模式。我们用虹膜调节瞳孔孔心直径，直径越大，照射到视网膜的光线越多。白天光线较强时，瞳孔收缩，减少进光量。在太空和在地面上一样，在强烈的阳光照射下，肉眼看不到星星。不过，在太空中，即使是在白天，天空也是黑的，我们总觉得黑色的天空里应该出现星星，所以，看到这样没有星星的黑色天空，才觉得奇怪。

到晚上，瞳孔扩张，让更多光线进入眼睛，光线被视网膜上的视杆细胞感知，这样我们才得以看清亮度较低的物体，比如远处的星星。你可以在满月的夜晚和无月亮的夜晚，比较一下你能看清多少星星。

要拍摄出星星，你得等空间站运动到地球影子里再拍；拍摄时，曝光时间要长（约1到2秒），让相机的传感器捕获足够的星光。这么长的曝光时间，对拍照时相机的稳定性有很高的要求，一抖动，照片就会糊掉。我一般借助转向臂辅助拍摄，这是一种带调节旋钮的相机支架，它能把相机固定在合适的角度，比人手所能控制的要稳定得多。我最得意的一些太空照片就是在它的帮助下拍摄的，比如地平线上的银河，极光、雷暴的延时照片，夜幕下的地球。

问：身处太空，从太空俯视地球，这种经历是否改变了你的世界观，改变了你对地球和生命的看法？

答： 这是一个很好的问题，经常有人这么问我。从太空回到地球，对我来说，有点像重回儿时的母校参观。当你还是孩子时，你的生活环境主要是家和学校，你大部分时间与家人、同学打交道，你的在校经历对人生观的形成起着重要作用，但随着年龄增长，与外面的世界接触得越来越多，你对人和事的看法会变。重回母校，回忆起旧日时光，你会强烈意识到今天你对世界的看法与当时有多大的不同。

太空经历肯定会开阔你的视野，你对地球会有更全面的了解，并产生一种奇特的熟悉感。这听上去有点怪，但这是我的切身感受，我感觉我对地球上很多地方极为了解，虽然并未亲自到过。在国际空间站有一项例行的早晨任务：检查空间站每天的轨道，看看当天要经过哪些地区，要对哪些目标拍照，是喜马拉雅山、巴哈马、非洲，还是阿拉斯加、印度尼西亚。读到这些地名时，我发现自己能清晰地记起每个地区的特征，能想象出上面的山川和河谷，那些冰川、火山、岛屿，都牢牢地刻在我的脑海中。

我刚到国际空间站时，指令长斯科特·凯利已经在这里工作九个月了，这是他第二次执行长期太空任务，也是他第四次太空飞行。工作一段时间之后，我觉得自己对地球已经很了解了，透过太空站的窗户，我能找出世界上大多数主要国家。有一天，斯科特从我旁边经过，他看着窗外，随口说了句："啊，索马里海岸上有一个漂亮的海滩。"我完全没认出那是索马里，这让我意识到了差距，我对地球的熟悉程度远不及他。不过，六个月后，地面上我不认识的地方已经很少了。我们每天都要面对整个地球工作，每时每刻都在上地理课，课程内容异常详尽，丰富多彩，一段时间后，宇航员们当然对地球的各种地理地貌了如指掌了，看一眼就能找出脚下土地在地球上的位置。

我们不只是获得了丰富的地理知识，从大多数人无法涉足的太空，每日观察我们的家园，这让我们对地球在太阳系、银河系甚至宇宙中的位置有一种全新的感知和理解。很多宇航员谈论过这种感受，还有人专门给这个现象起了一个名字——总观效应，来描述宇航员们从太空或从月球俯瞰地球时产生的心理变化。阿波罗登月飞船里的宇航员们曾从40万千米远的地方观察我们的地球，我只从400千米高的轨道上观察，相对来说不值一提，在他们的眼里，地球只是无垠太空中的一个小圆盘，只占据飞船窗口的一小部分。不过，这一效应不仅与飞船到地球的距离有关，也与我们离开地面的时间有关。长期远离地球，每天俯瞰熟悉的母星，我觉得地球如此美，如此脆弱，人类太渺小了，没必要为了宗教和政治相互冲突。

巨蟒组的《银河系之歌》所描写的就是这种感觉，不过相比我上面这段话，这首歌要精彩多了。如果你还没听过，请一定要去听一听，从全新的视角看看周围的世界！

问：太空闻起来是什么味道？

答：这是我最喜欢的一个问题，但它也是最难回答的问题之一。太空确实有味道，但很难说清楚我闻到的味道。

我在很多场合下闻到过太空的味道。抵达空间站几天之后，蒂姆·科普拉和斯科特·凯利执行完太空行走任务，返回空间站时，我去给他们帮忙。气闸舱暴露在真空之后，每次打开它的舱门，不久就能闻到一股强烈而独特的气味。每次使用日本舱的气闸来释放微型卫星，或回收舱外实验设施时，我也闻到了同样的味道。

太空中为什么会有这种神秘的气味，这是宇航员们的话题之一。不同人闻到的味道似乎不同，有人觉得像是高温金属或电焊时的气味，也有人觉得像烤焦的牛排。有人猜测，这些气味可能来源于我们穿的宇航服，某些部件长期暴露在真空环境，经历过极端高温和低温，内部结构发生

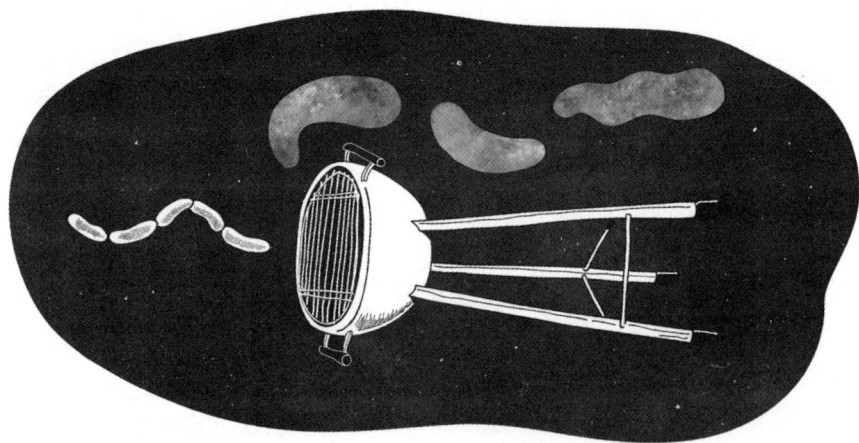

变化，释放出一些有味道的气体分子。但是有几次，给日本气闸舱重新加压后，我没穿宇航服，也闻到了一样的气味。我觉得这些气味与静电有关。冬天，脱下衬衫或毛衣时，有时会产生很多电荷，放电时，会产生烧焦的金属味。

科学家们表示，太空的气味可能与臭氧有关。太阳、闪电、静电会产生高能紫外线，击中氧分子，产生自由氧原子，它与氧气分子重新组合成成臭氧分子。不过，大气中的臭氧层位于平流层下部，离地面20千米到30千米高，而国际空间站离地面有400千米，这里不应该有臭氧，为什么我们还能闻到它的味道呢？这是因为，太空中存在游离的氧原子。实际上，在160千米到560千米之间的高度，空气非常稀薄，90%的气体是氧原子气体。这些氧原子进入空间站气闸舱，当我们给气闸舱加压时，它与空间站空气中的氧分子结合，产生了臭氧。

有一个说法很有趣：太空的气味是垂死的恒星留下的。宇宙中有数量极多的恒星在燃烧，其主要成分是氢和氦，这些轻元素发生核聚变，产生能量，这个过程持续几十亿年。在恒星生命晚期，氢氦燃烧殆尽，恒星坍缩，压强增加，以超新星的形式发生剧烈爆炸，产生更重的碳、氧、金、铀等元素。有人猜想，这些恒星残骸会聚合，产生味道浓烈的多环芳香烃，这些分子一直残存在宇宙中，四处飘浮。因此，我们在气闸舱里闻到的味道，其实源自宇宙中最早一批恒星。很浪漫的一个说法，对吧？

先把这一气味的起源放在一边，回到味道本身吧。对我来说，太空的味道相当令人愉快，它让我想起了夏日的英式烧烤，在木炭烤架上烤香肠的那些好时光。

问： 太空吵吗？

答： 我不确定您问的是在太空中吵不吵，还是问我们在空间站里吵不吵，所以我都回答一下吧。首先，真空中声音无法传播。声波是机械波，它的传播需要固体、液体、气体这样的介质，介质中每一点都在振动，相邻的分子之间相互碰撞。在地面上，我们习惯声音在空气中的传播，但在国际空间站所处的高度，大气非常稀薄，分子之间缺乏足够的碰撞，不能把声音传播出去。

太空行走时，我把金属系钩挂在空间站外壳的一个金属元件上，它们相互碰撞，如果是在地面，会发出很大的噪声，但我没听到声音。虽然理论上我们都知道真空中声音无法传播，但亲自体验到这一点，还是觉得蛮酷的。这并不是说，我们穿着太空服身处太空时，周围一片寂静，什么都听不到。实际上恰恰相反，里面吵得很。宇航服的气泵、风扇等元件一直在工作，以保障宇航员的生命安全，它们产生很大的噪声。此外，我们还佩戴了耳机和麦克风等通信器材，以便与地面控制中心和空间站随时进行交流。因此，宇航员在太空行走时，远不像你想象的那么安静。

空间站内部同样很吵。虽然我们不再头戴耳机和麦克风，但和宇航服一样，空间站里有大量通风风扇，各种气泵、水泵和电气设备在运转，制

造出大量噪声。空间站不同区域背景噪声不同，我穿行其间时，没怎么注意到各处噪声的具体区别。这里我想说一下跑步机，有人跑步时，跑步机会产生很大的噪声；高速跑动时，噪声高达 85 分贝。声音再高一点，听力就会受损，很多安全规范规定，声音超过 85 分贝，就必须佩戴防护耳罩。不妨和战斗机的噪声对比一下，通常我们认为战斗机会产生很强的噪声，但是，现代战斗机的飞行员在佩戴标准防护装置后，即使身处驾驶舱，耳朵听到的噪声也不会超过 80 分贝。因此，宇航员在跑步时，会戴上特制的耳罩。在保护听力的同时，我们也能听听音乐，或者观看笔记本电脑播放的视频节目。空间站内其他地方的噪声约为50到60分贝，与繁忙的办公室环境一致；我们的休息舱的墙壁和门由隔音材质制作，将噪声进一步减少到45到50分贝左右。

问: **在太空有重力吗?**

答: 人们普遍误以为，在太空中没有重力。实际上，重力无处不在。早在1687年，牛顿就发表了万有引力定律，据说他受到了苹果落地的启发。牛顿认为，宇宙中任何两个物体之间都有相互吸引力，这个力的大小与两个物体的质量的乘积成正比，与它们之间的距离的平方成反比，距离变大，物体之间的引力迅速减小，但不会完全消失，从这个意义上说，引力连接着宇宙中所有物质。

我们很容易理解万有引力，理解太阳对行星、地球对月球的吸引，理解天体的运行规律。不过，1916年，爱因斯坦提出了广义相对论，突然之间，引力变得难以理解了。爱因斯坦认为，引力不是一种力，而是时空的弯曲：物质改变了宇宙的形状，使得时空弯曲，粒子在这种弯曲的时空中运动时，运动规律不同于平坦时空，从表面上看，这个粒子像是受到了引力的作用。绝大多数情况下，牛顿万有引力规律与广义相对论得到的结果非常接近，可以简单地用牛顿引力来近似地描述物体的运动，但需要极高精度的结果时，或者引力很强时，必须采用广义相对论来计算。

在国际空间站上，我们同样受到了地球引力的影响，受到了太阳引力的影响，受到了太阳系其他行星引力的影响，受到了银河系中心的超大质

量的人马座 A 黑洞的引力影响。广义相对论告诉我们，就在你阅读本书时，你自己的身体也让时空产生极为微弱的弯曲，这也会影响国际空间站的运行，当然这一影响非常微弱。

人类对引力的认识还在发展中，一百多年来，爱因斯坦的广义相对论经受住了时间的考验，被很多实验和观测所证实，被物理学界接受。今天一些物理学家正在研究引力波和引力子，研究引力在宇宙中以光速传播的细节。但是，我们只知道引力的特征，还没彻底搞清楚引力到底是什么。

问：为什么宇航员在空间站上会失重？

答：我们在空间站看起来是失重的，这是因为我们和周围的物体在一起以相同的速度往下掉。想象一下，如果你站在太空里的一个体重秤上，当秤向下掉，人随之往下掉，同步运动，秤上读数为零，对节食减肥的人来说，这是个好消息。空间站在以 27600 千米每小时的速度绕地球高速运动，和平抛运动一样，在引力的作用下我们一边向前运动，一边落向地面。由于地球不是平的，它随着我们向前运动，前方的地面也朝下弯，地面的弯曲程度和飞船轨道的弯曲程度一致，我们一直在朝下掉，但永远掉不到地面上，飞船绕地球进行圆周运动。由于空间站及其内部的所有物体都以相同的速度下落，我们飘浮起来，看起来失重了。

那么，如果我们不绕地球转动，而是建造一座 400 千米高的塔（与国际空间站处于同一高度），在这座塔上，我们有多重呢？有趣的是，我们的体重和在地面时相差不大，准确来说，是在地面时的 89%，相对于地球的半径，空间站到地面的 400 千米距离不算太远，地球引力场的强度

仍然足够强，是地面的 89%，因此我们的重量只减少了 11%。

想象一下你乘电梯到达塔顶。如果电缆断了，所有的保护装置都失效了，电梯掉向地面，如果忽略空气阻力，电梯带着你一起做自由落体运动，在最后撞击地面之前，你会感受到宇航员在空间站的失重感！

问：在空间站你如何测量自己的体重？

（提问者：迈克，29岁）

答：迈克，你提出了一个很好的问题，失重的状态下，怎么才能测量出重量呢？在空间站，我们都处于自由落体状态，站在体重计上，你会发现读数为 0，不能用体重计测量体重。不过，我们可以测量自己的质量，从而得知自己在地面上会有多重。空间站上的人体质量测量仪由俄罗斯制造，它本质上是一个弹簧振荡器，体积不大，样子有点像一头小毛驴，所以宇航员们习惯把体重测量叫作骑小毛驴。测量时，我们全身蜷缩，

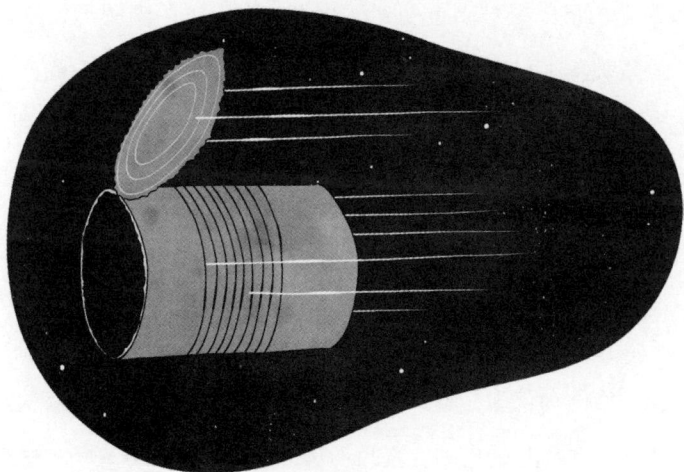

趴在这台仪器上,与之一起上下振动。测量仪会测量出振动频率,根据弹簧弹性系数,利用振动规律计算出宇航员质量。我们一般每月称一次体重,每次测三组原始数据,再求平均值。这个仪器的测量结果能精确到 0.1 千克。

问: 国际空间站被陨石或者太空垃圾撞击的风险大吗?

答: 太空垃圾分两类:天然的微流星体,以及人类制造的太空垃圾。微流星体绕太阳转动,而人造太空垃圾主要绕地球转动。实际上,空间站经常被极小的太空垃圾击中,这种碰撞一般来说不会造成多大的麻烦,特制的防护罩很好地保护着宇航员工作和居住的太空舱。不过,大的太空垃圾可能会对空间站造成损害。太空行走时,我们发现了这类撞击留下的痕迹,空间站外的一些金属扶手上,有因撞击产生的小小的撞击坑,在撞击坑的边缘,是剃刀般锋利的金属毛刺。在太空行走时,一定要非常小心,不要让手套从上面滑过,以防割破宇航服。空间站的穹顶舱的瞭望舷窗上,最外层玻璃也受到了撞击,产生了一圈圆形裂纹。一觉醒来,发现玻璃上出现裂纹,这实在是太糟糕了。不过,空间站比看上去的要结实多了。穹顶舱有七个瞭望窗,每个窗户装有四层玻璃。这些玻璃由二氧化硅和三氧化硼制成,特别耐热、耐冲击,总厚度为 7 厘米,这次碰撞时,太空垃圾连第一层玻璃都没穿透。

问题是,超高速飞行时,很小的太空垃圾就能对空间站造成明显的损害。欧洲空间局认为,瞭望窗上的裂纹很可能是一点点脱落的涂料,或者一小块金属碎片造成的,直径不超过一毫米的百分之一。这么小的东西都能造成这么大的危害，如果撞过来的太空垃圾直径有 10 厘米，后果将是灾难性的，空间站会直接被穿透，而且，在太空垃圾的强大的动能下，空间站会四分五裂。

好消息是，地面控制中心为国际空间站设置了一个警戒区域，它以空间站为中心，形状是长方体，高 1.5 千米，长宽各为 50 千米。地面雷达跟踪系统，比如美国空间监测网和欧洲空间局在德国达姆施塔特的空间监测网正时刻监控多达 23000 个太空碎片，一旦发现它们接近警戒区，系统就会向国际空间站提供预警。如果碰撞风险足够高，空间站会启用俄罗斯段的推进器，或者其他停靠在空间站上的航天器来助推，改变空间站的轨道，躲避碰撞。但是，这一防撞预警机制还很初级，整个过程耗时 30 小时。如果发现碎片的时间太晚，空间站来不及变轨，机组人员将关闭太空舱的所有舱门，然后疏散到一直停靠在空间站的联盟号飞船上，直到警戒解除为止。2015 年 7 月，预警机制升级，现在从接到预警到成功规避，整个过程只需要 70 分钟。

这里也有一个坏消息，那就是，预警系统存在很大的盲区，无法追踪探测直径介于 1 厘米到 10 厘米的太空垃圾。任何直径超过 1 厘米的物体都足以给空间站造成灾难性破坏，造成人员伤亡，这些危险而又无法测量的太空垃圾，是空间站最危险的敌人。通过观测和计算机模拟，科学家们估计，在地球轨道上有大约 72.5 万块这类太空垃圾。我们知道了太空站有被太空垃圾击中的危险，那么，接下来会发生什么事情呢？

问：如果空间站被太空垃圾击中，会发生什么事情？

答： 我们来想象一下，如果一个稍大的直径 2 厘米的太空垃圾与空间站的太空舱碰撞，会发生什么事情。空间站的第一道防线是微流星体和轨道垃圾防护盾（MMOD），总共有好几百块，它们的材质、质量、厚薄和体积各不相同，分布在空间站各处。其中最典型的是弗雷德·惠普尔发明的薄板金属防护盾。这种防护盾有一个铝质缓冲层，用来承受太空垃圾的碰撞，吸收冲击动能，并将太空垃圾分解为更小的碎片，降低太空舱的穿透风险。为增强防护效果，可以增加缓冲层到太空舱的距离，让分解后的小碎片散布在更大的范围内，并在缓冲层和太空舱之间填充高强度的陶瓷和凯夫拉复合纤维，这些材料通常用于制造防弹衣。

空间站的欧洲模块舱（哥伦布舱）位于空间站前方，更易受到撞击。即使有质量更大、防护距离更大的护盾，也无法挡住直径 2 厘米的太空垃圾的穿透。如果太空舱被击穿，宇航员们首先会听到一声巨响。如果正好待在里面，他们会看到强烈的闪光，然后会被太空垃圾和船舱内壁脱落产生的碎片击中。太空垃圾与防护盾剧烈碰撞时，产生大量热量，一些铝片猛烈燃烧起来，很容易引发火灾。太空舱发生穿透后，舱内压强和气温迅速降低，空气中的水蒸气凝结起来，出现雾气。还有更糟的：如果太空舱的穿孔太大，舱壁上的撞击裂纹会快速扩张，最终太空舱的墙壁会完全开裂，给宇航员们带来灭顶之灾。即使太空舱没裂开，还能维持某种程度的完整，空间站也会失压，这个过程可能会在很短时间内完成。随着压力的快速降低，宇航员们会觉得耳膜鼓出来。

训练时，我们花了很多时间来学习如何应对这种紧急状况。机组人员首先要确定哪个太空舱受到撞击，然后立刻采取措施，关闭舱门，封闭这个舱，以防空间站空气迅速流失，压强降低为零。1997年6月25日，和平号空间站就发生过这样的事故。不过，和平号的空气流失不是由于太空垃圾，而是与补给飞船碰撞造成的。俄罗斯宇航员瓦西里·齐布利耶夫按指示，借助电视视频和激光测距仪远程控制进步号补给飞船，让它与和平号空间站对接。问题是，其他机组人员无法通过空间站窗户看到进步号，无法用测距仪进行测量。只凭借视频图像，齐布利耶夫无法准确判断进步号的接近速度。实际上，它正以极高的速度撞过来，等他意识到大事不妙时，已经太晚了。尽管进步号紧急刹车，但它还是与和平号发生猛烈撞击，导致空间站的太空舱破裂，并进入无法控制的旋转状态。

碰撞发生后，齐布利耶夫发现和平号的光谱舱外壳裂开，正在漏气，但这个太空舱舱门无法迅速关闭。俄罗斯人过于随意，习惯让电缆直接从舱门穿过，这次终于误事了。宇航员们花了几分钟才割断这些电缆，关上舱门，让其他几个太空舱与光谱舱隔离，挽救了这些太空舱。这次事故让我们学到了很多东西。现在，原则上不允许电缆或其他物品穿过舱门，同时，空间站每个舱门也经过重新设计，可以迅速封闭。一旦有紧急状况发生，几秒钟内就能关闭舱门。

宇航员们受到了系统性训练，可以很好地应对紧急失压。首先，我们疏散到安全避难区，聚集起来，根据每名宇航员的情况评估一下，到空间站完全失去压强，我们必须撤离之前，有多少时间来处理失压问题。之后检查联盟号飞船，再返回空间站，找出哪个舱正在漏气。缓慢的泄漏可能很难发现，我们可以依次关闭每个太空舱，看舱内气压是保持恒定还是继续下降，如果时间足够，我们可以找遍整个空间站，直到查出泄漏点。检查太空舱密封性时，我们总是待在舱门靠近联盟号飞船的那一面，以防被不小心关在太空舱里。

问：太空垃圾能造成多大的麻烦？

（提问者：托马斯·桑蒂尼，来自阿伯丁罗伯特·戈登学院）

答： 太空垃圾是很严重的问题。除天然存在的微流星体外，60 年来，人类发射了 7000 多枚火箭，在地球轨道上留下了各种太空垃圾，小到油漆斑点等各种小碎屑，大到失效的卫星和火箭助推器。据估计，在地面附近几千千米内，有多达 1.5 亿块直径超过 1 毫米的太空垃圾。今天，我们发射卫星时，还不用担心太空垃圾太多，根本无法发射卫星，但这也只是一个时间问题，我们迟早会遇到这个问题。2016 年 8 月 23 日欧洲空间局地面控制中心的操作员注意到，他们的哨兵 1 号地球观测卫星突然失去电力，轨道也稍有改变，调查发现，它被太空垃圾击中。这颗旗舰卫星已经在太空运行三年了，获得了很多数据，此次碰撞造成卫星 40 厘米宽的太阳能电池板受损。随着科技的发展和技术的进步，我们的日常生活和国家安全越来越依赖各种卫星，未来，太空垃圾可能会给我们带来更大的损失。

1978 年，美国国家航空航天局专家唐·凯斯勒意识到了低轨道高密度物体的危险，他认为，这类物体与卫星碰撞时，会产生很多太空垃圾，这些垃圾再与其他卫星碰撞，形成链式反应，将会破坏绝大多数通信卫星，形成的碎片带让人类在长达几十年时间里无法发射任何新航天器，这种效应今天叫凯斯勒综合征。2013 年著名科幻电影《地心引力》就是以此开场的，在电影中，一团太空垃圾摧毁了航天飞机，形成的链式反应接下来摧毁了国际空间站。不幸的是，凯斯勒综合征不仅仅是科幻电影的内容，现实中完全可能发生。今天，半数人造太空垃圾来自两次卫星碰撞事件，一次是 2007 年 1 月，中国用弹道导弹摧毁了自己的一颗人造卫星；另一次是 2009 年 2 月，美国商业通信卫星铱 33 与俄罗斯已退役的宇宙 2251 气象卫星相撞。幸运的是，国际空间站所处的轨道上，太空垃圾不算多，即使这样，国际空间站每年也会有四五次需要通过变轨来躲避太空垃圾。

在轨人造卫星数量在未来十年内有望翻番，届时将有超过 18000 颗同时在轨，太空垃圾问题只会更严重。幸好，全球有 85 个国家加入了联合国 1959 年成立的和平利用外层空间委员会。今天，各种国际组织、空间机构和各国政府正在努力研究太空垃圾问题，并致力于垃圾清理。欧洲空间局在减少太空垃圾领域处于领先地位，除积极倡导，参与各项规则的制定外，还采取实际行动清理已有的太空垃圾。目前欧洲空间局正在开发航天史上第一种空间碎片主动清除技术，其目标是捕获欧洲空间局一个重型太空垃圾，将其从近地轨道拖到大气层中烧毁。美国国防高级研究计划局则利用位于地面的 90 吨级空间监控望远镜，搜寻和跟踪空间碎片。它可以同时跟踪数千个小目标，并在几秒内搜索一个比美国大陆还大的区域。2002 年以来，美国联邦通信委员会要求所有地球同步卫星承诺在使用寿命结束时，转移到墓地轨道。

为了减少太空垃圾的威胁，仍有大量工作要做，我们决不能再袖手旁观。

热点问题
Hot spots

问： 您在飞行中环绕地球多少次？

答： 您自己就能算出来。我在太空待了 186 天，国际空间站每天绕地球飞行 15.54 圈，所以总共绕地球 $186 \times 15.54 \approx 2890$ 次。

问： 您在太空中飞了多远？

答： 空间站以 27600 千米每小时的速度飞行，用这个速度乘以我在太空中停留的时间——186 天，就能算出总飞行距离：$186 \times 24 \times 27600 = 123\,206\,400$ 千米。

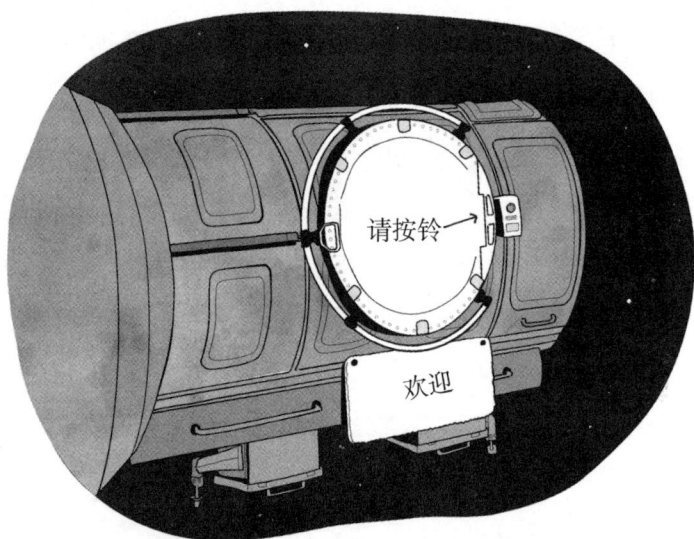

问：从太空能看到中国的长城吗？

答：我尝试用肉眼看过，不过没看到。不过，如果知道准确位置，借助手头的 800 毫米焦距的照相机，宇航员能轻松找到长城并拍照。用肉眼也看不到金字塔，但你可以先找到尼罗河三角洲，它很像一颗花椰菜，你能轻松地从一片沙漠中找到它。把照相机对准它，你就能从取景框里找到金字塔并拍摄。

问：国际空间站有没有与外星人进行第一次接触的标准预案？

答：虽然这是个好问题，不过看到后我还是忍不住笑了。答案也很简单：抱歉我们没有这样的预案。如果有外星生命靠近，我会很高兴航天局事先做过预案。只是，到目前为止，我们还没有等到这种来访。

黎明号太空舱

着陆前三小时联盟号离空间站足够远

0.1m/s

联盟号在分离弹簧的推动下，
助推火箭才点火，以防意外

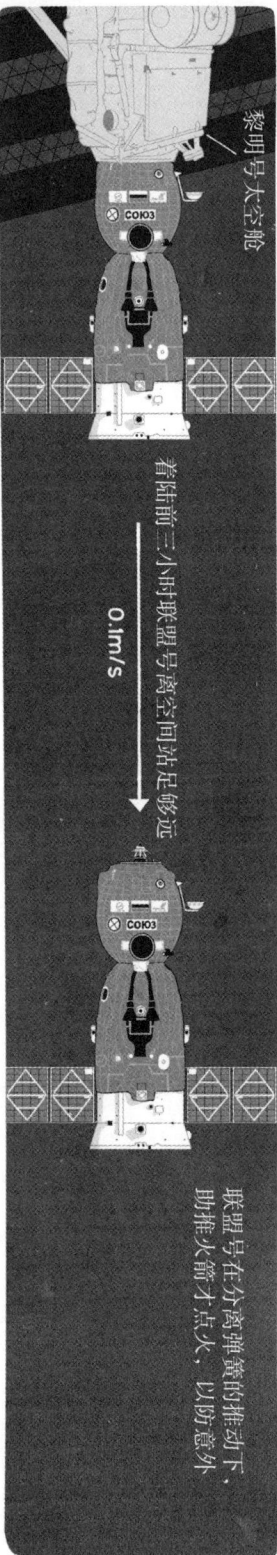

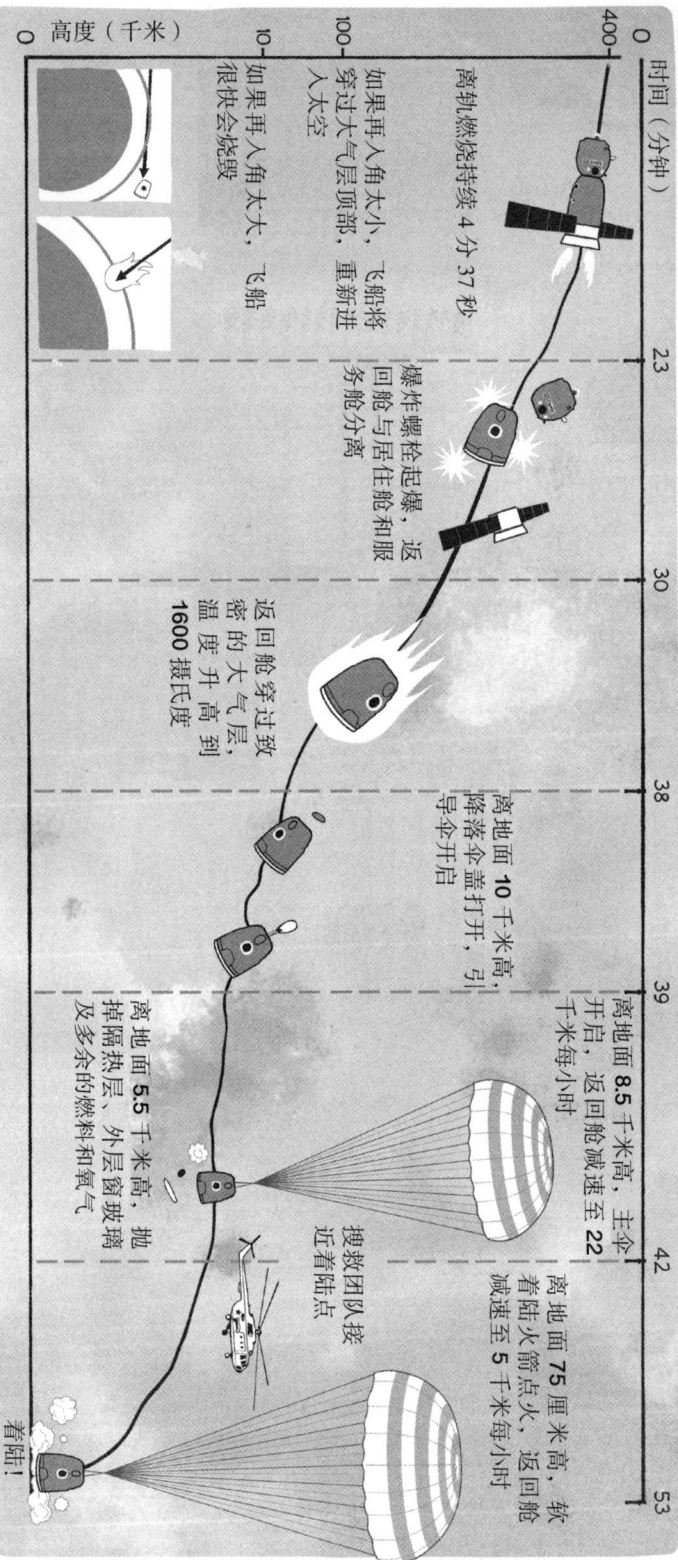

C0103

高度（千米）

时间（分钟）

400

离轨燃烧持续 4 分 37 秒

100

如果再入角太小，
飞船将穿过大气层顶部，
重新进入太空

10

如果再入角太大，
飞船很快会烧毁

0

23

爆炸螺栓起爆，
返回舱与居住舱
和服务舱分离

30

返回舱穿过致密的大气层，
温度升高到
1600 摄氏度

38

离地面 10 千米高，
降落伞盖打开，
引导伞开启

39

离地面 8.5 千米高，主伞
开启，返回舱减速至 22
千米每小时

离地面 5.5 千米高，抛
掉隔热层，外层窗玻璃
及多余的燃料和氧气

搜救团队接近着陆点

42

离地面 75 厘米高，软
着陆火箭点火，返回舱
减速至 5 千米每小时

53

着陆！

重返地球
RETURN TO EARTH

Ask

an

Astronaut

问：您从国际空间站返回地球，花了多少时间？

答：我们返回地球时，只用了约三个半小时，比伦敦飞往莫斯科的航班还快。格林尼治标准时间 2016 年 6 月 18 日，我和蒂姆、尤里结束了国际空间站的工作，乘联盟号飞船返回地面。早上 5：46，火箭点火，飞船离开国际空间站；上午 9：15，我们就已经降落在哈萨克斯坦的大草原上；186 天前，我们正是从不远处发射升空的。返回地面前一天，我还在日本舱继续做一个已持续数月的实验，不到 24 小时，我们已经在地面上了，颇有一种超现实的感觉。

我们把真菌等微生物粘在气凝胶上，通过日本希望号实验舱的气闸门，将它们直接暴露在外太空，持续几个月，以研究微生物如何在恶劣的太空环境下生存，评估生命能否在星际空间穿越。这个实验也研究气凝胶捕获含有机物的微型陨石的能力。我和杰夫·威廉姆斯身穿全套防护服，通过气闸门，小心地取回暴露在外太空的实验平台，把这些珍贵的样品精心采集整理好，以便后续分析。完成这项任务时，已经是中午了。我开始收拾行李，再过几小时，就能回家了。

国际空间站所处的轨道有一个优点，那就是离地面很近，一旦有紧急状况发生，我们可以把联盟号飞船当作救生艇，在几个小时内快速返回地球，作为对比，阿波罗登月飞船如果在月球附近遇到故障，要花几天时间才能返回。虽然看上去不难，但太空飞行的每一阶段都不简单，飞船返回地面尤其需要精心规划，这个过程极其复杂，充满危险。这是我这辈子所经历的最让人胆战心惊的一段旅程。那么，宇航员们怎么从400千米高的国际空间站返回地面呢？我们将在这一章里讨论各种细节。请扣紧安全带，我们要一起出发了！

问： 从太空返回地面前，您要先进行针对性训练吗？

答： 是的。返程之前两周，每个工作日我们都进行了一定的返程训练，以便重新熟悉联盟号飞船的驾驶，并学习各种紧急状况的应对方法。从地面发射升空出发前，我们曾在俄罗斯星城的模拟器上接受了高强度驾驶训练，并熟练掌握应对方法，一旦遇到各种状况，不需思考，只凭潜意识我们就能做出正确操作。不过，在太空中待了六个月后，我们对联盟号有些生疏了，各种反应都显得有些迟钝。训练包括两部分：一是理论复习，我们要熟悉降落的各个阶段，阅读和背诵每一阶段的操作流程、需要检查的仪器清单；另一部分是模拟飞行，我们从空间站进入联盟号，进行飞船起飞、降落、再入大气层操作训练，整个过程中，莫斯科的联盟号飞行控制中心的教练们一直实时指导着我们。在国际空间站住了这么久，重新回到狭小的联盟号，我们很不适应，不过这也强烈地提醒我们，很快就要回家了。出发前，我们还需要对联盟号进行一些检查。

在太空停留六个月后，宇航员的身高发生了明显的变化——长高了3%。虽然我个子不高，才5英尺8英寸，但也长高了2英寸！在空间站的微重力环境下，脊柱不像在地面那样受到挤压，椎间盘、脊椎周围的肌腱和韧带处于放松状态，身高自动增加了。这种现象在地球表面也存在，只是不像在太空这么明显。经过一夜的睡眠，你的身高会增加约 1 厘米；而在白天，重力又把我们的身高重新拉低。我们在联盟号飞船的座椅是根据每名宇航员的身材针对性设计的。在座椅设计和模具制作阶段，设计人员就已经考虑到脊柱会增加这一因素，特意给我们留了几英寸的余地。检查每个座椅，看它们是否适合宇航员现在的身高，能否保证返程中的安全和乘坐舒适，是返回地球准备工作的一部分。

离返程还有三四天，尤里和蒂姆给联盟号飞船通了电，这艘飞船已经连续六个月处于休眠状态，需要认真检查一下，确保各项系统正常工作，尤其是飞船的推进和动力控制系统。飞船脱离时，一个高强度的弹簧推动联盟号，我们以 0.1 米每秒的速度缓慢离开国际空间站。如果等到那时，才发现飞船无法正常运行，那就太晚了。另一件需要检查的设备是我们在联盟号要穿的宇航服。如果遇到火灾或飞船减压的情况，它能提供氧气和压强，拯救我们的生命。返回地球之前一周，我们试穿这种宇航服，以检查它们是否完好无损，有无气体泄漏。

尤里是联盟号飞船的指令长，他的工作职责之一是决定携带哪些物品返回地面。虽然我们的返回舱容量有限，但空间站有很多重要设备和实验数据需要尽快送回地面，主要是生物实验急需的唾液、尿液和血液的冷冻样本。此外，我们也把一些垃圾装进居住舱，以减少空间站的垃圾数量。联盟号在再入大气层之前会分解为三个太空舱，只有返回舱才能返回地面，居住舱则会连同里面的垃圾一起在大气层中被烧毁。联盟号飞船搭载货物时，必须严格遵循飞船控制中心设置的标准载货流程，以确保航天器的质量和重心处于安全范围，这样飞行计算机才能做出正确的计算，发动机能准确地进行点火控制，保证飞船安全返回地球，在预定的着陆场着陆。

问：为什么飞船在升空阶段不需要隔热层，而再入大气层时需要？

答： 航天器再入大气层的速度极高，从低轨道返回的飞船速度是空气中声速的 25 倍，从更高的轨道或者从月球、火星返回地面的飞船速度更高，外壳温度很高，隔热层能保护航天器不被烧毁。相反，飞船升空速度要小很多，在大气层中上升时，空气分子撞击整流罩，产生动压，并与飞船表面摩擦，飞船外壳的温度也会升高，但这一效应比较温和，远不如再入大气层时。而且在火箭点火约 49 秒之后，联盟号飞船的动压就达到峰值，不久飞船就超过声速，之后虽然火箭继续推动飞船加速，飞船越来越高，空气密度逐渐减小。火箭发射 2 分 38 秒后，飞船已经到了80 千米的高空，位于大气层的顶部，此处空气非常稀薄，空气分子碰撞产生的动压很小，摩擦生热效应减弱到几乎为零，不再需要整流罩来保护航天器，为减轻重量，飞船抛掉整流罩，宇航员第一次能透过舷窗看到外面的太空。

重返大气层时，飞船只能以 25 马赫的速度高速撞击大气层，利用大气层来减速，以便安全返回地面。为增强减速效果，飞船由特制的隔热层保护着，它们能增大阻力。飞船被炽热的等离子体包围，它们产生巨大的热量，隔热层能增强飞船的散热效果，并很好地保持外壳和飞船内部的热隔绝，保护宇航员和飞船。有趣的是，1951 年美国国家航空咨询委员会（后来的美国国家航空航天局）发现，钝形物体隔热效果最好，这违背了我们的直觉。在此之前，随着航空的进步，飞机速度越来越快，但空气动力学领域只专注飞行器的低阻力特性，研究如何采用锐形机翼和尖头来降低阻力。然而，风洞测试表明，如果飞行器的速度超过 2.2 马赫，摩擦发热效应非常明显，会引发很多问题，一些材料甚至会熔化。改用钝的表面，空气分子不能快速离开，这种表面像气垫一样，将冲击波及热冲击层向外推，高温气体不再与飞行器直接接触，而是绕着它移动，并消散到大气中。这就是航天飞机没有像喷气式战斗机那样尖尖的鼻子的原因之一，这种尖鼻子在重返大气层时会熔化。

问：你要吃药来减弱飞船返回地面造成的恶心吗？

答：每位宇航员要与自己的医生商量，以决定是否要在返回地球过程中服用药物来减轻恶心感。不过，尽管再入大气层的过程困难重重，让人胆战心惊，但我不知道有哪个宇航员在下降过程，或在联盟号内部产生过强烈的恶心感。通常眩晕和恶心的感觉发生在着陆之后的一小段时间内，此时身体试图处理重力的突然变化。国际空间站上的宇航员可以接触到各种治疗运动病的标准药物，如氯苯甲嗪（商品名字为敏克静、晕海宁等）或含有异丙嗪的药物（如非那根）。在进入太空之前，你需要先了解自己对各种常见药物的反应。在培训期间，我们一一尝试可能会用得上的药物，以测试我们对这些药物的耐受性，及早发现它们的副作用。我发现氯苯甲嗪很管用，更重要的是，它不会引起睡意，所以离开空间站前，我服用了一些。不过，着陆一小时后，我还是感觉很糟糕！

宇航员返回地面时会感觉不适，还有一个可能的原因：缺乏体液。在太空，宇航员的体液很容易流失，这是人体为适应微重力而自动做出的调整，体液会在整个身体重新分配，血液体积将减少20%。我们无法彻底阻止这一过程，只能通过体育锻炼等手段，在一定程度上减少损失。着陆时，已经在太空中萎缩的心脏肌肉，突然承受额外的负荷，在重力的作用下，向头部泵送的可用血液比在太空少，宇航员直立时，会感觉眩晕、头疼，严重时，甚至会晕厥，这叫"直立不耐症"。为了防止这种情况的发生，宇航员会在任务的最后几个小时内服用几片盐片，并喝约2升的液体，具体饮水量根据宇航员体重而调整。实践表明，这样做能增加血液体积、提高血压，有效预防直立不耐症，减轻宇航员回地面后的不适感。

还有一种方法：穿上抗重力服。俄罗斯联邦航天局给我们提供了一种叫作肯塔弗的压缩服装，它本质上是一种紧身衣，由弹性面料制成，包括一条从腰部延伸到膝盖的短裤和一条覆盖小腿的绑腿，短裤和绑腿都能通过锁扣和系带来收紧，它能给我们的身体提供压力，对抗静脉血的积聚，以维持动脉压。

和联盟号大多数机组人员一样，我做了我能做的一切：在宇航服里面穿着抗重力服，还吃了盐片，以对抗重力可能造成的伤害。

问：你是如何回地球的，再入大气层时飞船速度有多快？

答：联盟号飞船最初的速度与国际空间站相同，此刻我们还在地面以上400千米高度，在过去的六个月里，一直看着下面的大地在飞船下方快速移动，我早就习惯了，没感觉飞船有多快。我们被捆绑在座位上，此时联盟号飞船的主火箭发动机朝着前方喷气，逐渐降低飞船的速度，这个阶段飞船由于惯性继续前进，但相对空间站向后移动。要从地球轨道返回，你得放慢速度，让重力把你带回家。这一阶段联盟号飞船的发动机以较低的功率长时间运行。

进入大气层之前约 30 分钟时，主火箭发动机以高功率持续点火 4 分 37 秒来脱离现有轨道，飞船一直减速到 410 千米每小时，我感觉像是被轻轻地推回座位上，与发射时剧烈的加速感大不相同。主火箭发动机点火时发出了巨大噪声，我却感觉轻松了很多，在过去六个月里这台发动机一直处于闲置状态，现在它又能正常运行了。如果这台发动机遇到故障，联盟号飞船还有较小的二级推进发动机备用，它也能让飞船减速。减速火箭点火，脱离空间站轨道之后，我们等着接下来的几个关键阶段。首先，我们终于要回家了，无论我们是否愿意。减速之后，飞船轨道不再是圆形了，现在我们掉向地面，沿着一条抛物线飞行，再也逃不出地球的束缚了，最终会与地面碰撞。飞船开始加速，但是不足以留在新的较低的高度上绕地球转动，神奇的是，当飞船进入大气层时，我们的速度再次与国际空间站相同了，虽然不久前，主火箭发动机刚刚点火，降低了我们的速度。但现在我们离地面只有 100 千米了，比 400 千米高的国际空间站低很多，再入大气层之前，我向窗外望去，脚下的大地正以极高的速度移动着，我脑子里一直被一个想法占满：我们就要像块砖头一样掉在这里了，实在太疯狂了。而我们确实是这样掉下去的！

不过，进入大气层之前，联盟号飞船先要分解成三部分。首先，我们必须给居住舱减压。在紧急情况下，可以不执行这一操作，但如果居住舱是完全加压的，分离时可能引发危险，产生剧烈的爆炸！一般来说，飞船的分解是在主火箭发动机完成脱轨点火之后的第 23 分钟自动进行的。在这之前，飞船非常平稳，我几乎感觉不到高度的下降，直到飞船随着一声爆炸，分成三部分，从这一刻起我们的行程充满了危险。联盟号有三个太空舱，我们乘坐的返回舱夹在居住舱和服务舱之间，太空舱之间通过很多螺栓连在一起，这些螺栓内部有炸药，可以遵循指令同时爆炸，以切断连接。乘坐过联盟号飞船的宇航员告诉我，这个过程很刺激。事实证明，他们是对的。先是一系列小型爆炸，声音大得惊人，就像在你耳边放了一个闹钟一样。随后是一个巨大的爆炸，太空舱发生了剧烈震动，这艘立下汗马功劳的飞船炸裂成三个不同的部分。此刻飞船正位于阿拉伯半岛上空 139 千米处，我们所处的返回舱缓慢地翻滚着，等着被重力拽进大气层顶部。返回舱上下颠倒，头部指向地面，我记得当时透过舱窗我看到了颠倒的波斯湾。

一进入大气层，联盟号的服务舱和居住舱在摩擦的高温下很快被烧毁，我们的返回舱则调整姿势，并利用大气减速到 800 千米每小时，我们回到地球了。

问：再入大气层花了多少时间？加速度是重力加速度的几倍？

答：我们的返回舱在离地面 99.8 千米处开始进入大气层，在离地面 10.8 千米处打开降落伞，共持续 8 分 17 秒。不过这个阶段我们承受的过载不大。与其他舱分离以后，返回舱边翻滚边向下坠落。在透过窗户看到外面旋转的天空和大地之前，我一直没意识到返回舱在翻滚。在稳如磐石的国际空间站上工作了半年之后，突然看到返回舱的这种近乎失控的飞行姿态，我十分震惊。持续翻滚大约四分钟后，联盟号飞船下降到80千米的高度，这里大气比较厚，空气阻力逐渐增强，可以借助大气控制飞船姿态了，让隔热层向下指向地面，承受阻力和热量。飞船开始减速，我们从这一刻起感觉到过载。

值得庆幸的是，此时过载很小，这给了我们一些时间来重新适应重力。随后，过载开始增加，我们借用这种过载，最后一次调整坐姿，让身体和座椅贴得更紧，并尽可能系紧我们的五点式安全带。这不是为了防止过载的伤害，到目前为止，飞行还很平稳，过载不大。但是，降落伞开启时，以及飞船着陆时，我们很容易受伤，要提前调整坐姿来降低风险。我们背靠着绝热层坐在返回舱内，飞船减速时，我们胸前承受着巨大的压力。我感觉像是在参加一场橄榄球赛，几个大块头前锋一个摞一个地压在我身上，呼吸变得越来越困难。从这个角度来看，橄榄球似乎是很好的宇航员训练项目……

返回舱的最大过载略高于4倍重力加速度，之后缓慢降低。我们躺坐在椅子上，重力垂直穿过我们胸前，而非从头到脚，所以我们不会经历超重造成的视觉改变和意识丧失。这种现象有时会发生在驾驶高性能战斗机的飞行员身上。返回舱内的过载相对来说还是很容易忍受的，尽管我感觉沉重和不舒服。我们在星城的离心机上受过足够的训练，足以承受这点过载。

海拔（单位：千米）

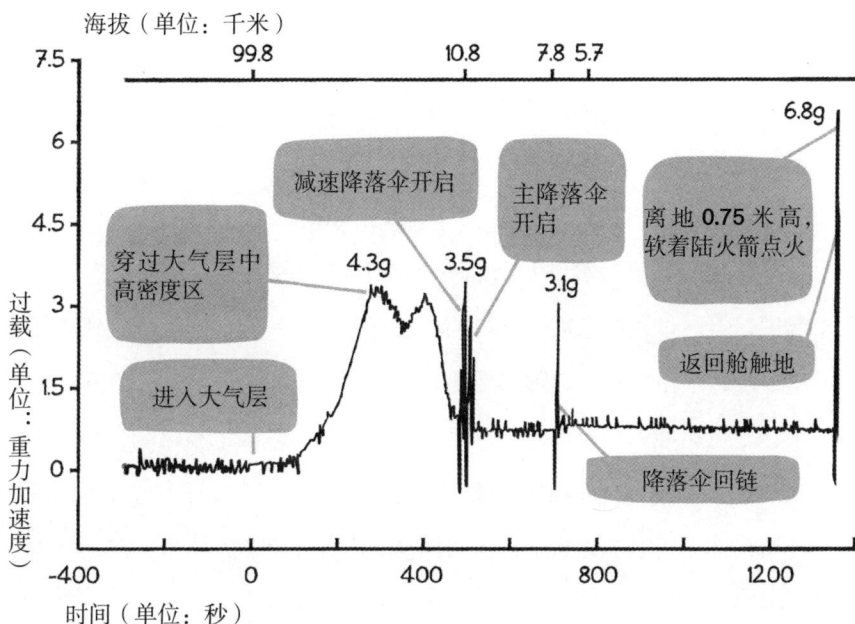

问：再入大气层时，联盟号返回舱内部温度多高？如何控制舱内温度？

（提问者：杰克林·贝尔博士）

答： 联盟号飞船有一个温度控制系统，其工作原理与国际空间站相似，不过规模要小很多。飞船有一个暴露在寒冷真空的外散热器，它与飞船内部通过流体泵连接在一起，冷却之后的流体泵入飞船内部，通过热交换器来降低飞船内的气温；冷却后的空气由风扇在舱内循环，并通过宇航服的通风系统进入宇航服内，降低船员体温。

这是飞船主动降温系统的一部分。此外，还有被动降温设备，它主要由包裹在飞船周围的多层隔热层组成。这种材料与宇航服上的多层隔热层一样，能保护飞船免受极端高温和低温的影响。正常情况下，联盟号内部的温度维持在 18 到 25 摄氏度之间。

但是，飞船高度下降，分解成几个部分之后，返回舱无法再接触到来自散热器的冷却液，因为散热器安装在服务舱上，现在已经与返回舱分开了。现在返回舱内空气继续循环，开始逐渐变热。与高温等离子接触后，舱外的隔热层温度升高到 1600 摄氏度。我不知道返回舱内的准确温度，但通过我的宇航服进行循环的空气非常暖和，我能感觉到自己在出汗。透过窗户看去，隔热层正在破碎，从飞船上脱离，产生阵雨般的火花，飞船被火焰包围着，几乎所有能燃烧的东西都在燃烧，好一场壮观的烟火表演。这个场景持续了几分钟，再入大气过程进行过半，最后连窗户都在高温下烧焦了，我们再也看不见外面了。

你知道吗？
Did you know?

✪ 再入阶段，飞行器对大气进行的激波加热和隔热层的烧蚀会产生等离子体，它会吸收和反射电磁波，中断返回舱和外界的无线电通信，这种效应叫黑障。任何飞船返回地面都会遇到这个问题，但不同飞船的通信中断持续时间不同，具体时间取决于飞船的种类和再入大气层的情况。联盟号飞船的黑障时间持续了 5 分钟。在这段时间里，尤里继续通报我们的过载数据、飞船运行情况和宇航员状态，而地面控制中心则等着飞船从等离子体中冒出来并恢复通信。

问：你更喜欢飞船上升阶段还是返回地面阶段？

（提问者：克莱尔）

答：好问题！我的答案是，都喜欢。上升过程中，火箭全力推进，加速度极大，带来的强烈的动力感，很好地满足了我这种首次进入太空的宇航员对火箭的期待，我一路都很兴奋。而下降过程中则充满刺激，降落伞打开时，最疯狂的过山车爱好者也会后悔待在返回舱里。主伞开启时飞船速度不能太快，否则不安全，不过我们有一系列辅助降落伞，按照一定顺序打开，将返回舱的速度从 800 千米每小时减少到 324 千米每小时，主伞随后开启。

返回舱下降过程中，主要靠空气阻力减速。不过，离地面还有 11 千米时，我们重达 3 吨的返回舱还在像一块笨重的砖头一样高速下坠，速度只略低于空气中的声速。首先打开的是两个抽出式引导降落伞，从这一刻起，降落过程就充满危险。这两个降落伞打开后，拉出刹车降落伞，返回舱开始剧烈旋转起来，同时还在摇摆和晃动，这个过程一直持续了约 20 秒。由于返回舱并未直接悬挂在降落伞正下方，而是通过绳子吊在降落伞主轴下方 30 度处，这让飞船的运动更加混乱和狂野。幸好，随后飞船与降落伞重新钩上，保障了随后着陆的安全。美国宇航员道格·惠洛克曾这样描述过："就像被装在一个桶里从尼亚加拉大瀑布滚下来，而且这个桶还在着火。"这也是我待在狭小的返回舱时的真实感受，相比之下，任何游乐场的过山车都是小小的玩具。

我在联盟号的搭档杰夫·威廉姆斯告诉我，很多宇航员对减速降落伞打开后这 20 秒充满剧烈晃动的制动过程感到后怕，他让我做好准备，特别要注意，主伞打开时飞船会猛烈晃动。引导伞展开后，我一直盯着仪表盘，试图把注意力集中在面前的小时钟上。剧烈的晃动突然停止了，预定的 20 秒刹车阶段应该已经结束了。舱内还是充满噪声，听上去我们还在高速穿越大气，但没有伴随大的晃动。我不太确定主降落伞是否已经打开了，我转过头去看尤里，他一如既往地冷静，朝我点了点头，表示我们很安全。所以，回到你这个问题，我想我会选择飞船返回、再入大气层这个过程。

问：返回地面过程充满困难，您有没有受伤？

答：谢天谢地，我没有受伤。联盟号在下方的哈萨克大草原上碰撞着着陆，一点都不优雅，我们像是经历了一场小型车祸，被撞得喘不过气来。蒂姆·科普拉曾开玩笑说，着陆后，他花了十秒钟时间拍了拍自己身体各部分，看有没有缺胳膊少腿。当然，在设计返回舱时工程师就考虑到了着陆过程，采取了很多措施来防止宇航员受伤。首先要尽量降低返回舱的速度。主降落伞展开后，我们就抛掉隔热层，抛掉舷窗已经烧焦的外层玻璃，以减轻返回舱的重量，并将速度降低到 22 千米每小时。与此同时，我们的座椅自动上升，调整到翘起的位置，准备迎接即将到来的撞击。

很久以前，联盟号飞船的工程师们就为机组的每位宇航员制作了专属座椅。我们躺在石膏模具里，石膏受压后变形，紧密贴合我们的后背，工程师们利用这个模具来制作座椅。在着陆时，这种全世界独一无二的座椅能很好地保护我们，缓解返回舱与地面碰撞带来的冲击。我们还收紧了宇航服膝盖部位的系带，以防着陆失败造成腿部受伤。主伞开启，我们继续下降，15 分钟后，此时返回舱离地面已经很近了。我们检查了一下返回舱，看看有什么东西还没固定起来，返回舱与地面碰撞时，它们可能会四处乱飞。指令长尤里戴着一个腕表，可以指示飞船的高度，离地面还有约 100 米时，他开始倒计时。着陆前，我们以双臂交叉、护住胸口的姿势躺在座椅里，手里还紧紧地抓住自己的任务清单。我们按照培训的要求，把脖子向后伸直，紧靠座椅衬垫，紧闭嘴巴，舌头缩回口腔，以防不小心被牙齿咬到。飞船撞击地面时，千万别伸头从窗户向外看，这样脖子会处于完全错误的位置，因承受很大的冲击而折断。

最后，当飞船的伽马射线高度计检测到我们离地面只有 0.75 米时，软着陆推进器自动开启。这些固体燃料推进器向下喷气，返回舱减速到 5 千米每小时。着陆点扬起大片灰尘，这些灰尘是被推进器喷出的气体吹起来的，而非飞船真正撞击地面产生的。从软着陆推进器点火到返回舱撞击地面，时间间隔极短，但它给了我们足够的预警。推进器点火时产生强烈的反冲力，宇航员们经常开玩笑说，软着陆推进器这个词太具误导性，我们的着陆一点都不"软"。但没有这些火箭，宇航员们肯定会受点伤。

联盟号飞船重达 3 吨的返回舱撞击地面时，它并未弹起；相反，它只是砰的一声撞到泥土里，在周围留下一个撞击坑。我们在舱里受到重重的撞击，喘不过气来。落地后，指令长首先要按下按钮，让飞船和降落伞断开，以防降落伞在地面重新张开，拽着返回舱在地上乱滚，伤到里面的宇航员。2014 年 11 月，我在欧洲空间局的宇航员同学亚历克斯·格斯特在着陆时，就遇到这样的事故。由于未能切断降落伞，返回舱在地面被拖行了很长时间。他的同伴，美国宇航员里德·怀斯曼在随后的一次采访里说，被降落伞拽着在草原上翻滚、不停碰撞是整个太空返回过程中最惊险的一段经历。不过，我们也不想完全失去降落伞，万一着陆时远离预定的落点，在等候救援时，降落伞能起一定的庇护作用。

着陆点位于哈萨克斯坦的杰兹卡兹甘镇东南 148 千米，再往西 500 千米就是我们出发的拜科努尔航天中心。我们降落时，地面有八级大风，足以让降落伞拽着飞船在地面翻滚。幸好我们与降落伞成功分离，没有受伤。返回舱着陆后，在地面转动了一会儿后才停下，我离地面比较高，蒂姆和尤里位置低一些，我们就卡在这个位置，等待搜救人员找到我们，并打开舱门放我们出去。我们等待了十来分钟，在此期间，我一直在设法与重力对抗，防止周围的飞行日志、日程清单和其他东西砸到下面的蒂姆和尤里。重新体验到重力，感觉太糟了！

你知道吗？
Did you know?

● 联盟号飞船着陆时有一定的危险。2016 年的一份报告 * 指出，37.5% 的美国宇航员在搭乘联盟号着陆时受伤，不过都是些轻伤，着陆三个月内宇航员都痊愈了。

* 调查人凯斯·康宁，发表于美国国家航空航天局观察网站（Nasawatch），
日期：2016 年 10 月 27 日

问：如果再入大气层时出了问题，飞船偏离航线，会怎么样？

答： 好问题！宇航员返回地球过程中困难重重，要闯过下列几个难关。首先，脱离轨道时，必须精确控制减速火箭的点火，发动机多工作几秒或少工作几秒，最终落点就会相差几百千米。如果火箭燃烧时间太短，飞船减速不彻底，进入大气层时角度会太低，无法再入大气层。大部分人认为，飞船会像打水漂一样在大气层上反弹回来，其实不是这样。飞船会穿过密度很低的高层大气，速度不会减少到足以返回地面的程度，而是沿着接近椭圆的轨道返回太空，几小时后，飞船可能会再次返回大气层，不过这次进入大气层的方式是完全不可控的，可能产生灾难性后

果，比如大过载旋转或翻滚。反之，如果减速火箭燃烧时间太长，飞船速度太低，进入大气层时的角度将过于陡峭，飞船减速太快，隔热层会迅速升温，这极为危险。因此，航天器从外太空返回大气层时，必须以准确的角度进入，才能保障安全。

联盟号飞船在减速火箭结束燃烧后，才分解成三个独立的太空舱。这样，如果出了问题，你仍然有一台可以正常工作的火箭发动机和足以维持几天的燃料、氧气、电力、食物、水，我们甚至还有一个厕所。这样宇航局就有足够的时间来规划其他返回方案。制动火箭的反推控制只是我们在返程中遇到的第一个难关，接下来飞船要分解为三个独立的太空舱，这也是一大挑战，以前就出过问题。尤里曾担任联盟 TMA-11 返回舱的指令长，他们于 2008 年 4 月 19 日返回地球时，三个太空舱未能彻底分开。连接服务舱和返回舱的爆炸螺栓中，有一个发生故障，导致返回舱进入大气层时，还与服务舱连接在一起。俄罗斯宇航员鲍里斯·沃利诺夫 1969 年搭乘联盟 5 号时，也遇到过类似事故。两次事故时，飞船经历一些翻滚后，都自动调整到最符合空气动力学的位置，以舱口向下的方式降落，这样飞船最稳定，但舱门直接暴露在高温等离子体中，而在设计时，工程师没考虑过要让舱门承受高温。联盟 5 号的舱门密封垫开始燃烧，封闭的小太空舱内充满危险的烟雾。沃利诺夫是舱内唯一的宇航员，逐渐增加的过载本应把他压紧在座椅上，但由于飞船方向的错误，他反倒从索具中滑脱出来。幸好，两次事故中，舱门烧穿前，再入大气层时的极端高温和巨大阻力终于让连接螺栓失效，服务舱和返回舱得以分离，返回舱及时调整了方向，以隔热层来承受大气的冲击和摩擦，最终成功着陆。

在上述两个事故中，以及其他问题出现时，航天器一般会采用弹道式再入方案，仅依靠大气阻力来减速。美国阿波罗号飞船的指挥舱重返大气层时，采用了同样的技术。正常再入方式会产生少许升力，下降角较小，航天器过载较小，宇航员会比较舒适。弹道式再入时，航天器以更陡的角度进入大气层，高度减小得更快，可以在很短时间内着陆，不过减速时阻力和过载很大。美国宇航员佩吉·惠特森是尤里的搭档，担任联盟 TMA-11 的飞行工程师，再入大气时，她在显示屏上看到的过载数据是 8.2 倍重力加速度。这并不危险，但重返大气层时，宇航员要连续几分钟承受这样高的过载，比战斗机飞行员执行机动操作时经历的高过载时间要长得多。这就是宇航员们要在星城的离心机里训练，体验 8 倍重力的过载，并持续 30 秒的原因。这种训练能让我们在过载时，以正确的方式来呼吸，为弹道式再入做好准备。美国第一个进入太空的宇航员艾伦·谢泼德在接受弹道式再入训练时，曾在离心机上体验过 11.6 倍重力的超高过载。

弹道式再入的另一个问题是航天器容易偏离轨道。联盟号飞船能非常准确地着陆，我们从半个地球之外开始下降，飞行了近两万千米，着陆时离预定的着陆点只差 8 千米。能达到这一精度，部分原因是对制动火箭的点火进行了精确的控制，另外部分原因是采用了半弹道方式再入大气层，可以调节下降轨道。我们有一种既巧妙又简单的方案：在降落最初阶段，控制飞船向左滚动，随后让飞船向右滚动，让飞船沿 S 形轨道穿越大气层。通过对侧倾角进行微调，可以控制下降时飞船的水平方位角和仰角，准确地在预定地区着陆。弹道式再入无法产生升力，航天器的轨道无法控制。联盟 TMA-11 飞船降落在预定着陆点 475 千米以外。尽管如此，俄罗斯人仍做出了充分的准备，在我们返回前，除了给我们预定的陆点外，还给我们指定了全世界几个可以使用的紧急着陆点，以及弹道式再入的着陆点。飞船一穿透黑障，能重新通信，就马上发送定位信标给搜救人员。

与发射时一样，俄罗斯联邦航空运输局为我们的着陆提供搜救服务。在主着陆点，8 架米-8 直升机正在迎接我们的到来，另外 4 辆全地形车和 2 架固定翼飞机在四处巡视。这些车辆和飞机上有医疗团队、搜救团队、管理人员和新闻记者。此外，两架米-8 搜救直升机位于弹道着陆点，另两架直升机位于主要着陆点和弹道着陆点中间。事实上，在搜救飞机升空之前，搜救员甚至会带上弹道着陆袋，里面装着一套飞行服、换洗衣物、太阳镜和个人卫生套装。太阳镜是必不可少的，不是为了让宇航员

看起来很酷，而是因为眼睛很敏感，宇航员在太空的六个月里一直在人工照明环境下生活，刚回到地面，应尽量减少阳光照射。他们在弹道着陆点的直升机里也为我们准备了三个着陆袋，以防我们偏离主航线。

所以，如果万一再入大气过程中出现意外，还有大量应急方案来确保我们安全返回地球。不过，回到地面以后，还得等待搜寻人员找到我们。如果他们很久都没出现，联盟号飞船内部还有 GPS 定位仪以及一台卫星电话，你可以打电话回去报平安，并告知自己的方位！

问：从太空回到地球后，重新用鼻子闻到地球的味道，您感觉如何？

答：我对回到地面的第一股新鲜空气的味道充满了期待。这并不是说国际空间站的味道很糟糕，相反，我们在里面闻不到什么味道。刚进空间站时，我能隐约闻到医院的味道，中间夹杂着一些金属的味道，不过我很快就习惯了。在设计和制造周围的设施时，工程师总是尽量选取不容易散发味道的材料，我们的嗅腺很少有机会受到外界味道刺激，长期下来功能有所退化。除了货运飞船偶尔运来的极稀有的新鲜水果，我们与地球的味道基本隔绝。

几年前，我们接受欧洲空间局的人类行为训练时，曾在撒丁岛的一个地下洞穴里住了七天。训练快结束时，我们回到地面，周围的景色和味道美得让人窒息，给我留下了极为深刻的印象。这是地中海地区一个温暖的午后，在地下洞穴待了一个星期，每天只在昏黄的光线中看到一些深浅不一的棕色影子，现在突然进入明亮的阳光中，我们身边的一切似乎都有了极为夸张的颜色，深蓝的天空和葱郁的绿树颜色尤其鲜艳，就像有人把电视调到了最高对比度模式。我能清晰地用鼻子分辨出周围的一切：泥土、洞口的苔藓和树木等等。我很珍惜这几分钟宝贵的体验，对那些感官比人类敏锐得多的动物们来说，这个世界该有多美妙啊！

因此，我带着一丝期待，打算让第一口新鲜空气充满我的肺腑。不过事实证明，我应该屏住呼吸才对！舱门打开后，迎接我的不是一股清新的、充满了哈萨克斯坦草原芳香的空气。返回舱在下落过程中，产生的高温把飞船外壳烧焦，飞船落地后，点燃了地面的草，因此，太空舱内弥漫着一股刺鼻的物体燃烧的气味。很快，一个大块头俄罗斯人冲了进来，冲我们咧嘴一笑。

几分钟后，搜救人员把我们抬出太空舱，放在旁边不远处的椅子上，先是尤里，然后是我和蒂姆。这是我一直在等待的时刻，微风吹来，带来了我期待已久的泥土芬芳。

问：**你们落地后有哪些经历？**

答：搜救人员把我们抬出返回舱后，等待的记者对我们进行了简短的采访。随后，工作人员把我们连着椅子一起送进旁边的医疗帐篷，给我们做了一个快速体检。返回大气层时，返回舱里温度很高，我觉得很热。落回地面后，我又穿着宇航服坐了 30 分钟，时值 6 月中旬，哈萨克斯坦气温接近 30 摄氏度，我浑身是汗，脱水了。医生及时插上静脉导管，给我输液 1.5 升，这大概是我生平第一次对输液管心存感激。脱掉又厚又热的宇航服，换上飞行服之后，我感觉好多了。随后，我们一路颠簸，赶往等候在附近的米-8直升机，再向东北方向飞行约 400 千米，抵达卡拉干达机场。

返回地面的这天，早在格林尼治时间凌晨 3：00，我们就进入联盟号飞船，系好安全带准备出发了。在这之前我也没睡，我现在困极了，在前往机场的路上，我很快睡着了。虽然只休息了一小会儿，我感觉好多了。在机场降落时，我感觉自己变强壮了，站起和行走的动作更有力了。医生紧紧抓住我的胳膊，以防我失去平衡，并引导我们穿过欢迎我们的人群。我的身体也逐渐重新适应地球的重力，我感觉自己的头异常沉重，看来颈部肌肉得加强了，不然承受不了头的重量。

到机场后，尤里和我们分开，他独自返回俄罗斯星城，我和蒂姆则乘坐美国国家航空航天局的飞机前往挪威的博多市，飞机在这里首次补充燃油，之后继续送蒂姆到位于休斯敦的美国航空航天中心。我换乘另一架飞机，回到位于德国科隆的欧洲空间局的宇航员中心，今后三周我将在这里接受各种体检，进行恢复训练。和尤里、蒂姆一起朝夕相处，亲密合作六个月之后，现在突然要分开了，今后要相隔几千千米了，我有些失落。不过，今后我还会经常见到他们，一起承担很多工作，想到这一点，我也就释然了。返回后我们要迅速投入到紧张而又繁忙的工作中，每天的日程都排满了：汇报在太空的各项工作，配合医生采集各种医学数据，接受媒体采访。这些都是宇航员必须承担的重要工作，不过，与太空生活和工作给我们带来的挑战相比，回地面后的这些工作都轻松多了。在我看来，和蒂姆告别这一刻，此次太空任务就已经结束了。真是一场史诗般的冒险啊！我微笑着离开了。

问：回到地面后，您何时喝下第一杯茶？

答：我妻子很善解人意，她托我的医生给我带了几包约克郡红茶，从哈萨克斯坦到挪威的路上，我终于能美美地喝上一杯了。这是六个月来，我第一次喝到真正的饮料，终于不用再喝从我们自己的尿液中循环提取的水了。味道实在好极了，我连续喝了三杯！

问：您何时再次见到家人？

答：在博多市，和蒂姆分离时，我有一些伤感。不过，欧洲空间局派来接我回科隆的飞机上有一个特别的乘客——我的妻子丽贝卡，我们一起返回科隆。这段旅程历时很短，凌晨 3 点，我们在科隆降落，受到了欧洲宇航员中心的同事和朋友们的热烈欢迎。我父母也来了，我径直走过去，紧紧拥抱他们。时值深夜，我的两个儿子还在我的临时宿舍里熟睡，我们先不打扰他们的睡眠。睡过几个小时后，我被孩子们吵醒，他们正高兴地在床上蹦来蹦去，不时用手戳我一下，想确认我确实回到他们身边了。不到 24 小时前，我还在一艘小飞船上，绕着地球飞行；现在我与其他在周日早上睡懒觉，被床上蹦蹦跳跳的孩子吵醒的父亲一样了，只要再加上一杯茶和一份周日报纸，就完全一样了。这让我感觉非常奇怪，但同时也觉得非常正常，我终于回来了。

半年前在拜科努尔，与家人的道别是我做过的最困难的事。宇航员都知道太空飞行的风险，尽管我们经历了充分的训练和准备，并进行了反复检查，我们踏入飞船时，仍是冒着一去不回的风险的。我尽量不把生活中的任何事情视为理所当然，被孩子们吵醒后，我拥抱着妻子和两个孩子，感觉自己是整个地球上最幸福的人。

问：您回地球后，马上开始进食吗？

（提问者：斯佳丽·查特温，9岁）

答：回地球后，我是周日这天的午餐第一次正常进食，地点是我在宇航员中心的宿舍。在这之前，我只在飞机上吃过一些小点心。还在太空时，有一次我用无线电和一个学校的学生们交流，有学生问我最想念地球上的什么食物。我告诉他，我很想念新鲜的水果和沙拉、新鲜的面包和比萨。我们在太空站也能吃到面包，不过它被密封在无氧包装袋里，里面添加了甘油等黏合剂来降低面团里游离水的含量，防止微生物生长，因此这种面包保质期虽然很长，但味道欠佳。我们也用墨西哥玉米卷饼替代过面包。这两种东西都能用来做花生果酱三明治，但味道与真正的面包相差甚远，我们很想念面包的味道。1965年3月23日，美国宇航员约翰·杨搭乘双子座3号飞船时，偷偷往宇航服口袋里塞了一块咸牛肉三明治。进入轨道后，他与搭档格斯·格里森分享了这道美食，招来了地面控制中心的严厉批评，因为食品碎屑可能会对电子设备造成严重破坏。杨此后的太空任务也因受三明治事件的影响，险些无法参加阿波罗登月计划。

为庆祝太空任务成功完成，我在欧洲空间局的地面支持团队制作了我喜欢的夏威夷比萨、水果和沙拉。我吃到了最好吃的比萨，还有刚烤出来的新鲜面包，刚切开的鲜嫩多汁的大块菠萝，回地球后这第一顿大餐实在是太棒了。

问： 经历过长期的失重之后，重新在地面行走，是什么感觉？

（提问者：洛拉·哈里斯）

答： 着陆后最初 48 小时内，我走路的感觉很糟糕，这与缺乏力量、平衡性失调，或直立不耐症都无关，我只是感觉非常眩晕，恶心得厉害。降落后的次日，在接受采访时，我曾用世界上最严重的宿醉来形容自己当时的感受。今天我认为，这一类比是合适的。落地后短短几小时内，重力环境改变后，身体各部分输入到大脑的信号发生巨大变动，大脑要进行调整，让前庭系统重新熟悉重力，并重建一个稳定的模式来管理和协调身体。这个过程不会那么快结束，在大脑恢复正常之前，我感到前所未有的虚弱。我坐在椅子里，尽量减少头部的运动，渴望回到自由自在、不易头晕的失重状态。不过我也知道，要让身体尽快适应重力，就得起身离开椅子，逼迫自己重新学会我们早就熟练掌握的一种技能，那就是直立行走。

起初我感觉全身都很重，所以采用了笨拙的宇航员姿势，双脚分开以求稳定，边走边摇摆，牛仔们在马鞍上颠簸了一整天后，也会这样走路。眩晕的感觉一旦消退，我做了很多尝试，发现这些平衡练习其实挺好玩的，只是很多常见的动作都做不好，比如单腿站立，这对我还是一个不小的挑战，而抬头看天花板时我常常要向后倒；如果歪着头走路，我走不了几步就会偏离方向，我暗自提醒自己，不要在马路边做这种尝试。我在走廊里，边跌跌撞撞地学习走路，边和墙壁相碰，这个样子被欧洲空间局的同事们看到过，他们或许会想：这人大概是在庆功会上喝多了。但实际上，直到我的平衡感彻底恢复后，我才想起喝酒。谢天谢地，恢复平衡感只花了几天时间。

问：回地面后，您第一次淋浴感觉如何？

（提问者：莉莉）

答：回到宇航员中心，进入自己的宿舍后，我迫不及待地想洗六个月来的第一次澡，我爱死热水在身上流过的感觉了。不过这次淋浴带来的不只是快乐，也有痛苦。每次我站起来时，都觉得头晕目眩，尤其是有水从耳边流过时，感觉就更糟了，我匆匆结束了。

问：您有没有从太空带纪念品回来？

答：我很喜欢这个问题，这让我想象到国际空间站摆起小摊，向宇航员们售卖旅游明信片、小饰品和其他纪念品的画面。问题是，国际空间站里，有重大纪念价值的东西都有重要的实际用途，各国宇航局花了很多钱才把它们运上来，如果我们把它们拆下来留做纪念，航天机构会很恼火的。一般说来，运上来的东西会一直留在空间站。不过，我还是带回了一些对我而言意义重大的东西。

我带回了自己的太空餐具，上面还刻着"航天飞机"，这表明我们还在用存货，还没有打开那个刻着国际空间站字样的餐具盒子！我口袋里还有一枚压碎的硬币，因为俄罗斯有一个太空迷信行为，把硬币放在运送火箭到发射台的火车车轮下，宇航员随身携带这枚被压碎的硬币，会有好运。我请一个俄罗斯朋友帮我把硬币放在火车车轮下，因为我们自己要参加检疫；而且，宇航员出现在运送火箭到发射台的现场，按照传统，是不吉利的。

我能带回的最特别的纪念品是一面英国国旗，在太空行走时我把它穿在宇航服上。作为第一面在外太空的真空环境下佩戴的英国国旗，它有着特殊的意义。它证明，英国漫长而杰出的科学探索又登上了新的高峰。执行太空任务之前几年，我有幸观看过皇家档案馆和皇家收藏中心举办的一场宏大展览，展示了英国探险史上的重要文物。这面参加过太空行走的不凡旗帜，最好的归宿就是作为这种展览的展品，永久激发英国的国民。从太空返回后，我荣幸地将这面英国国旗献给女王伊丽莎白二世陛下。

问：回地球后，你或其他你认识的宇航员会不会习惯性地把东西放在空中，等着它飘在那里不动？

（提问者：艾达和保罗·麦卡锡）

答：是的，我听过很多这样的故事，虽然我不会犯这种错误，不过我能理解。因为在空间站里，我们总是习惯性地把小东西随手放在空中什么地方，回地面后很可能会继续照做。法国宇航员米歇尔·托尼尼告诉我，回地球之后，头几天他总是习惯性地把餐具放在桌子上空，想让它悬在那里不动。不过，我正好反过来，总是死死抓住任何稍重的东西。由于拿不准这些东西在地球上到底有多重，我总是用力过猛。着陆后，我和蒂姆·科普拉首先要做一个基于苹果平板电脑的实验，以评估我们的精细运动技能。当时我们正在前往挪威的飞机上，刚离开哈萨克斯坦不久，有人把苹果平板电脑递给我。我伸出手去接，不过没拿稳，平板电脑差点掉到地板上。医生一定以为我的肌肉发生了严重萎缩，连平板电脑都举不起来了。过去半年里，我每天都在失重的环境下拿着同样的平板电脑，完全没意识到在地面它会这么重。

问：太空飞行对健康有哪些长期影响？

答： 这个问题很重要，是每个宇航员在其职业生涯中，迟早要慎重考虑的。太空飞行会给人的身体带来一系列伤害，逼迫很多人结束宇航员生涯！所以在本书末尾，我特地列出在国际空间站停留六个月会有什么结果，您看过之后再决定是否要当宇航员。

肌肉退化

症状： 失重环境下骨骼肌不再需要持续保持拉伸姿势，它会自动萎缩。此外，我们站立时，后背或腿部肌肉不再需要对抗重力，这些肌肉也会变弱变小。宇航员进入太空，5 到 11 天内就会失去 20% 的肌肉。

治疗： 规律性的运动和良好的饮食能防止肌肉退化。空间站有多用健身房设备供宇航员每天进行训练，这个设备尤其适合锻炼主动肌，比如四头肌、二头肌、三头肌、胸肌等。但我们的设备很难给那些较小的稳定姿势用的肌肉带来足够的刺激，难以维持核心肌肉的强度。此外空间站还有跑步机和自行车机，能让我们的心血管系统保持良好状态，预防心肌萎缩。经过高强度体育锻炼，我迅速恢复了体重，但肌肉状态已经发生了改变，微重力使得肌肉在身体不同部位重新分配，着陆时，我甚至感觉身体比出发前更强壮了。这也没什么奇怪的，我每天要锻炼两个小时。不过，核心肌肉的稳定性变差了，当我提起沉重的行李箱时，我能感觉到这一点。过了大约两个月，我的核心肌肉才完全恢复正常。

骨骼流失

症状：宇航员长期在太空工作，很可能会患骨质疏松症。骨骼的生长受到外力刺激，当肌肉收缩或扩张时，骨骼受到挤压或扭转应力，这会刺激骨骼组织生长，以降低骨折风险。这个过程中，骨骼会重塑，在骨吸收和骨形成之间达到动态平衡。然而，在失重环境下骨骼承受的应力极大地减少了，破坏了这种平衡，这导致宇航员每月流失 1.5% 的骨组织，流失最多的是骨盆和下脊柱。相比之下，在地面上，老年人要花一年时间才损失同样多的骨骼。此外，骨骼流失的矿物质有相当一部分被身体重新吸收了，导致血钙浓度增加，软组织更容易钙化，有可能导致肾结石。而且，失重环境下，骨骼的形成模式不同于地面，这就改变了身体的骨结构，宇航员回地球后更容易骨折。

治疗：加强运动，让肌肉对骨骼产生足够的应力，有效刺激成骨细胞产生新的

骨组织。不过，只做体育锻炼还不够，我们每天还要服用维生素 D，并注意饮食，以保持摄入足够的钙，维持骨骼健康。研究表明，服用双膦酸盐也能有效预防骨质流失。此外，减少盐分的摄入有助于减少骨质流失。为降低食物的含钠量，美国国家航空航天局重新设计了 80 多种太空食品。我的股骨颈和腰椎的骨质流失得厉害。回地球 6 个月后，我的骨量恢复了 50%，我希望在着陆后一到两年内完全恢复，大多数宇航员能做到这一点。国际空间站对骨骼矿物质流失进行了大量的研究，这些研究不仅能造福宇航员，也能帮助医学界开发治疗骨质疏松症的新药物。

视力下降

症状：最近有很多研究表明，太空飞行可能会影响宇航员视力，有文献记录了视盘肿胀、眼球后部挤压、视网膜脉络膜皱褶、视网膜白斑病变、神经纤维层增厚和近距视力下降等症状。研究人员调查了约 300 名宇航员，结果发现执行过长期太空任务的宇航员中，有 60% 的宇航员视力下降了。

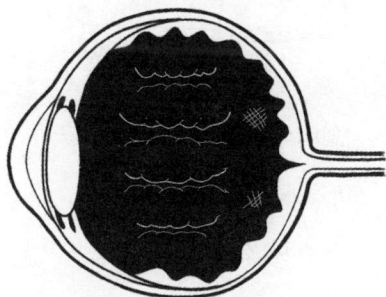

治疗：目前尚不清楚是哪些因素导致了视力变化。失重很可能是罪魁祸首，在微重力环境下人体体液会转移，影响脑脊液和颅腔、眼血管，造成颅内压和眼压升高，这至少是部分原因。有文献猜测还有其他致病原因，比如空间站二氧化碳在空气中比例过高，宇航员高频高强度地进行耐力锻炼，高钠饮食等。此外，也要考虑到宇航员的个体差异，由于基因因素，有些宇航员的视力更易受损。研究人员正在开发一种特殊服装，它与真空泵相连接，在宇航员睡觉时，将血液和其他体液吸往脚的方向，以缓解心脏和大脑的压力。

接受高强度辐射

症状： 由于地球磁场的保护，我们在地面生活时，基本上不受太空辐射的影响。不过，国际空间站的宇航员会受到很多辐射，包括太阳辐射和来自外太空的高能宇宙射线。这些高速重离子照射到人体时，会损伤人体组织；即使不直接照射到人身上，它们与空间站铝质外壳碰撞时，也会释放出大量次级粒子，进入空间站生活区，造成二次伤害。

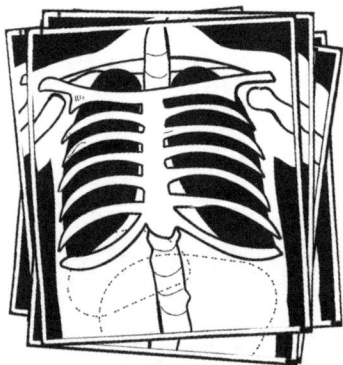

在国际空间站，我们每天接受的辐射量为 0.7 到 1 毫希沃特，相当于每天接受 8 次 X 光胸片，在这里工作 6 个月，我们受到的辐射相当于地面 60 年。

治疗： 没什么好的方法，只能尽量减少辐射量。国际空间站有些部件含有聚乙烯屏蔽层，能减少宇宙线照射外壳产生的次级中子造成的危害。好消息是，宇航局对辐射问题非常重视，在每个太空舱安装了不止一个辐射计，严格监控舱内的辐射环境，每名宇航员也时刻携带着随身辐射计。太空行走时，宇航员离开了太空舱的庇护进入真空，会受到更多辐射，所以更要携带随身辐射计。坏消息是，宇航员在长期太空任务中确实会受到大量的辐射，这意味着宇航员患癌症的概率更高，虽然医学界在接受多大辐射量就能致癌这一问题上还没取得共识。美国国家航空航天局要求，宇航员患癌症的比例不应比正常人群高太多，具体来说，不能超过 3%。

血管老化

症状：随着年龄的增长，我们的动脉逐渐硬化，导致血压升高，心血管疾病患病风险增加。最近一项研究表明，从国际空间站返回地面的宇航员，动脉比进入太空前硬得多。在太空中待上 6 个月，动脉硬化的程度相当于地面 10 到 20 年！

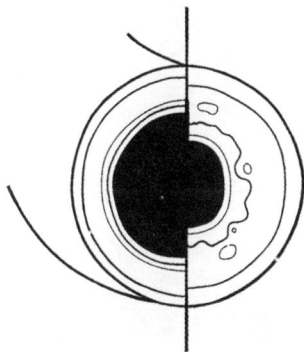

治疗：好消息是，回到地球后，动脉的硬化过程开始逆转，几个月内动脉就恢复到发射前的状态。观察这些变化，能帮科学家更好地理解动脉硬化背后的机制，从而有效减缓血管的老化。我自愿参加了加拿大航天局的一项领先全球的血管实验，并成为首位在国际空间站进行血管超声波检查的宇航员。研究者希望能减少宇航员的患病风险，并通过减缓血管老化来促进地球上每个人的健康，改善生活质量。

颈背疼痛

症状：进入太空后最初几周，宇航员的颈部或背部会非常疼痛。原因有很多，包括脊柱拉长，支撑脊柱的稳定肌强度变弱，以及身体姿势的改

+3%

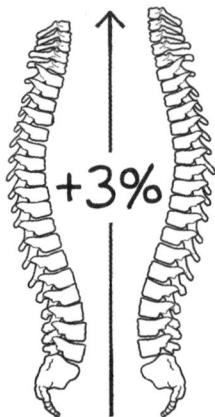

变，这些因素叠加在一起，造成严重的后果，一半以上宇航员的背部或颈部出现过问题。而且，返回地球后，这些影响可能还会持续。执行完长期太空任务，回地球的第一年，宇航员患椎间盘突出症的概率比正常人高4倍。

治疗：除参加标准的太空锻炼外，宇航员还可以做瑜伽，或借助松紧带和牵引棒做伸展运动，刺激核心肌肉，缓解肩背疼痛。回地球后，运动理疗专家会对每名宇航员的肌肉萎缩程度进行评估，制订详细的康复计划。通常要花几个月时间，颈背疼痛才能彻底缓解。

免疫功能紊乱

症状：研究表明，有很多因素会降低人体免疫能力，比如压力、睡眠不足、孤独、辐射或饮食不良等等。宇航员身上集齐了这些因素，而且失重也给免疫系统带来我们还不了解的影响。统计数据表明，宇航员在太空时，免疫功能会变得相当紊乱。一些免疫细胞功能衰退，对外界威胁不再能做出正确反应，宇航员更容易受到病菌感染；另一些细胞则过分活跃，引发过敏和皮疹，部分宇航员出现了这种症状。

治疗：目前，应对措施有减少辐射、补

充营养、进行药物治疗等。不过，科学家目前还在寻找免疫系统紊乱的原因，并研究如何保护执行长期太空任务的宇航员。一些研究表明，射频辐射能诱导免疫系统，使之产生反应，增强对感染的抵抗力。一旦我们了解免疫系统如何工作，如何随外界条件而变化后，我们将迎来一场医学革命，极大地改善我们的身体健康。

好了，读了这个答案后，您还想继续当宇航员，随我们一起征服火星吗？

你知道吗？
Did you know?

⭐ 作家安迪·威尔曾写过一部小说《火星救援》，后来被拍成同名电影，票房极佳。在小说里，主人公驾驶的地球—火星转移飞船上装有一个名为赫尔墨斯的旋转模块，能模拟火星表面的重力。这真是一个很好的方法，虽然离心机极大地增加了航天器设计时的复杂性，建造成本也很高，但使用离心机模拟重力，可以在很大程度上避免太空给人体造成的许多伤害。

展望未来

LOOKING
TO THE
FUTURE

Ask
an
Astronaut

问：**如果您的下一个任务不去国际空间站，您要接受不同的训练吗？**

（提问者：玛丽·班布里奇）

答： 在本书的结尾，我想借着回答这个问题的机会，展望一下人类太空探索的未来。首先，简短地回答一下你的问题：是的，如果要前往不同的目的地，我们的部分训练内容会不同。而且，在未来，即使要前往国际空间站，我们要接受的训练和现在也会有很大差别。我们不妨来看看，在不久的将来，宇航员将要执行哪些太空任务、乘坐什么航天器，那时你就知道为什么我们要接受不同的训练了。

商业载客飞船

2014 年 9 月，美国国家航空航天局选择与波音公司和太空探索公司（SpaceX）合作，利用波音的 CST-100 星际飞船和 SpaceX 的龙飞船，重新从本土发射飞船，运送四名宇航员往返国际空间站，结束美国对俄罗斯联盟号飞船的依赖。届时，空间站将同时有七名宇航员工作，每周科研时间将增加 40 小时。预计到 2019 年，两种飞船都能顺利发射，目前宇航员已经在这些飞船上接受训练。（译注：自从 2011 年航天飞机退役后，所有往返国际空间站的各国宇航员，只能乘坐俄罗斯联盟号飞船，中国虽有运输能力，但被国际空间站排除在外。）

低地球轨道

随着微重力研究带来的效益越来越多，应用领域越来越广，为满足日益增长的需求，国际空间站的运行时间已经延长到2024年。很多私营企业对太空也产生了浓厚的兴趣，目前两家私人航天公司（毕格罗航天公司和公理空间航天公司）正计划在近地轨道建造和运营商业空间站。毕格罗的太空舱已与国际空间站相连，正在进行为期两年的测试；公理空间则计划在本世纪20年代初把零件运送到国际空间站，以组装自己的空间站。有人建议继续延长国际空间站的工作年限，到2028年再退役，以方便私营企业以此为基地，逐步建设自己的微重力研究平台。可以肯定的是，在今后十年，随着科技公司在太空的扩张，会有更多的宇航员频繁前往太空，国际空间站将持续令人兴奋和充满活力。

月球探测

各国国家航天机构有充分的理由来支持私人企业占据近地轨道，建设自己的空间站。这样一来，国内航天机构就能把宝贵和有限的资源集中在太空探索的下一个阶段：月球探索。美国国家航空航天局正在开发一种名为太空发射系统的超重型运载火箭，它比发射阿波罗飞船的土星5号火箭更大，功率更强。从2019年开始，美国国家航空航天局将使用这种重载火箭发射深空运输飞船，分五次运送各种组件到绕月轨道上；之后运送猎户座太空舱和四名宇航员上去，在这里他们最长工作六周时间，把先前发射的组件与太空舱组合，搭建起深空门户空间站，计划于2026年建设完毕。它功能完备，有电力系统、推进系统、居住舱、后勤舱和气闸舱，可以充当登陆月面的空间站，还能当作太阳系深空探测的跳板，为未来小行星探索和火星登陆提供帮助。宇航员将在这里执行为期几周的科研任务，但不常年驻留。深空门户空间站是国际空间站的"接班人"，它将成为人类载人深空探测的一项壮举。尽管这一计划是美国最先提出的，但要获得成功，和国际空间站一样，需要学术界、商业航天公司和各国航天机构的通力合作。欧洲空间局已经深度参与了这一计划，为猎户座宇宙飞船提供了欧洲服务舱。

火星探索

自从 1969 年 7 月 20 日尼尔·阿姆斯特朗踏上月球以来，人们一直把火星看作人类即将探索的下一站。最近，我们终于有望实现这一长久期盼的目标了。路线图如下：首先，最早于 2027 年利用深空门户空间站来组建深空运输飞船；随后发射后勤舱，派宇航员在月球附近驻留大约一年，模拟飞往火星的旅程，检验各项技术是否成熟；之后，这艘 41 吨重的飞船将搭载四名宇航员，从月球轨道出发前往火星，并于 2033 年返回深空门户空间站。该任务将持续三年，不过宇航员们不在火星表面登陆，只环绕行星进行考察。我们将从这次任务中吸取经验教训，为之后的火星登陆做好准备，这是人类殖民另一颗行星的第一步。

除各国航天机构外，还有私营企业和个人参与到太阳系深度探索和火星登陆竞赛中。SpaceX 公司的首席执行官埃隆·马斯克毫不掩饰他殖民火星的野心，他坚信人类能成为跨行星的物种。他不尚空谈，一直在行动，他的公司使用猎鹰 9 号火箭运送补给飞船到国际空间站。现在，SpaceX 已经开发出一款使用甲烷燃料的猛禽火箭发动机，正在进行测试。这台强大的发动机的推力是猎鹰 9 号火箭的梅林 1D 发动机的 3 倍以上。马斯克一直致力于开发可回收火箭，他设想中的星际运输系统的第一级助推器有 42 个惊人的猛禽发动机，总推力几乎是土星 5 号火箭的 4 倍。

除马斯克外，还有其他亿万富翁筹建了私人太空公司，以降低进入太空的成本，推进人类探索的边界。亚马逊公司的创始人杰夫·贝佐斯创立了蓝色起源太空公司，目前该公司正在开发一系列新型火箭，希望重返月球，并扩大人类在太阳系的足迹。

此外，2016 年，开发了追梦者飞船的内华达山脉航天公司获得了美国国家航空航天局的合同，从 2019 年到 2024 年，这个公司将向国际空间站提供至少六次商业补给。此外，维珍银河、蓝色起源和 XCOR 等公司也在开发新的飞船，有望很快为数百人提供太空体验。未来几年，太空飞行领域会相当热闹。

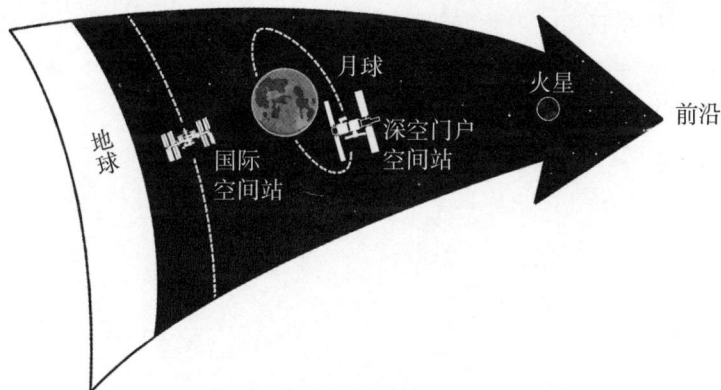

这场新的太空竞赛从几年前就打响了。太空竞赛不仅让我们获得了更多、更可持续、更经济的太空旅行方法，还产生了富有活力的太空组织和企业，带来了更多合作共赢的机会，促进了国家间的合作。竞赛刚开始升温，太空探索的时代即将来临，现在的问题不再是我们是否会殖民月球和火星，而是何时去殖民。

致谢

ACKNOWLEDGEMENTS

首先，我要感谢所有为本书做出贡献的人，感谢他们对太空飞行表现出的好奇心，感谢他们提出了各种幽默而又富有挑战的有趣问题，我乐于回答每个问题。

不过，本书最终得以出版，离不开很多家人朋友的帮助。感谢父亲奈吉尔·皮克和我的伴郎伊恩·库里博士，他们是我身边最聪明的人，谢谢他们帮忙检查本书的文字。感谢欧洲空间局的卡尔·沃克和罗西塔·苏恩森，谢谢他们帮助启动这个项目，并对书中涉及的各项知识进行核查，感谢艾德·葛瑞丝和乔·科顿，他们为本书制作了精彩的插图。

在这里也要感谢企鹅兰登书屋的基石团队，谢谢你们专业的服务。谢谢我的编辑本·布鲁西，您现在已经成为太空专家，足以胜任宇航员工作了。本书封面由杰森·史密斯设计，文字部分由曼迪·格林菲尔德、乔安娜·泰勒和凯蒂·洛夫南编辑，图片部分由贝基·米拉组织，书的制作由琳达·霍奇森负责，谢谢你们。在这里我也要感谢夏洛特·布什给本书做的众多宣传工作，感谢丽贝卡·伊金和海蒂·亚当－史密斯在市场营销方面给予的支持，感谢阿斯兰·伯恩和他的销售团队，感谢皮帕·赖特在版权方面所做的工作，感谢苏珊·桑德所给予的支持。我也非常感激美国的小布朗团队。

　　我还要感谢来自各行各业的教师和教练们，感谢地面指挥和服务人员，你们付出了自己巨大的努力帮宇航员们达成目标，谢谢你们在回答问题时的耐心和热情，你们的奉献精神一直激励着我。

　　最后，我要感谢妻子丽贝卡，本书的写作花费的精力比我预想得要大很多，谢谢你给予我无尽的支持和鼓励！